大展好書　好書大展

品嘗好書　冠群可期

大展好書　好書大展
品嘗好書・冠群可期

武術特輯

141

大成拳
站樁與道德經

于永年 著

大展出版社有限公司

王薌齋先生練獨立守神樁

大成拳創始人王薌齋先生

著者90歲時站樁的神態

著者40歲時標準丁八樁姿勢

1985年，著者在玉淵潭公園指導學員練習站樁療法。

1989年，著者在香港出席由香港意拳學會主協的意拳講座並講話。

1989年，著者在香港與香港意拳學會震寰會長，試驗小腿腿部休息肌的緊鬆內動活動即第二隨意運動。

1990年10月，著者在倫敦皇宮前與弟子林錦全和值勤衛士合影。

覺。沈重壓迫之不同的感兩側肺部輕鬆舒暢與壓試驗法，比較左右在巴黎指導學員做減

1997年，著者

1998年，著者在北京與日本武術名家松田隆智表演推手。

2005年5月，著者在北京與日本極真空手道連盟極真館館長盧山初雄先生及日本國際意拳會大成館館長孫立先生等合影。

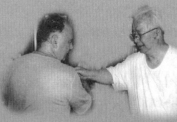

2005年7月，著者指導義大利路卡先生練習推手。

2008年4月，著者在玉淵潭公園指導北京的弟子練習站樁功。

2004年3月31日，著者向徐
才先生（右一）介紹站樁療法。

2005年，著
者出席「紀念王
薌齋先先誕辰120
周年」大會。

2008年8月，著者（右一）在北京中南海與原中共中央政治
局常委、國務院副總理、全國人大副委員長姜春雲先生（中）及
王景福先生（左一）討論站樁療法。

2005年3月31日，中外來賓同唱《祝你生日快樂》。

2006年3月31日，魏建榮先生（前排右一）為恭賀著者86歲生日敬獻墨寶。

2005年3月31日，中外來賓恭祝于老師85歲壽辰合影留念。

2009年3月27日，弟子林錦全第三次率近百人祝壽團來京，祝賀著者90歲壽誕。

2009年3月27日，恭賀于教授90歲壽誕在北京舉行。

2009年3月27日，祝壽團學員現場演唱自編自導的《站樁歌》。

2009年3月27日，祝壽團學員向著者展示教學成果。

2009年3月27日，著者（中坐者）與胡孚琛先生（左三）、林錦全弟子（右二）等合影留念。

2009年3月27日，著者與邸振興先生（左一）、林錦全弟子（後排中）、李德山先生（右一）合影留念。

2009年3月29日，著者與部分弟子合影留念。

2009年3月27日，著者與林錦全弟子（左一）、王和新弟子（右一）合影留念。

恭賀于教授90壽誕
In Honour of Prof. Yu's 90th Birthda

2009年3月27日，著者與國內部分弟子合影留念。

著者出版的中文和法文站椿書籍。

國外引用著者的站椿書籍

2009年3月27日，中外來賓齊聚一堂，用多種語言演唱《祝你生日快樂》。

2009年3月，王景福先生為恭賀著者90壽誕敬獻墨寶：「承傳名拳不唯武　弘揚醫道可宗師」

2009年3月27日，中外來賓恭賀于教授九十壽誕合影留念。

作者簡介

　　于永年，1920年3月31日生，1942年畢業於日本東京齒科大學。歷任鐵道部北京鐵路總醫院（現更名為：北京世紀壇醫院）口腔科主任醫師、科主任。

　　1944年師從大成拳創始人王薌齋先生學習大成拳站樁功。1953年首先在北京鐵路總醫院應用站樁療法治療慢性病。經過多年實踐、體認和潛心研究，提出：「站樁求物、充氧運動、第一隨意運動和第二隨意運動」等科學理論，並把站樁求物與老子《道德經》的「抱一無離、獨立不改」結合起來，製成「武術與心術兩個運動體系表」、「老子為道圖」及「老子大道哲學內物論、物的分類簡表」，等等。

　　曾先後出版有關站樁的多本專著和論文，並多次到國外傳授站樁療法。

　　中國大成拳——于永年官方網站已於2010年9月正式開通，歡迎廣大熱愛站樁的朋友們光臨，共同交流和探討。

　　網址：www.yuyongnian.com

總 序

何為「道」何為「物」

一、「道」是看不見、摸不著、抽象的道理、道路、理論、方法。

二、「物」是看得見、摸得著、代表「得道」者具體的、實在的、動作表現的神態符號。

道即是物，物即是道。道是內物，道物一體。

「道」是言，「物」是行，言行一致，表裏如一。

「道者一立而萬物生矣。」「一以無二是謂知道。」

三、既會講述抽象的、空洞的「道」，又能表現具體的、實在的：

「視之不見，生而不有，無狀之狀，無物之象；

其中有物，其中有象；迎之不見其首，隨之不見其後；

善建者不拔，善抱者不脫；修之於身，其德乃真，以身觀身」的「內物」，是檢驗「德蓄之、物形之」得「道」者的唯一標準。

反之，只會講述抽象的、空洞的「道」，不能表現具

體的、實在的「生而不有」的「內物」，是葉公好龍。

四、《道德經》是中國道家養生文化獨特的、舉世無雙的、最有效果的教科書。

抱一無離　以觀其妙　獨立不改　周行不殆
聖人抱一　為天下式　修之於身　其德乃真
衛生保健　治療疾病　強身健體　預防疾病
返本求源　以物為法　延年益壽　簡而易行

五、根據「道生之，德蓄之，物形之，勢成之」，研製成《老子為道圖》，首先提出休息肌的緊鬆內動運動學說。學名：第二隨意運動，即「非常道，非常名」。中國道家養生、傳統文化與現代醫學、科學相結合的新理論。

以就教於大方之家。

于永年

九十一歲　箴言

2010年3月31日

前　言

　　站樁原是我國武術傳統的基本功，過去皆以口傳心授，閉門自秘，自20世紀20年代起，河北省深縣王薌齋先生始公開傳授，並在實踐中豐富提高，使站樁逐步發展成為一種療效卓著的醫療體育。

　　王薌齋先生傳授的站樁功，是在心意拳、形意拳、意拳、大成拳的基礎上，摒棄了傳統的套路架子和招法，專門強調意念引導，精神假借，統一意志，統一氣力，統一動作，使形、意、力、氣、神，渾元一體，調動全身一切積極因素，為一擊而服務的新興拳學派，因此，時人以拳術改革家視之。

　　大成拳的鍛鍊方法是以站樁為主，佐以走步、試力、發力、試聲、推手、實戰。

　　我在1944年開始從師王薌齋先生學習站樁，由於只採用其中一部分姿勢作為醫療體育來治療各種慢性疾病，因此，將之稱為「站樁療法」。這種拳很特別，它既無一招一式的活動花樣，又沒有一套固定不移的拳架子，開始練習時，就是擺好一個姿勢不許動，一直保持下去，直到不能支持為止。我學了一個月，僅僅學了一個站立不動的姿勢。感覺枯燥無味便不學了。過了些時候再去學習時，

滿以為能夠學習一點新花樣，豈不知還是叫站那個不動的老姿勢。就這樣學學停停，經過多年摸索體會，才逐漸認識到了外形不動的運動，其本身內部生理結構上的變化卻是奧妙無窮，有它一定的規律性。

一般的體育運動和中國各種拳術都是以位置移動為運動，而大成拳的「站樁」卻是以站在原地不動為運動。因此沒有練習過的人難免要發生如下的懷疑：

外形不活動，是不是運動？是一種什麼運動？

外形不活動，既不吃藥又不打針，怎麼能治好病？

外形不活動，又不許用力，怎能增長力量？

關於這些問題都將在本書中得到解答。

現將本人多年從事站樁實踐與研究的成果編寫成冊，並將整理校注的王先生生前所著手抄本《拳道中樞》，以及《拳學總綱淺釋》，連同《王薌齋生平大事記》等進行修訂後一併歸入本書，並為挖掘歷史資料，揭示王薌齋先生當時對中國拳學改革思想的真面目，又將《大成拳論》原文也附錄卷尾，它對流傳至今、離經叛道、封建迷信、妖言瞽說、不正之風做了深刻尖銳的批判揭露，語言雖偏激，著意卻誠懇，僅供讀者學習參考。

其中錯誤必然不少，希望同仁們賜以批評指正，使我國這一獨特的寶貴文化遺產得到完善與推廣，從而為人類的健康與保健事業發揮更大的作用。

于永年

目　錄

第 一 章

修身為次修心為上
何謂修身怎樣修心
武術屈伸外動修身
心術緊鬆內動修心

緒 論

一、站樁的醫療作用

　　樹木雖然凝然不動，但卻生生不已，不斷發育成長，堅實壯大。可能是由於這一自然現象的啟示，我國古代勞動人民便創造出「站樁功」的鍛鍊方法。大約2,700多年前《管子》一書中，就提出了「上離其道，下失其事，毋代馬走，毋代鳥飛。毋先物動，以觀其則，動則失位，靜乃自得」（《管子》卷十三·心術上第三十六）站立不動的求「物」學說。稍後的《老子》一書中又提出：「抱一無離，獨立不改，以觀其妙，周行不殆，以觀其徼。」（《老子》十章、二十五章）。獨立不改即是站樁不動的練功方法。再後的《黃帝內經》一書中更具體地寫道：「提挈天地，把握陰陽，呼吸精氣，獨立守神，肌肉

若一。」（《黃帝內經》上古天真論）以上的「毋先物動」、「抱一無離」、「獨立不改」、「獨立守神」等等都是形容站樁的原始名稱。

今天，站樁不僅是武術愛好者的一項基本功，而且是一種功效卓著的醫療體育方法。據初步試驗觀察，它對多種慢性疾病，如慢性氣管炎、慢性胃腸炎、慢性肝炎、心臟病、高血壓病、神經衰弱症、慢性風濕性及類風濕性關節炎，以及外觀上有明顯病理變化的疾病，如全身多發性脂肪瘤、甲狀腺腫大症、彈撥指等等的治療，都取得了意想不到的良好效果。

站樁療法作為醫療體育的最大特點就是無副作用。因為它既不要求必須入靜，更不用人為地調整呼吸，也不要求意守丹田和大小周天，只要在陽光充足、空氣新鮮的地方，不論室內或室外，擺好姿勢，站立不動，猶如樹樁，自然呼吸，全身保持「鬆而不懈，緊而不僵」的狀態就行了。站樁的姿勢多種，但方法簡單，而且練功時間可自行掌握，一般由 5 分鐘開始，最多到 1 小時，所以男女老幼均可根據自己的身體情況，隨時隨地進行鍛鍊。

從現代醫學角度看，人體具有一定的自我保護能力，能夠產生抗體，以抵抗外來的「敵人」，如病毒、細菌，等等。但這種能力是因人而異的，即使在同一人身上，也會因時因地而異。當這種抗體對外來敵人的反應遲緩而乏力時，那些侵入傷口或隱藏在身體裏面的病菌，便會長驅直入，腐蝕破壞。反之，如果抗體的反應是迅速而有效的，那些外來的敵人便會儘快被殲滅，而身體也就可以安

然無恙。

　　站樁所以能治病強身，就是因為由這種特殊形式的鍛鍊，身體各組織系統增強了抵抗力，使保護自己的機能得到調節、增強和提高。站樁練功時，由於四肢必須保持一定程度的彎曲，骨骼肌就得相應地保持持續不斷的收縮作用，因而促進了血液循環的重新分配，內臟裏貯存的血液被動員出來，使參加循環的血量大增；同時，肌肉裏的毛細血管也大量開放。這主要表現在手足等處有麻脹感，皮膚上有螞蟻爬的感覺，全身發熱出汗等。

　　從站樁前後的血液常規檢查得知，站樁 1 小時後較站樁前，每立方毫米血液中，紅血球能增加152萬左右，白血球能增加3,650左右，血紅蛋白能增加3.2克左右。血紅蛋白是體內氧氣的輸送者，當它流經肺部時，能吸取96％的氧，放出廢氣二氧化碳；它流到各組織器官時，又能迅速釋放氧氣供組織器官消耗。可見血紅蛋白的多少是血液含氧量的標誌。站樁時血紅蛋白的增加，給身體的組織器官帶來了大量的氧氣，因而全身感到特別輕鬆舒暢。這對大腦皮層來說更是一種良性刺激。這種良性刺激出現愈多，就愈能促使大腦皮層中病灶性惡性循環的興奮灶轉變為抑制狀態，從而對大腦皮層起到了保護性抑制作用。站樁所以能醫治神經衰弱、關節炎、心絞痛、冠狀動脈硬化等疾病，就是這個道理。

　　頭痛、失眠、多夢是神經衰弱和一些慢性疾病的主要症狀，醫生頗感棘手。睡眠是大腦皮層及皮層下中樞抑制過程的表現，如果抑制得不夠深沉，就不易入睡，容易做

夢。由於失眠而造成頭昏腦脹，精神不振，醫藥無效者，可利用站樁取得較好的療效。練站樁功，一次能達到30分鐘～40分鐘以上的人，由於血液循環和新陳代謝的改善，頭昏目眩、萎靡不振的症狀可以消失，並感到頭部、胸部非常輕鬆，神清氣爽，有種說不出的舒適感。

據患者形容，站樁前頭重如山，站樁後身輕似燕。站樁的時間愈長，療效愈顯著，究其原因，是由於站樁療法的「後作用」能使中樞神經系統迅速、深沉、廣泛地抑制下來。

在醫療常規上不主張心血管系統疾病患者進行體育運動，原因是運動量難以掌握，運動後心跳劇烈、呼吸困難，患者受不了這種強烈的刺激。站樁卻無此弊病，它能利用不同的姿勢準確地控制運動量，所以心臟病患者也能應用站樁進行治療。

站樁時，雙手呈提抱的姿勢，這便減輕了兩肩對兩肺的自然壓迫作用，從而使兩肺的肺活量增加。在站樁過程中，可以見到膈肌活動範圍加大，形成自然的腹式呼吸運動。這種自然形成的腹式呼吸非但不會產生任何不良的副作用，且能強而有力地按摩腸胃，進而治療便秘，增強消化吸收機能，而且能使患者很快增強體質，恢復健康，使瘦人增加體重，胖人能去掉多餘的脂肪而變瘦。

過早的機能衰退是由長年的喜靜少動和懶惰所致，經常堅持站樁練功的人，可使自己生物年齡較同齡者年輕。人到成年以後，心臟輸送血液的能力每年大約降低1%，到了60歲，血液從兩臂流向兩腿的速度要比年輕人

慢30%～40%；胸壁也因長年懶惰而逐年硬化，深吸一口氣後，呼出的氣也會逐年減少。到了70歲，神經傳達資訊的速度也會降低10%～15%。但是，這些隨年齡而來的衰退現象，大都能借助於合理的體育運動予以延緩。

經常從事體育運動能使老年人安靜時的心率降低，並能使每次心搏所壓送的血液量增加。堅持站樁練功能改進血液循環與呼吸系統的功能，增進肌肉的收縮力量，有助於保護關節免受意外損害，防止老年人的關節硬化；同時由於練功後體內鈣的含量也會相應增加，而使得人體相對骨損傷的概率隨之降低。

以上僅就幾個方面介紹了站樁功治病健身的作用和原理。目前，在醫療和健身實踐中，站樁功已越來越多地為人們所採用，相信今後關於站樁的科學價值和作用將會得到不斷的闡明和發展。

二、站樁後身體的反應

站樁過程中，由於身體內部機能的變化，可出現種種反應，現綜述如下：

1. 酸麻感

酸麻感是站樁初期最常出現的一種反應。開始時不太好受，過一段時間之後就能適應了。隨著時間的推移，酸麻的部位有所變動，如初在手指者，逐漸在腳、腿、肩、背等處也會出現。還有一種蟻走樣感，即皮膚上好像有螞蟻或小蟲爬行的感覺，部位不定。這都是站樁時毛細血管擴張，血液循環通暢，血流加快的緣故。

2. 脹痛感

站樁開始的 1 週～ 2 週內，腿、膝、腰、肋、肩、頸等處，可出現程度不同的脹痛感和全身疲勞感，這是站樁運動後自然的生理反應，2 週～ 3 週內即可消失。身體局部受過傷或開過刀的人，站樁後疤痕處可發生瞬間的疼痛，稱為舊傷口反應。

還有一種病灶部反應，如神經衰弱者可出現頭痛，胃腸疾病者可出現肚子痛，關節炎患者可出現關節部腫脹疼痛，甲狀腺腫大者站樁兩週後頸部出現針刺感覺，等等。這些反應一般都在 3 日～10日內自然消失。這是好現象，說明站樁練功引起了機體生理活動的巨大變化，使新陳代謝功能發生了改變。

3. 溫熱感

每次站樁能達20分鐘以上時，全身可出現溫熱感，再進一步就會出汗。出汗多少與運動量（包括持續時間長短和關節彎曲角度大小兩個因素）的大小成正比例。站樁練到出汗程度，全身可感到特別輕鬆舒暢。

站樁時，由於胃腸蠕動能力加強，多數人打嗝、放屁，感覺十分暢快；個別人產生很大的腸鳴音。

4. 振顫感

穩定的姿勢，需要四肢肌肉保持持續不斷的收縮作用。因此，隨著站樁時間的延長，工作著的肌肉群就要產生不同的顫抖現象。初期顫抖輕微，不見於形，但用手能摸到，部位在膝、大腿等處。繼之，顫抖明顯，而可看出大腿內外側肌肉有規律、有節奏的波動現象。再進一步，

外形上可看出跳動現象，有時腳會敲得地板咚咚響。經過一段時間的跳動以後，由於肌肉耐勞力和神經系統控制能力的增強，跳動又逐漸變為顫抖或不動。

5. 不同感

站樁過程的不同感，主要分為以下五種：

(1) 左右高低不同

站樁過程中，經常出現明顯的兩手位置高低不同現象，但自己主觀上卻認為一般高。如果真正擺成一般高，自己反而覺得差異顯著。這是人體左右兩側生理上發育不同和日常工作不同所致。

(2) 左右麻木不同

站樁時會出現一側身體發麻、發脹，另側不麻、不脹；一側局部頭痛，另一側不痛；一側舒服，另側彆扭，等等感覺。這在高血壓及半身不遂患者中，表現尤為明顯。

(3) 左右出汗不同

個別人由於植物神經失調，在站樁過程中表現一側身體出汗，另側無汗。如右側面部、頭部流汗成行，左側一點汗也沒有，其界限在頭部正中非常明顯。這種現象在一般情況下醫生檢查不出來。

(4) 左右循環不同

個別人站樁時，兩隻胳膊抬一般高，負荷量一樣大，練20分鐘後，則出現一隻胳膊顏色正常，另隻皮下充血明顯，皮膚呈暗紫色。由手指到肩部有發脹沉重的感覺，另一隻則無此感覺。

(5) 左右溫度不同

兩手最明顯，如一隻手很熱，另隻手冰涼。曾用半導體點溫度計測量兩手中指指紋部溫度，結果相差最多的一例達10℃。還有人一隻手的 5 個指頭溫度也不一樣，有的發熱，有的冰涼。

上述各種不同感覺與現象，有的經過站樁治療 2 週～3 週後獲得改善，有的2個～3個月後好轉，有的無大改變。

6. 舒暢感

站樁練功到一定時期後，由於大腦皮層內抑制作用的增強，新陳代謝、血液循環等一系列生理機能得到改善，身體內部就會產生一種特別舒暢的感覺，頭腦清爽，胸腹空靈，症狀消失，精神振奮，四肢有力，全身輕鬆。這種舒暢感隨著站樁練功的加深會愈益顯著。

綜上所述，站樁療法各週反應可綜合列於表1－1。

表1－1　站樁療法各週反應情況

類別	反　應　別	第1週	第2週	第3週	第4週	第5週	第6週
酸麻感	手　酸　麻	＋	＋	＋＋	＋＋	＋	－
	足　酸　麻	＋	＋	＋＋	＋＋	＋	－
	頭　酸　麻	－	－	－	±	±	±
	半　身　麻　脹	－	－	－	±	±	±
	全　身　麻　脹	－	－	－	－	±	±
	蟻　走　感	－	±	±	＋	＋	＋

類別	反 應 別	第1週	第2週	第3週	第4週	第5週	第6週
脹痛感	肩　脹　痛	＋	＋＋	＋	±	－	－
	頸　脹　痛	－	－	＋	＋＋	＋	－
	膝　脹　痛	＋	＋＋	＋＋	＋	±	－
	腿　脹　痛	＋	＋＋	＋	－	－	－
	腰　肋　痛	－	±	±	－	－	－
	舊傷口反應	－	±	＋	－	－	－
	病灶部反應	－	－	－	＋	－	－
溫痛感	打　　嗝	±	＋	＋	＋	±	±
	放　　屁	±	＋	＋	＋	±	±
	腹　　鳴	－	－	＋	＋	±	±
	溫　　熱	±	＋	＋	＋	－	－
	出　　汗	±	＋	＋	＋	±	
振顫感	顫　　動	－	－	－	－	－	－
	振　　動	－	－	＋	＋	－	－
	跳　　動	－	－	－	＋	＋	－
不同感	雙手高低	＋	＋	＋	＋	＋	＋
	兩腿長短	－	－	＋	＋	＋	＋
	左右麻脹	－	－	－	±	±	±
	左右出汗	－	－	±	±	＋	＋
	左右循環	－	－	－	±	±	＋
	左右溫度	－	－	±	±	－	－
舒暢感	頭部輕鬆	－	－	＋	＋	＋＋	＋＋＋
	胸部舒暢	－	－	＋	＋	＋＋	＋＋＋
	全身愉快	－	－	＋	＋	＋＋	＋＋＋

　　注：「＋」表示有；「－」表示無；「±」表示或有或無；
「＋＋」表示較強；「＋＋＋」表示最強。

　　由表1－1中可以看出，在開始站樁的兩週以內，酸麻脹痛的反應較為明顯，至第三週以後，便可逐漸減退。與此相反，在前２週～３週內一般沒有舒暢感，３週～４週後便可逐漸出現；練功日期愈久，舒暢感愈明顯地增多。６週以後應根據具體情況適當增加一點運動量，使酸麻脹痛的反應再度出現。如此反覆循環調整酸麻脹痛感與輕鬆舒暢感的相互關係，便可使機體產生痛－不痛－再痛－再不痛的變化，以達到不斷提高療效，增強體質的作用。

三、影響療效的因素

　　有人說：我和某人同時參加站樁練功，為什麼他的效果那樣好，我的效果就不如他呢？我每天都堅持站樁，為什麼不見效果呢？有人說：我在開始站樁的前３個月效果非常明顯，到現在快半年了，為什麼後3個月的效果不如以前那樣顯著了呢？

　　出現這些問題是由於「三不夠」所造成的。即：時間不夠；角度不夠；意念不夠。現分述如下：

1. 時間不夠

　　時間不夠是指站樁練功的時間不夠。分為兩個方面：

　　一是指每次站樁練功的時間不夠。短時間的站樁練功容易支持，但對機體的作用較小；長時間的站樁練功難於支持，但對機體的作用較大。當然，這與運動量的大小和每個人的體質強弱有關係。身體衰弱的人開始不可能連續練40分鐘，他雖然只練了10分鐘，但這10分鐘卻是他的提高量，因此，也能產生一定的療效。相反，身體較強者，

雖然站樁40分鐘，但這40分鐘對他來說是無效量，因此效果不大。有的人一天只練一次，有的人一天能練三四次，其效果當然也不會一樣的。

二是站樁練功的總時間不夠，例如，一粒種子在春天種下，要經過發芽、出葉、開花等一系列生長發育和壯大的過程，一直到秋天才結下果實，這一段時間大約要幾個月。同樣，治療疾病也需一定時間才能使病體產生由量變到質變的變化。這種變化的過程稱為療程。輕的疾病能在短時間內治癒，而較重的疾病就需要較長時間才能奏效。因此，練功雖然對於治療某些慢性疾病和增強體質有一定效果，但這些效果並不是一朝一夕所能獲得的，需要經過一定的療程。至於療程長短，則與每個人疾病輕重和身體健康情況、站樁練功總時間的多少，以及運動量的大小等因素有密切關係。總之不能急於求成。

2. 角度不夠

角度不夠是指站樁時四肢各個關節的彎曲角度即運動量不足。角度的變化必須與體力的強弱相適應，站樁練功過程中角度與體力之間的相互變化是辨證的，不是固定不變的。例如，開始站樁時雖然兩腿彎曲角度不大，但因這時的體力較弱，彎曲不大的角度正是這個時期的提高量，所以它能收到明顯的效果。然而經過一段時間的站樁鍛鍊之後，由於體力逐漸變強，機體內各個器官的機能活動性也逐漸提高，如果運動量即彎曲角度不能伴隨體力之增加而增加，它對機體的作用是不大的。

站樁練功過程中掌握運動量是最困難的，這除了需要

有充分經驗的指導者定期檢查指導之外，個人還要不斷地體會和摸索出一套正確的規律。

3. 意念不夠

意念不夠是指在站樁過程中沒有很好地掌握意念活動。意念活動的應用是因人因病而異，並不是固定不變的，站樁練功的各個不同時期各有不同的意念活動。

總的來說，身體有病的人應採取鎮靜神經、抑制大腦的意念活動；而當疾病好轉後，應採用能夠調整運動量、提高療效的意念活動；身體強壯者則應採用訓練神經提高靈敏反應的意念活動。分述如下：

對於初學站樁的病人，開始時應採用「去意輕形」站樁法。也就是只要求擺好一個姿勢不動，僅用放鬆活動，主動檢查全身各部肌肉能否放鬆。因為時間短的站樁，肌肉尚能保持放鬆，時間愈長，肌肉就愈可能變成過度緊張僵硬狀態。這種狀態在一定時間內自己並不知道，只有由不間斷地站樁練功訓練，才能使之由不認識到認識，進而能進行更深入的練習。這是站樁練功實踐的第一步。

進一步可以應用「輕意輕形」站樁法。即站樁時主動配合設想活動，集中思想，排除雜念，促使體內提早出現各種變化，並細心地體會身體內部酸麻脹痛感的發生、發展過程，以及轉變為舒暢感的規律性。感覺到了的反應越多，才能越有效地掌握它，從而運用它為自己的健康服務。

身體強壯者要學習緊鬆活動的意念轉化，也就是進行「重意輕形」站樁法。這是站樁運動所獨有的利用休息肌

的緊鬆收縮作用，訓練大腦皮層高級神經系統的一種運
動。亦即後面所要講到的第二隨意運動。這是比較複雜而
細緻的訓練過程。

四、減壓試驗法

站樁對人體的積極作用，還可以由下述減壓試驗法來
說明。

站樁練功時要把雙手抬舉起來，使兩肘離開兩肋，保
持適當的角度，成抱物或推託狀。上肢之所以要採用這樣
的姿勢，其目的有三：減輕兩隻胳膊對兩側肺部的自然壓
迫力；增加兩隻胳膊及臂部肌肉的持久力與耐勞力；訓練
胸廓部肌肉和神經保持適當的支撐作用。

在平常狀態下，一般人很少注意兩隻胳膊對兩側肺部
有壓迫作用存在，但只要採用下述方法一試便可證明。

採用站立姿勢，兩腳左右分開約同肩寬，將右手輕輕
地抬舉起來，放在肩下乳上部，肘彎曲成抱物狀；肩部肌
肉必須放鬆，禁用力，禁聳肩。左手自然下垂不動，靜靜
地進行深呼吸數次，藉以區別兩側肺部的吸氧量變化與壓
迫緊張及輕鬆舒暢等不同的感覺。這時可以感覺到抬手側
的右肺比垂手側的左肺吸氧量大，而且還具有輕鬆、舒
暢、寬廣、空靈的感覺。但垂手側的左肺不但吸氧量小，
而且還有壓迫緊張和沉重不快的感覺。反之，抬起左手使
右手自然下垂，也會有同樣的感覺。

由此可以證明，兩隻胳膊的下垂狀態，對兩側肺部形
成了自然的壓迫作用。它雖然影響了肺臟的吸氧量與輕快

感，但是在平常情況下人們習慣了，沒有比較對照未能引起人們的注意。因此，站樁練功時抬手的目的一方面是為了減輕兩隻胳膊對兩肺的自然壓迫作用，另一方面又是為了增加它的耐勞力與持久力，只有肩部和臂部肌肉以及神經學會了放鬆，胸廓部學會了適當的支撐之後，才能減輕對兩側肺部自然的壓迫力，兩肺才會感到輕鬆舒暢。

在日常生活中，如果坐在大轉椅、大籐椅或小沙發上，便能感覺到比坐在平面板凳上舒服輕鬆。究其原因就是沙發椅的兩側設有較高的置手台。坐在沙發椅的上肢姿勢恰恰與站樁練功時抬手姿勢相似，只不過它是借助於人體外部的力量把兩隻胳膊架了起來，使兩肘離開了兩肋，從而減少了兩隻胳膊對兩肺自然的壓迫作用。但是，這樣做並不能增加機體的耐勞力與持久力，因此，它起不到增強體質的作用。

五、站樁對機體的量變與質變淺解

站樁練功是運動，是外因，是促使機體產生變化的一個條件。機體由站樁姿勢這個外因而產生生理機能上的變化，這種變化就是內因。

利用站樁姿勢為外因，造成機體內部產生生理機能上的差異，即內因，使這個內因由量變到質變，又由質變到量變，往復循環，不斷發展。由以上過程導致機體由疾病型轉化為健康型，由衰弱轉化為強壯。

這種依靠人的主觀能動性，自力更生地讓體內抵抗力慢慢提高，以此克服慢性病的有效方法是學習第二隨意運

動、增長體育智力的唯一途徑。

人體直立時每分鐘的脈搏平均為60次～80次，呼吸平均為12次～18次，這是安靜狀態下的恒定數量。現在就以這個恒定數量為基礎來研究量變與質變的關係問題。

人體在一般直立狀態下不能引起脈搏與呼吸的增多，因為它沒有產生變化的外因，所以在數量上就沒有變化，保持著恒定數量不變。

但是，站樁練功時，全身各關節要保持一定的彎曲角度，這時由於機體對本身的重力變化產生了抵抗力，所以骨骼肌必須進行比正常直立時較緊張的收縮運動，才能維持身體的平衡與安穩。這種姿勢就是一個外因，它是使機體產生變化的條件，同時促使機體內部產生矛盾運動，從而產生生理機能上的差異，使之由原來的安靜狀態轉變為運動狀態，客觀上表現為脈搏增多與呼吸加速。這種數量上的變化叫做量變。

例如，練功前直立位的脈搏每分鐘74次，呼吸19次，站樁時兩腿保持彎曲 3 公分，練功40分鐘時，脈搏增加到106次，呼吸增加到30次。兩腿保持彎曲 3 公分是機體在空間位置上的數量變化，練功40分鐘是時間上的數量變化。正是由於這兩者空間和時間上的數量變化聯繫起來，共同作用於機體，才能引起脈搏與呼吸增加，這就是外因由內因而起作用的表現，叫做量變質。

空間和時間兩者的數量聯繫起來共同作用於機體叫做運動量。機體對於運動量大小的耐受性和運動量的變化範圍是由體質的強弱程度決定的。體質衰弱者，不能負擔較

大的運動量；而體質強壯者，對於較小的運動量根本不發生變化。這就是在一定體質基礎上，運動量的應用範圍有它一定的界限。但是，這個界限並不是固定不變的，如果堅持站樁練功時，可使運動量與體質之間的這個界限不斷地相互轉化。

當某一彎曲角度的站樁姿勢變為不能影響機體的安定性時，於是就自然地引起了體質上的變化。例如，開始站樁時有酸麻脹痛的感覺，以後消失了，這就是舊的衰弱的體質歸於消減而出現了新的健康體質。

由於舊的衰弱體質的改變而產生了新的健康體質後，在新體質的基礎上，仍然堅持站樁練功時，則量變的過程再度進行下去，到一定時期後又開始表現了它的安定性。這就是質變又轉化為量變，或簡稱為質變量。

例如，經過半個月的站樁練功後，兩腿仍然保持彎曲3公分，脈搏與呼吸便會顯著減少為練功前每分鐘脈搏68次、呼吸18次，練功到40分鐘時脈搏僅增加到89次，呼吸增加到22次。這就是體質又改變了脈搏和呼吸的數量，即質變量。

運動量和體質之間互相轉化的規律，說明機體的運動、變化和發展，是由於運動量的逐漸變化而交錯進行的。運動量的變化採取漸進的形式，它在一定時期內雖然似乎與體質無關，但它實際上就是體質轉變的準備。在這期間機體內部會發生許多細微的變化，如生物化學方面的變化，各項生理機能變化，等等。這些變化是我們今後需要利用現代醫學科學精密儀器進行深入廣泛研究的主要課

題。在這些細微的數量變化過程中，孕育著改變體質的因素，所以體質的改變在形式上雖然是突變，但突變絕不是毫無根據地突然出現。體質的改變是由站樁練功運動量的漸變而有規律地積累起來的。

恩格斯說：「質的變化只有由物質或運動的量的增加或減少才能發生。沒有物質或運動的增加或減少，即沒有有關物體的量的變化，是不可能改變這個物體的質的。」（恩格斯著，《自然辯證法》，第47頁）在這裏的物質就是機體，質就是體質，量就是運動量（外因）和脈搏呼吸（內因）的數量。站樁練功時這個數量是可以精確地測量出來的。

在積累運動量的過程中，即每天堅持站樁練功過程中，機體內部各個對立方面的相互關係，都在逐漸地發生變化，具體表現為各種症狀的消失與體力的增強。雖然一般來說這些現象在短期內是不顯著的，但是在這些變化的中間，最主要的是健康強壯的新體質因素會逐漸生長和形成起來，疾病和衰弱的舊體質因素就會愈加削減。

起初是疾病衰弱的舊體質因素居於支配地位，而健康強壯的新體質因素則不是主要方面，隨著站樁運動的不斷進行與發展，健康強壯新體質因素的作用就愈來愈大，最後終於發生了根本的變化，形成原有的疾病衰弱的舊體質因素被消減，即病理因素由主要地位退化為非主要地位或被消減，而健康強壯的新體質因素卻起來代替了它的主要地位。

這就是站樁練功對於疾病與健康、衰弱與強壯、病理

與生理，由量變到質變，又由質變到量變的相互轉化、逐步提高的內在原因。

但是，舊的衰弱的體質（酸麻脹痛感和各種症狀）並不是一去不復返的。如果撤銷了外因變化的條件，即不堅持站樁練功時，它又可以重返機體，機體的健康水準又會向相反的方面發展下去。這就是必須經常地給予機體一定的外因，即主動地堅持站樁練功運動，才能使運動量與體質之間向好的方面轉化，從而達到不斷地增強體質的目的。

機體經過站樁練功運動鍛鍊之後，其健康水準漸進地發展到一定程度時，也就是對於某種姿勢的彎曲角度，即對一定的運動量產生了適應能力，沒有任何反應時，還必須隨時調整其彎曲角度或增加必要的意念活動，從而增加運動量，以促進機體的健康水準繼續向前進展。

所以，運動量的發展積累到一定程度，就必然發生體質上的突變，表現在保持同樣彎曲角度的練功姿勢脈搏不升高，呼吸不增快，甚至較練功前減少，以及無酸麻脹痛的感覺，等等。這時還需在新體質的基礎上，增加各關節的彎曲角度。

例如，以直立位的身長為標準，兩膝彎曲，由 2 公分增加為 4 公分、6 公分、8 公分、10公分或更多，或者增加緊鬆動作的各項意念活動—第二隨意運動以增加運動量，使脈搏與呼吸產生增多—減少—再增多—再減少；使機體產生痛—不痛—再痛—再不痛；使體質產生量變—質變—再量變—再質變。只有這樣反覆調整，循序漸進，

表1-2 優質遞增站樁表

角度意念	增加→保持→再增加→再保持
脈搏呼吸	增多→減少→再增多→再減少
機體反應	痛→不痛→再痛→再不痛
體質變化	量變→質變→再量變→再質變

才能使機體健康水準和對活動力學知識認識能力的發展過程，表現為由低級到高級、由簡單到複雜的階段上升形態。這叫做優質遞增訓練法（表1-2）。

六、站樁與武術的關係

許多武術書籍都有關於「站樁」的記載。

1961年體育院校教材編審委員會武術編選小組編寫的體育院校本科講義《武術》一書中寫道：

「武術的基本功，在過去是把腿、腰、臂的柔韌和力量訓練以及內臟的呼吸調節訓練通過腿功、腰功、臂功、樁功等方式方法作為它的主要訓練內容。在腿功、腰功、臂功、樁功中，樁功是武術中最獨特的鍛鍊方法。它是以靜站的方法養練氣息，增強力量，形成和鞏固動力定型的鍛鍊方法。樁字取義於『樁』，它的意義：一方面是像樁那樣靜止穩定不動，在不動中鍛鍊內部氣息的調動，鍛鍊勁力的增長，即所謂『靜中求動』；另一方面則是說由樁功的鍛鍊，氣息調動了，勁力增長了，下盤能夠像樁那樣

穩固不動，因而少林拳術秘訣裏說：『馬步（樁步）熟練純習，則氣貫丹田，強若不倒之翁』。不論什麼拳種，幾乎都得『練功先站襠（樁）』。」

椿功的樁式頗多，如渾圓樁、四平樁、三體式樁、虛步樁、弓步樁，等等。但從其性質上則可分為兩種，一種是「靜中求動」，這種樁的主要目的在於鍛鍊週身氣血的活暢，練的時候以靜為主，必須摒除一切雜念，保持身軀正直、胸舒、腹鬆，周身放鬆、氣息均勻，逐漸達到至靜至寂之境。至靜才能氣清而平，平而和，和而暢達，暢達則氣血活。像「渾圓樁」就屬於這一種樁。另一種是「動中求靜」。這種樁的主要目的是鍛鍊氣之鼓蕩，使氣在緊張中仍能沉著，仍能保和，以去浮躁之氣，以存神清之氣，使勁與氣合，氣與神合，神與力合，練的時候以動為主。所謂動即是要求周身運動，在「動（運動）中求靜」。這種樁由於周身運動和挺胸的特點，氣息極易上浮而躁，不易下沉貫藏於丹田，在這種情況下，要求「靜」是很不容易的。然而正由於這個特點，久練之後才能去其浮躁之氣，在動中以求靜，使內臟呼吸器官能夠適應緊張運動的需要。「四平樁」就是屬於這一種。練時必須意識集中，保持頂平、肩平、腿平、心平。華拳練功篇裏說：頂平則頭正，肩平則身正，腿平則勁正，心平則氣正。四平四正才能內外合一，勁、氣、神、力相合。

椿功除了訓練和發展身體素質外，同時還起著動力定型的作用。像弓箭步、馬步、仆步、虛步等步型，都可作為樁功由靜站來形成動力定型。這種形成動力定型的樁

功，可以根據各個拳種的技術要求的不同選定樁式。

　　武術的這些寶貴的基本功訓練方法，不僅長時期地流傳在武術中，同時也長期流傳在戲劇武功和雜技武功中。武術、戲劇、雜技都把它作為掌握專項、提高專項和鞏固專項的最堅固的基礎。

　　加強基本功的訓練究竟有哪些好處？

　　第一，能夠很快地提高身體素質。

　　第二，加強基本功的訓練能很好地掌握動作，為今後學習動作打下基礎。

　　第三，從事基本功的訓練，能為進一步掌握尖端技術打下良好基礎。

　　第四，能避免傷害事故。

　　第五，能延長運動壽命。能夠正確地、持久地從事基本功訓練，對於運動壽命的延長起著重要作用。

　　第六，基本功能提高動作品質。基本功的訓練能加強身體各關節的靈活性和肌肉的控制能力，因此，完成動作能協調美觀、幅度大，即「身體隨和，得心應手」。

　　基本功的方法再多再好，不堅持長期的鍛鍊是不會有什麼效果的。武術家們常說，功夫是練出來的。中國武術家對於練功抱著一勤、二苦、三恒的態度，強調「冬練三九，夏練三伏」，常年堅持鍛鍊。今天我們在練習基本功時，也還得學習和發揚勤學苦練的傳統精神。

　　另外，據1982年第一期《北京體育》登載的《歷代武功數少林》一文中有這樣一段話：「我們繼續參觀。看了『方丈室』，觀瞻完『達摩庭』，又走進『千佛殿』。在

這裏，只見地面上有 4 排共48個陷坑，直徑半公尺，深20公分左右。一個年近七旬的法師說：『這是我們歷代僧徒站樁踩出來的腳窩。你們來看。』『站樁是什麼意思？』有人問。老僧回答說：『站樁就是練基本功。』他比劃著：『兩腿、兩肩要平直，氣運丹田，十趾抓地，以便為以後行拳走勢穩如泰山打下基礎。』『站樁要站多長時間？』又有人問。『這種基本功，要練三年才能把姿勢擺對。』老僧回答。看到這些腳窩，我心想，無怪少林寺僧的武藝那麼高強，功夫不負有心人嘛。有人請老法師介紹歷代寺僧的情況，這些腳窩使我相信，那些武僧的故事，一定是充滿傳奇色彩的，於是我也跟著聽起來了。」

老僧簡短的三句話，說出了歷代少林寺武功中站樁的重要性。你要想達到行拳走勢穩如泰山，首先必須站樁。它也證明了站樁是中國拳術的基本功，而且「要練三年才能把姿勢擺對」，僅這一點可見站樁之難，並非一般人所想像的那樣簡單，這裏面確實存在著哲理，值得認真理解。我們必須很好地挖掘、整理，並用現代化的醫療科學儀器來進行實驗研究，找出它的生理、生化方面的特點，使這一寶貴的文化遺產發揚光大，為人民健康事業所用，為增強人民體質貢獻力量。

七、站樁與太極拳的關係

經常有人問道：「練習站樁好，還是打太極拳好？」我認為站樁、太極拳都是中國勞動人民經過多年實踐的總結而得出的增強體質、保健強身的方法，具有各自不同的

優點。

　　從體育運動的原則上看，站樁可以說是各項體育運動和中國拳術的基本功，過去也曾經是太極拳的基本功。在《太極拳刀劍桿散手合編》（陳炎林編著，上海地產研究所出版，1949）練習太極拳之順序與經歷一節中寫道：

　　「目今學習太極拳者，開始即由十三勢（即太極拳學，俗稱盤架子，或曰長拳）入手。往往練習僅三四個月，遂曰已得門徑。不知前輩初學先練馬步站樁、川步站樁等以為基本功夫，歷時甚久，然後方習十三勢拳式，而一式一式之練習非經數月不可。直至各式完全純熟，且能應用後，始合為全套太極拳，其間有練至數年，一套拳勢猶未完畢。」

　　在同書中尚有專門介紹太極拳之樁步一節寫道：

　　「太極拳之樁步，分為馬步及川步式兩種。前輩練習太極拳，必先練此兩種步法，使下部有勁，不致飄浮，而後進行架子推手，方克有濟。此種步法練習，正如建造房屋之基礎，基礎若不鞏固，試問極閣崇樓，高堂巨廈，又安能持載其上。惜今學者，多不從此著手，以求漸進，初學即為盤架子推手。須知不經此功夫則下部無勁，重心易偏，故本編特揭而出之，以促學者之注意，而免盤架子時腿部不能過於坐低，姿勢不能過於求其準確，推手時一採即俯，一按即仰之弊。故練習太極拳之真功夫者，非先練樁步不可。此種練習，時間不拘長短，唯須持之以恆，行之有素。」

　　又在馬步站樁一節中寫道：「初學時每次只須5分

鐘，漸久漸加，日久之後，除下部穩實有功及周身四肢內勁加厚外，而丹田之氣亦足矣。」

又在川字式站樁一節寫道：「練習該項樁步，不論時間長短，如能有恆，對於人身內部意氣、周身內勁及腰腿功夫，皆有莫大之益助。按此式含有前進、後退、左顧、右盼、中定，以及攻防等式，故在太極拳中極為重要。前輩對於此步功夫，雖練之數十年，每晨仍練習不怠。蓋此式乃練意、練神、練氣故也，故練習太極拳者，切莫等閒視之。」

所謂馬步站樁，等於站樁功的第二式至第五式的姿勢。川字步站樁類似第六式的姿勢。但在每個關節的角度變化與意念活動等具體的細節方面則有所不同。

太極拳的動作柔和緩慢，肢體外形的屈伸活動變化多種多樣，顧及全面，容易引人入勝。

站樁練功是在保持固定不動狀態下完成工作肌的第一隨意運動，這比較簡單易行。進一步用意念支配休息肌產生緊鬆動作實現第二隨意運動，由於它在肢體外形上沒有屈伸活動的位置移動，不能掌握其發展規律者，容易感到枯燥無味，難於堅持。

練習站樁與打太極拳的一般目的是為了治療疾病，強健身體，提高工作效率。在這方面，站樁與太極拳都能起到一定的作用。進一步的目的是為了研究人體肌肉與神經的緊鬆收縮作用，即活體力學的筋力學問題，也就是推手、技擊、實戰等問題。這是一個複雜的問題。例如，太極拳術語中有聽勁、懂勁、化勁、引勁、拿勁、支勁、

借勁、沾粘勁、纏絲勁，以及掤、捋、擠、按、採、挒、肘、靠等勁。站樁功則分為局部試力、整體試力、固定位發力、活動位發力；正面力、斜面力、三角力、撐抱力、螺旋力、槓桿力、輪軸力、滑車力、牽掛力、爆發力、彈力、驚力，等等。它們的名稱雖然不同，但是所要求發出的「勁」卻相同，只是有高低深淺、快慢大小之別，而且都可以由推手動作與技擊實戰的實踐來試驗，並檢查理論與實踐的結合程度。在這方面多年來的實踐證明，由站樁練功的方法所求得的上述各項力學知識即「勁」，比較起來收效較快，靈巧實用。

八、站樁的注意事項

1. 站樁開始之前要排除大小便，做好準備工作，以免途中排便影響站樁。

2. 站樁前最好把領扣解開，腰帶放鬆，手錶摘下來，鞋帶解開，使肢體不受任何束縛。

3. 初練站樁者、身體衰弱者，站樁時不要閉眼，每次能練20分鐘以上，並有輕鬆舒暢感時，可以自然地閉上眼睛。如因閉眼而感頭暈或站立不穩固者，不要勉強閉眼，睜眼站樁，有固位作用。

4. 站樁時嘴不要緊閉，也不要故意張開，要保持自然，上下唇與牙齒之間微微離開一點空隙。

5. 站樁療法以保持一定姿勢不動為主，自己去體會在這過程中身體內部所發生的變化。思想不易集中者可以默記呼吸次數，一呼一吸算做一次。但不要憋氣，也不要故

意加快呼吸或延用長呼吸，要任其自然，不要勉強。

6. 站樁時，背向太陽較好，以免陽光耀眼。秋、冬季節在陽光下曬背站樁，特別舒服。

7. 在室內站樁時，空氣要新鮮，溫度要適宜，周圍環境儘量保持安靜。

8. 當腿部肌肉發生顫動後，身體有前後擺動現象，這時要注意控制擺動範圍不要過大，以免發生前傾後仰現象。可以利用左右擺動來限制前後擺動。擺動時要慢不要快。

9. 站樁完畢後，要逐漸減少運動量，應慢慢地直起兩腿，輕輕放下兩手，手背叉腰在原地休息 2 分鐘～ 3 分鐘，待四肢的酸麻脹痛反應完全消失後，再舉步離開原地。

10. 失眠患者、每晚就寢前站樁者，由於神經類型不同，分為兩種：

(1)站樁完了後不久即能入睡者，屬於抑制型。可在就寢前站樁，完畢後立即上床就寢。

(2)站樁完了後反而較站樁前興奮者，屬於興奮型。最好在就寢前 2 小時～ 3 小時站樁，以便有 1 小時～ 2 小時充分休息時間，然後再就寢就比較容易入睡了。

11. 飯前或飯後半小時之內，不宜進行站樁，以免影響食慾及消化。

12. 婦女月經期間，如無不適反應，可繼續站樁，應減輕運動量。如有反應可休息，待月經停後再站樁。

第 二 章

上離其道　　下失其事

毋代馬走　　毋代鳥飛

毋先物動　　以觀其則

動則失位　　靜乃自得

站椿功的基本理論

一、運動與醫學的關係

人體的結構和功能絕不是一成不變的，肌肉越用越發達，感官越練越敏銳，人的體質強弱是可以改變的。

世界上的一切藥物對身體來說都無法代替運動的良好作用。

勞動和體育鍛鍊可以使體質由弱變強，強而更強。體育鍛鍊能給整個身體以全面而積極的影響。運動是健身的法寶。強壯的身體不是「保養」出來的，而是「鍛鍊」出來的。堅強的鬥爭意志，革命的樂觀情緒，緊張的工作學習，經常性的勞動，積極的體育鍛鍊，符合人體的辨證運動，無疑是增強體質，預防疾病，提高健康水準和工作效

率，延長壽命的重要保證。

科學進步的弱點是造成人體運動不足，運動不足是引起肥胖病、糖尿病、心臟病、高血壓和胃潰瘍等這些所謂現代病的一個原因。

由於運動不足，心臟的機能和消化吸收的機能，及全身的新陳代謝機能就會逐漸地衰弱，血管的彈性削弱，從而也就失去了對疾病的抵抗能力。因此，老年人和身體衰弱的病人，要想獲得健康生活所需要的體力，必須經常地堅持一定程度的體力勞動與合理的體育鍛鍊。

合理的體育鍛鍊，能夠切實可靠地增進全身的健康，增強中樞神經系統及各系統器官的生理功能，增強對外界不良環境的適應能力，也就是加強機體的抵抗力，達到少生病或不生病，即使得病也可以使患病的程度減輕。因此，體育運動可以視為有效的預防疾病的方法之一。

體育鍛鍊除有預防疾病的作用外，還可用於治療許多疾病。醫療體育就是利用病人的自我鍛鍊以達到治療疾病、健身延年的目的。這種治療方法在調動病人的主觀能動性及機能治療上，有它獨特的貢獻，它既是健身強體的方法，又是治療疾病的手段。

各種類型的體育運動都具有不同的特點及其適應條件。研究不同性質運動的生理特點，可以正確地評價各項運動的醫療效果，從而更好地利用它們作為治療疾病和增強體質、保證健康的手段。

運動醫學是醫學科學中一個新興的分科，是醫學和體育的邊緣學科。它是研究有關體育運動的各種醫學問題的

科學。

醫生的任務是治療疾病，而更重要的任務則是預防疾病。「預防為主」是我國早已確定的衛生工作方針。因此，醫生除對病人進行直接的醫療之外，還必須關心和研究一切有利於增進人民健康，增強人民體質的各種類型的體育運動，並充分利用之，以達到更多、更快、更好、更省地治療疾病及控制疾病的目的。

二、醫生為什麼不許某些病人進行體育運動

如上所述，體育運動既然能夠增強人民的體質，促進人們的健康，而醫療體育又能治療許多疾病，那麼對於某些病人，醫生為什麼要讓他們安靜地休息，而不普遍地、廣泛地、積極地組織他們或指導他們進行體育鍛鍊治療呢？這豈不是一個矛盾嗎？

對的，這確實是一個極大的矛盾。但是，這個矛盾的產生是有一定的科學根據的。只有瞭解這個科學規律，才能解決這個矛盾。其主要問題就是在進行一般的體育運動過程中存在幾種不利因素：

(1) 運動量很難掌握。

(2) 運動量一增大就要產生憋氣作用，因而造成機體內部缺氧，出現氧債現象。

(3) 在運動停止後的那一時刻，又會產生右心房過度擴大與呼吸急促困難的現象。

以上這些現象對於身體健康、強壯的青年人沒有什麼不良影響，而且某些項目的體育運動還要利用這些現象的

作用，來刺激機體，提高運動成績；但是對於身體衰弱的病人或老年人是不利的。

醫生們就是根據這個已知的運動生理機制來限制某些病人進行體育運動，而讓他們多休息，少活動，甚至完全禁止患有某些疾病的人進行體育運動。

憋氣作用對心臟呼吸影響的生理機制如下：

當人們進行舉重、摔跤或四肢進行強烈的用力動作時，為了完成任務或制勝對方，這時肩背部的肌肉，如背闊肌、斜方肌、胸大肌、胸小肌、三角肌、大圓肌、小圓肌、肱三頭肌等必須盡最大努力進行收縮，以便使肩背與胸廓保持固定不動的狀態。

同時為了防止胸廓前後左右的活動，還必須在事前進行一次深吸氣，隨後便將聲門緊緊地閉鎖起來，使大量的空氣密閉在肺臟裏面，不許它逸出，俗稱不許洩氣，以便保證能夠順利地完成上述各項運動。與此同時，下肢的肌肉也要進行強烈的收縮。

這樣一來就造成了胸腔及腹腔內的氣壓顯著提高，並且伴隨著全身肌肉用力收縮，血管週邊阻力便突然增大，小血管被壓縮，結果絕大部分血液在內外高壓的壓擠作用下，不得不停留在靜脈管中，因而造成靜脈的血液不能回到右心房。這一現象叫做憋氣。

憋氣現象的強弱和四肢的肌肉尤其是軀幹上部肩、背、胸等部肌肉群的收縮作用時間的長短與用力的大小成正比。長時間進行激烈的憋氣時，胸腔內壓可增高到13.3kPa～33.3kPa。這時全身的血液循環受到阻礙，靜脈

的血液回流被阻止，絕大部分血液被迫停滯在胸廓以外的靜脈管內。

　　這時面部表現為面紅耳赤，顳額部及側頸部等處的皮下靜脈高度怒張，心臟及胸腔內大動脈及肺臟等處的血量顯著減少，因此，心臟便發生了嚴重的缺氧，心肌的營養供能系統也遭到損害，心臟的收縮作用受到嚴重的破壞，嚴重時可發生心臟停跳，脈搏消失。

　　上述現象進行到一定時間，當運動任務完成後，聲門重新開放，憋氣現象始得解除。這時被抑制密閉在肺內含有大量二氧化碳的空氣，迅速地被排出體外，緊接著便開始進行急促的呼吸，這時被阻滯停留在胸廓以外的靜脈血，以非常強大的高壓湧入右心房，在這一瞬間可使右心房發生過度擴大，脈搏突然增加，相繼肺內大量淤血，靜脈管內反呈缺血狀態。

　　這種現象與保持憋氣期間完全相反，表現為顏面蒼白，呼吸急促，苦悶難堪。

　　在憋氣期間，機體停止了氣體交換活動，因而造成機體內部嚴重缺氧，形成了氧債狀態；同時，血液內又積累了大量的二氧化碳，機體組織中沒有蓄積的氧，因此，如果沒有氧氣的不斷供應，則細胞內的氧化過程和整個生命活動都無法維持。在完全斷絕氧氣的供應後，數分鐘之內就可以引起死亡。

　　如果經常反覆進行強烈的憋氣運動，可使血液內的二氧化碳含量增高，使血液與氧氣的結合率降低，容易出現疲勞、心臟擴大與心肌變性，對於已經發生動脈硬化的人

可產生猝死的危險。

因此，產生憋氣缺氧的運動，對於老年人、身體衰弱者以及各種疾病的患者是有害無益的。醫生們就是根據這個已知的運動生理機制原理，不主張病人進行產生憋氣作用的體育運動。

但是，根據過去幾年來的臨床觀察試驗結果，我發現在醫療上應用「站樁」治療疾病、鍛鍊身體、促進健康、增強體質的生理機制與上述已知的一般體育運動的生理機制截然不同。

它可以根據每個人的體力強弱之不同而控制運動量，既能克服在運動進行過程中的憋氣作用，從而免除缺氧現象，又能使運動停止後的當時絕對不會發生右心房過度擴大與呼吸急促困難和脈搏突然上升的現象。

因此，我們就不能以已知的一般體育運動的生理機制來衡量我國特有的「站樁」的生理機制。這是必須加以研究闡明和區別的重大問題。

三、站樁功的作用機制

站樁時，首先要按著要求擺好一個姿勢，並把這種姿勢保持一定時間，這樣就在大腦皮層內產生了一個保持這種姿勢的興奮點。

由於站樁練功姿勢的外形沒有活動變化，初練功者的條件反射還沒有建立起來，或者剛剛建立卻沒有鞏固，這時外感受器（眼、耳）的知覺輸入量逐漸減少，而內感受器（肌肉、肌腱、關節）的新異刺激尚未上升到足以引起

應有的作用期間，大腦皮層的思維活動，並不能立刻得到完全的抑制。因此，站樁練功開始後10～20分鐘之內，會產生雜亂的思維活動，這叫做雜念叢生的階段。

為了防止雜念的出現而影響站樁練功，這時，可以配合適當的意念活動，也就是有意識的思維活動。例如，回憶美景，默記呼吸，自己設想搭扶、趟水、抱球或放鬆肌肉，等等。也可以在牆壁上懸掛風景畫片，欣賞藝術作品；在桌上擺設魚缸、盆景、花草，悅目怡神；或收聽廣播節目，如音樂、戲劇、新聞報告等，增加良性刺激而轉移注意力。

這比上述回憶和設想的效果更好，這樣可以使思想集中，排除雜念，清除急躁心煩情緒，縮短練功時間漫長的感覺，更重要的是可以促使機體內部提早出現新異刺激，從而引起大腦皮層探究反射的作用。

隨著站樁練功時間的延長，機體內部將產生程度不等的生理變化，例如，手足的酸麻感，兩肩兩膝的脹痛感，等等。這些生理變化的現象叫做「新異刺激」，就是「資訊」，也叫做「氣感」。

新異刺激使身體內部本體感受器（肌肉、肌腱、關節）產生興奮，這種興奮沿著傳入神經纖維到達大腦皮層，經過大腦皮層的分析綜合，發出信號來追究酸麻感有無改變，脹痛感有無增減，或者有無其他反應，等等。這種反射作用叫做「探究反射」，探究反射經傳出神經到達效應器官，即保持站樁練功姿勢的骨骼肌。

如果在同一部位，同樣強度與同樣性質的新異刺激連

續不斷地重複出現時，由於肌肉纖維的耐力增強和神經系統產生感覺的閾值逐漸提高，其新異性便逐漸減弱，相應地就不再引起探究反射了。

例如，在練某種姿勢的初期，能引起酸麻脹痛感，隨著練功日期的進展，這種感覺便逐漸減弱以致消失，這就是機體對酸麻脹痛感的耐受性提高了的緣故。

但是，站樁練功可以利用同樣姿勢的不同角度變化和不同的意念活動變化，促使機體不斷地產生不同性質與不同強度的新異刺激。因此，大腦皮層可以不斷地產生探究反射而作用於效應器，這樣反覆地聯繫起來，便形成了一個強有力的條件反射弧。由於這個新異刺激所引起的興奮灶的反射弧逐漸強化，因而抑制了雜念產生或病灶性惡性興奮灶，並使之逐漸消失。

四肢肌肉產生酸麻脹痛是不舒適的，反應期往往難於堅持下去而停止練功。這時，必須樹立加強對疾病作鬥爭的堅強思想與必勝信心，克服困難，百折不撓，才能渡過難關。這是一個鍛鍊意志、奮發圖強、自力更生、艱苦奮鬥、戰勝疾病的緊要關頭。

站樁練功經過一二週後，由酸麻脹痛的反應期轉變為輕微的肌肉顫動期，這時全身開始發熱出汗，隨之可以出現舒暢的感覺。也可以說出汗前後是酸麻脹痛感與舒暢感的分界線，是機體生理功能由量變到質變的轉捩點。

全身舒暢感是一個良性刺激，如果運動量掌握合適，不經過酸麻脹痛的反應期，也能進入這個時期。這個良性刺激越多越深，就愈促進大腦皮層的這個興奮灶更為集

中，更加鞏固，更能擴散，以致進入「內抑制」狀態。

內抑制是在覺醒狀態下，局限於個別皮層細胞群內的抑制過程，也就是個別皮層細胞群的睡眠——分散的睡眠、局部的睡眠，它的作用不但可使大腦皮層產生保護性抑制作用，而且還可以切斷大腦皮層的病灶性惡性循環的興奮灶，使它轉入抑制狀態。

上述作用的出現，必須在脈搏與呼吸均勻地、持久地提高到正常安靜狀態以上的水準時，才能有效地醫治大腦皮層細胞的病理狀態，更廣泛和更精確地調整機體內部各項不平衡的作用。也就是使脈搏保持持久性增高而呼吸卻不發生困難的狀態下，機體本身才能進行自檢自修，自己診斷，自己治療，自己改造生理、改造病理，增強體質，戰勝疾病。

如果大腦皮層只有單純的抑制，而脈搏並不增多，這是進入了睡眠狀態；或者進行劇烈運動時，隨著脈搏的增多，同時發生呼吸困難，這是因為發生了缺氧，造成了氧債的緣故。在這兩種狀態下都不能起到上述作用。這就是其他體育運動鍛鍊方法與站樁運動在醫療保健作用上的本質區別。

站樁應用在醫療保健上，如能經常堅持不懈地保持輕鬆舒暢的內抑制狀態，可以說對改變機體的生理和病理機能，治療某些慢性疾病，鞏固療效，增強體質方面會有一定作用。但是，對於身體強壯的年輕人，從體育運動與中國拳學方面要求時，還要進一步鍛鍊肌肉，訓練神經，養成一觸即爆發、炸力無斷續、整體的爆發力。這就需要大

腦皮層由抑制狀態轉變為興奮狀態。它的具體訓練方法是進行緊鬆動作的各項意念活動，例如緊鬆活動、連接活動、挣筋活動、牽掛活動等等，以製造另外一種新異刺激與探究反射的作用，即第二隨意運動。

站樁練功的特點就是能夠根據每個人的身體健康情況，運用抑制與興奮的不同作用去治療疾病，增強體質，提高神經靈敏性，增長智力。

綜合以上站樁練功過程中的反射轉變，繪製成站樁作用機制示意表，如表2－1所示：

表2－1 站樁作用機制示意表

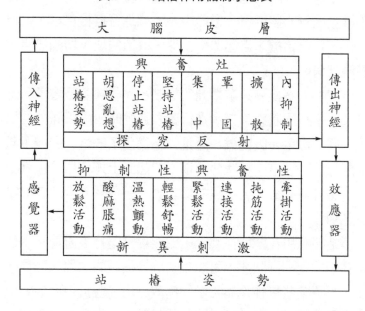

四、論動中有靜與靜中有動的標準問題

從古代的養生學到今天的老年保健學，千百年來提倡

過許多養生方法，概括起來不外乎「動」與「靜」二字。究竟「動」好還是「靜」好，古往今來頗有爭議。

打拳的人常說某某拳「動中有靜」，練氣功的人又說某某功法「靜中有動」。究竟什麼是「動中有靜」，什麼又是「靜中有動」呢？「動」與「靜」的標準是什麼？怎樣來證明你練的那套拳或功法達到了動中有靜或靜中有動的目的了呢？

本文根據「站樁」不動代表「靜」的一方，另以位置移動的各種活動代表「動」的一方，進行運動分類，分析動中有靜與靜中有動的動與靜的標準問題，提出個人意見，供大家討論。

（一）動與靜的標準

運動簡稱為「動」，安靜簡稱為「靜」。運動與安靜是相對的，不是絕對的。宇宙間一切物體都是在不斷地運動著，甚至那些在我們看來似乎不動的物體也是如此。不斷的運動是物質的基本性質之一。馬克思主義的哲學說明世界是物質的，物質是運動的，物質的運動是有規律的，物質運動的規律是可以認識的。

例如，我們生活在地球上，雖然我們感覺不到地球的動，但是，實際上它是按照一定的規律，日夜不停地在轉動。這種動叫做「生生不已之動」。

再如，生物界中有動物與植物之分，植物從表面上看來是不動的，它們的外形雖然不會像動物那樣能夠隨便屈伸四肢進行移動，但是這並不妨礙它們內部細胞的活動。

它們是在外形「不動」的狀態下生長發育壯大起來的。因此，我們不能認為我們用肉眼看不見的和我們感覺不到的動就是不動。

人類是「動物」，動物的特點就是能夠屈伸四肢進行活動，根據一般的習慣把這樣的活動叫做運動。反之，則叫做安靜。這種只根據肢體外形屈伸活動位移變化與否為基礎的分類方法，只能說明機體的外表現象問題，不能說明機體內部機能狀態的本質問題。所以，這種只看表面，不問本質的運動分類方法是不全面的。

那麼，什麼是比較全面的運動分類法呢？我認為首先應當把下列四個基本問題弄清楚。

1. 外形的動與靜

人體在空間發生位置移動或肢體外形上發生體形改變，例如，手足的屈伸、走路、跑步、跳躍、起臥、俯仰、轉側、攀登等等活動，都是屬於外形上的運動，醫學的術語叫做「隨意運動」。

隨意運動是由大腦皮層的共同活動及骨骼肌的收縮運動所引起的。這是人類維持生命參加勞動所必不可缺少的活動。由於人體四肢在外形上發生位移活動變化是我們所常見的，是司空見慣的，所以我們便從習慣上總是把各關節活動的變化過程叫做運動，而把身體四肢保持固定不動的狀態作為相對的安靜。這是一般從肢體外部表現上區分的「動與靜」。

2. 生理的動與靜

人體為了維持生命，機體內部晝夜不停地進行血液循

環、物質代謝、消化吸收等等過程。這些新陳代謝的活動過程，雖然從外觀上用肉眼不能見到，但它們卻都是有一定節律性的內在運動。這種運動是由植物性神經系統與內分泌體液調節活動直接管理，不隨人們的意志為轉移，科學的術語叫做「不隨意運動」。

例如，成年人在正常安靜的情況下，每分鐘心臟要收縮60次～80次，呼吸12次～18次。這說明即使除去了機體同周圍環境中的各種刺激，如聲音刺激、光線刺激，保持在最安靜的環境中，也絕不能保證器官或各系統，如血液循環系統、呼吸系統等得到絕對的安靜。甚至是在肌肉活動及消化活動過程完全靜止時，或在睡眠的狀態下，身體內部仍有一定量的能量消耗，這一定量的能量消耗稱為「基礎代謝」。

因此，我們把機體維持這種正常生理功能的活動，即脈搏、呼吸都保持正常的恒定狀態者，稱為「生理的安靜」，簡稱為「靜」；而把機體不管它由任何形式，只要是由於骨骼肌的收縮運動後所引起的一系列生理功能超過上述正常水準以上的狀態，即脈搏增多、呼吸加快或因發生困難而減少者，稱為相對的「生理的運動」，簡稱為「動」。後者正是我們迫切需要研究的問題。

3. 大腦的動與靜

除上述各項動與靜的分類之外，在人類大腦皮層活動方面也存在著動與靜的關係。即大腦皮層的興奮過程就是「動」的過程，而抑制過程就是「靜」的過程。

興奮過程與抑制過程是大腦皮層的兩個基本神經過

程，是同一神經過程的兩個方面，它們互相對立，而又經常互相轉化，互相制約，互相平衡，因而構成了大腦皮層的全部高級神經活動。

抑制過程與興奮過程有同等的生物學意義。如果只有興奮過程而無抑制過程，則動物機體不可能對外界環境保持精確的平衡；如果只有抑制過程而無興奮過程，動物機體將長期陷於睡眠狀態，而對外界環境中的種種變化根本不發生反應。二者缺一都是不可想像的。

更具體地說，抑制過程具有調節、保護與醫療作用。人只有當大腦皮層中抑制與興奮過程保持正常關係時，才能維持正常的生命活動。

機體在進行體育運動過程中，每一舉一動都需要用眼去看，用耳去聽，用腦去想的運動過程，我把它叫做大腦皮層的「動」的過程。

反之，如果在運動過程當中，不必用眼去看，也不必用耳去聽，更不必用腦去想如何安排下一動作，而能達到運動的目的者（脈搏增多），我把它叫做大腦皮層相對的「靜」的過程。

4. 動與靜的結合方式

關於動與靜的結合方式，一般分為兩種：先後結合法與同時結合法。

動與靜的先後結合法，是以肢體外形在空間發生活動變化的位移運動為「動」的指標叫做「動功」。另方面以肢體外形保持固定不動狀態的運動為「靜」的指標叫做「靜功」。練功時先練一種外形活動的動功，然後再練一

種外形不動的靜功，或者先練靜功，然後再練動功。

總之，動功與靜功交替鍛鍊，二者不能在同一時間內同時進行，必須分開進行。這種動與靜的結合方法叫做先後結合法。

動與靜的同時結合法，是以一種練功方式同時兼備動與靜的兩個要素，故動與靜能夠相互結合起來，在同一時間內同時進行。

這種方法是使肢體外表上形成一定的姿勢和角度，外形上保持不動，以形成「靜」（外形的靜與大腦的靜）的條件，但是實際上由於姿勢與角度的作用，卻自然地促使四肢的骨骼肌產生著生生不已之動，逐漸地提高生理功能之動。即脈搏可保持一定程度的持續性的增多，而呼吸卻不發生困難為前提條件。

由於外形的不動，因而神經系統就不必為保持自己的平衡與安全而不斷地注意周圍環境的變化。因此，視覺器官與聽覺器官就可以減少或停止向大腦皮層發送興奮傳導，所以大腦皮層也能得到比較充分的安靜休息而進入抑制狀態。這是動與靜同時結合的運動方法。

（二）運動分類法

機體在臥位、坐位、站位狀態下，肌肉除保持應有的肌緊張之外，並沒有強烈的收縮運動，這時脈搏保持恒定，氧氣的攝入量等於氧氣的消耗量，是收支平衡的，叫做恒定狀態。這是一般的常態。如果在常態下發生心跳過多或呼吸困難時，那就是病態。但是，人們為了生活和生

產勞動以及工作上的需要，不可能永遠保持著恆定不動的狀態。

只要機體進行任何一種肌肉運動，依其運動速度的快慢、頻率的高低、肌肉的鬆緊程度與力量的大小，以及運動種類之不同等等原因，則將發生或多或少的脈搏增多，同時呼吸也隨之而發生改變。

根據運動的性質及運動後一系列生理功能改變情況之不同，我把各項運動歸納為以下兩大類型：一是位移運動；二是位靜運動。運動分類如表2-2。

表2-2　運動分類表

運動分類	位移運動		位靜運動	
運動本質	無效的種 閾值下種	有動無靜 閾值上動	有靜無動 單純的靜	有動有靜 動靜統一
動靜關係	外動內靜	外動內靜	外靜內靜	外靜內動
脈搏變化	正　常	增　多	減　少	增　多
呼吸變化	正　常	困　難	減　少	加　強
大腦變化	興　奮	興　奮	抑　制	抑制↔興奮

1. 位移運動

所謂位移運動，是以肢體外形上不斷改變，體位不斷轉移活動為內容的體育運動。在進行這類運動時，大腦皮層必須高度集中注意力，動員所有內外感受器官，主要是視覺器官與聽覺器官，隨時注意觀察周圍環境的變化，並

考慮下一動作應當如何，這就引起大腦皮層較強的興奮過程。興奮過程的強弱是根據運動的激烈程度與周圍環境情況之不同而轉移。

這是促使大腦皮層不斷產生新的高度興奮活動的運動方式。所有肢體外形發生活動變化的位移運動都屬於這一類型。這是動物的本能，因此，也稱之為「動物式運動」。動物式運動根據其運動後生理機能改變情況之不同又分為以下兩種：

(1) 無效的運動

如上所述，機體在維持正常生理功能狀態下，肌肉保持一定的肌緊張。當肌肉進行強烈收縮運動後，能夠引起脈搏增多的主要原因，在於參加收縮運動的肌肉纖維數量之多寡，即運動單位的多少，收縮強度之大小，以及保持收縮時間之長短等等不同因素，這些因素的總和叫做運動量。能夠引起脈搏較正常的安靜狀態時開始增多的最低運動量叫做「運動閾值」。每個人的運動閾值與其體質之強弱有關，體質較強者所需要的運動閾值大，體質較弱者所需要的運動閾值小。

無效的運動，即閾值下運動，這是肢體在外形上雖然發生了不斷的體位轉移或體形的改變，但是這些位移變化並沒有引起生理功能上發生明顯的改變。

例如，手緩慢地屈伸，腳緩慢地走路，四肢各關節雖然都在空間發生了位置移動，但是由於速度慢、頻率低、力量不大、時間也短，運動量很小，不足以引起脈搏頻率的增多與呼吸機能的改變，這種運動是閾值下的運動，叫

做「無效的運動」。

因而，運動與安靜的客觀指標問題就不能單純地僅以肢體外形上改變與否，或體位形態的轉移變化與否為依據，而應當以客觀的生理變化，即脈搏增加與否，呼吸機能、代謝機能等等一系列生理機能改變與否，以及大腦皮層的興奮與抑制狀態等不同變化，來作為運動與安靜的客觀生理指標較為科學。

換言之，肢體外形雖然發生了位移活動變化，它對局部有一定的作用，但是對全身來說並沒有引起脈搏增多，亦即脈搏仍然保持在原來水準者，這種活動嚴格說來不能算作「生理的運動」。這是外動內靜或動態的靜，也可以叫做動中的不動，或外動內不動的無效的運動。

(2) 有動無靜的運動

如果在運動中，機體的主要生理功能之一，如脈搏突然間顯著增多，但另外一種主要生理功能，如呼吸不能滿足機體當時的需氧量，即不能同時配合加強供應足夠運動過程中所消耗的氧氣，以致失去正常狀態的均衡性時，則出現呼吸困難而形成氧債狀態，這是由於在運動中產生了憋氣作用所造成的。並且當運動停止後的當時，必然發生右心房過度擴大，呼吸急促困難，心跳氣喘，顏色蒼白等等現象。

產生這種後果的運動叫做「有動無靜」的運動。亦即脈搏可以明顯增多，呼吸發生困難，大腦高度興奮。這種運動從外形上來看是外運動內停止運動，即四肢運動了，但呼吸卻發生了困難或停止。從精神狀態來看是外動內

動，內外皆動，即大腦皮層高度興奮的運動。因此，這不是均勻地提高機體各項生理功能的運動。所有肢體外形上發生激烈地、迅速地轉移活動變化的運動以及必須憋氣用力的運動，都屬於這一類型。

(3) 位移運動的主要生理變化

在肌肉進行收縮運動的過程當中，脈搏較安靜地增加，如果氧攝入量少於氧消耗量，則出現氧債狀態。造成這種狀態的運動，是入不敷出的欠債性運動。

在欠債性運動期間，機體是處在缺氧狀態下進行缺氧代謝的生理過程。發生氧債的根本原因是由於呼吸困難，而呼吸困難則是由於在四肢肌肉進行收縮運動期間產生了憋氣作用造成的。憋氣作用的發生原因，是由於聲門閉鎖而阻塞了呼吸通道，因而使機體在運動期間所需要的大量氧氣不能隨時吸入，同時機體內部所產生的主要廢物——二氧化碳，也由於同一原因不能及時排出體外。這是位移運動（動力性運動）及必須用力運動（靜力性運動）所難避免的一般規律。

位移運動速度的快慢與用力之大小，同氧攝入量成反比，即其速度越快，力量越大，時間越長，則呼吸運動所遭受的阻礙就越大，吸入的氧量就越少。而位移運動速度的快慢與用力的大小又同氧耗量成正比，即速度越快，力量越大，時間越長，則氧耗量也就越多，所造成的氧債也就越大。

位移運動能夠在極短的時間內，把骨骼肌的收縮運動速度或力量提升到極高水準。但是，它卻不僅不能同時進

行機體所需要的呼吸運動，反而把呼吸通道——聲門緊密地閉鎖起來，因此，便欠下了大量的氧債。所以說這種運動是突出地提高機體個別的運動器官，即骨骼肌的運動方法，也就是犧牲呼吸運動去完成骨骼肌的運動。這類運動由於在運動中產生了與正常生理狀態完全相反的生理變化，即缺氧代謝過程，因此，叫做非常的運動，即不是正常狀態的運動，或反常的運動。

例如，百公尺賽跑時，僅僅在10秒多鐘的時間內跑完全程後，便要欠下80%～90%的氧債。這筆大量的氧債必須等到跑完全程之後，才能開始償還。身體健康強壯的運動員，大約需要30分鐘～40分鐘才能還清這筆氧債。身體衰弱的病人根本無法忍受這種氧債的負擔。

強弱不同的個體對氧債的忍受能力各有一定的限度。反常的缺氧代謝運動，只適合年輕的身體強壯的健康人，不適合老弱和病人。年輕力壯的運動員可以忍受脈搏增加到每分鐘高達200次上下，氧債量可以達到80%～90%上下。但是身體衰弱的病人，走路稍快一點或登幾步樓梯都將引起難以忍受的心跳和氣喘。

醫生們深知病人沒有忍受缺氧代謝的能力，不能擔負大量氧債的刺激與過急的心跳。因此，常常建議病人多休息少活動，有時甚至嚴格禁止病人進行運動。雖然這是一種消極的手段，但是在沒有發現位靜運動的主要生理變化以前，這是有一定理由的。

2. 位靜運動

位靜運動與位移運動完全相反。在練功運動中，肢體

在外形上並沒有活動轉移的變化，只保持一定的姿勢與必要的彎曲角度。

這時首先不必動員視覺器官去注意觀察周圍環境的變化，更不需要用腦去考慮下一動作應當如何安排，這便給大腦皮層減少了許多分析與綜合的興奮活動，從而給進入內抑制狀態創造了有利條件。同時由於肢體外形上的不活動，因而在練功運動過程中，不會產生呼吸困難，也不會形成氧債現象。

這是均勻地提高機體各項生理功能的體育運動。它是模仿植物在站立不動的狀態下生長發育壯大的特點，因此，又稱之為「植物式運動」。植物式運動根據其生理變化之不同，分為以下兩種：

（1）有靜無動的運動

所謂有靜無動的運動，是在練功過程中，機體主要生理功能較練功運動前減少，如運動前每分鐘脈搏為74次，呼吸19次，而在運動過程中，脈搏降為69次，較運動前減少 5 次，呼吸降至10次，較運動前減少 9 次。發生這種生理變化者，或基本上沒有明顯變化者，叫做「有靜無動」的運動，當然並不是絕對的無動。

有靜無動的練功方法，主要是使四肢的骨骼肌完全放鬆，盡量減少收縮運動的作用，是屬於單純的保持安靜與鬆弛狀態。

由於運動量過小，因此，在一般情況下不僅不能引起機體生理功能發生「動」，即脈搏增多的作用，反而可使脈搏較練功前降低，這是外靜內也靜，內外皆靜，即外形

上肢體不活動，機體內部脈搏也不增多的練功方法。

這種練功方法在一定時期內，由於它能對大腦皮層起到一定程度的內抑制作用，因而對治療某些慢性疾病可收到一定的效果。但是，經過一定時期後，亦即體質稍有好轉後，如果不能及時地調整運動量，則其提高療效、增強體質的作用就會消失。

例如，有的功種開始練習時效果很明顯，及至3個～6個月後效果就不明顯了，原因就在於此。

(2) 有動有靜的運動

有動有靜的運動，即「動中有靜，靜中有動」的運動，它的客觀生理指標必須是在運動進行的過程當中：脈搏增多，呼吸暢通，大腦抑制。

以上三者必須互相結合，同時並存，缺一不可。

所謂的「動」，就是骨骼肌的收縮運動，它的客觀標誌就是脈搏增多。無論哪種功法，如果在練功過程中，脈搏並不增多者，就不能稱其為「生理的動」。

所謂的「靜」，就是呼吸運動的暢通無阻與大腦皮層的安靜休息。

在這裏需要特別說明的一點就是：骨骼肌的收縮運動，必須與呼吸運動的暢通無阻及大腦皮層的安靜休息聯合起來，在同一時間內同時進行，絕對不允許分開進行。

因此，只有動（脈搏增多）而無靜（呼吸困難，大腦興奮），或只有靜（呼吸暢通無阻，大腦抑制）而無動（脈搏不增多）的練功運動，根本都不能算作有動有靜（動中有靜，靜中有動）、動靜結合的練功運動。

　　為了達到上述目的，在練功運動進行的過程當中，首先必須減少或消滅由於外界環境變化而影響自己安全的外感覺器官的知覺輸入量。這就是說，首先必須使外感覺器官不去接受任何外界環境變化的傳導刺激作用。

　　例如，在練功運動中不需要用眼睛去注意觀察周圍環境的變化情況。這只有在原地不動才能達到這一目的。但是，一般的原地站立或坐著不動，都不能使脈搏增多，所以這又不能算作練功運動，因此，就需要採取促使脈搏增多的練功運動。

　　關鍵問題就在這裏，矛盾的產生也在這裏。這就是說，欲使脈搏增多，必須動員四肢的骨骼肌進行兩種性質的收縮運動。一種是位移運動，另一種是位靜運動。

　　在進行位移運動的過程當中，它的客觀規律是，當骨骼肌進行位移運動時，只要運動量一大，速度一快，力量一大，呼吸運動必然要受到一定程度的阻礙，聲門必然要發生程度不同的閉鎖，因而造成呼吸困難，形成氧債現象。同時大腦皮層也處於高度興奮狀態。這種狀態當然屬於「有動無靜」的運動。

　　但是，在進行位靜運動過程當中，由於肩背胸等處肌肉呈放鬆狀態，所以呼吸運動能夠同時並進，聲門可以保證開放無阻，呼吸暢通，絕不會產生也不可能產生氧債現象。

　　站樁就是在原地站立著不動的練功運動。在進行站樁運動時，大腦皮層既不需要隨時隨地為保持自己的安全而操心，也不需要花費很多精力去安排動作。因此，可使大

腦皮層迅速進入內抑制狀態，從而達到休息（即靜）或抑制的目的。

在這裏仍需特別指出，大腦皮層的抑制必須建立在機體各項生理功能都發生了「動」（主要是脈搏增多，呼吸暢通）的基礎之上，否則就是進入睡眠狀態，或一般的安靜狀態，這些狀態都不是運動。

以上所述僅就站樁作為醫療體育應用於治療疾病時，可使大腦皮層迅速進入內抑制狀態的機制過程。但是，站樁的特點並非僅此一點，另外一個特點就是把站樁當做體育運動訓練時，它又可使大腦皮層處於高度興奮狀態。這種狀態的改變在於使練功者運用一定的「意念活動」，例如緊鬆活動的結果。

因此，位靜運動站樁對大腦皮層具有兩種性質完全相反的作用，一種是抑制作用，另一種是興奮作用。在同一種運動中對大腦皮層具有兩種作用者，在其他項目的體育運動中確屬少見，也可以說這是完全做不到的。

(3) 位靜運動的主要生理變化

位靜運動與上述位移運動的生理機制完全相反。它在運動進行的過程當中，練功者的脈搏頻率雖然可比安靜時增加，且可以保持持久性的增多，但是氧氣的攝入量，能與機體的需氧量相適應，達到等於機體在運動過程當中高漲了的氧耗標準。即脈搏增快了，氧耗量增多了，但是氧氣的補給供應工作，二氧化碳的排出工作，都能和旺盛了的代謝作用亦步亦趨、協調並進。其所以能達到如此高度協調，主要在於能夠排除憋氣作用。站樁的術語叫做「意

與氣合」。

正因為排除了憋氣作用，所以在練功的過程當中，人們感覺到呼吸不是困難了，而是更加舒暢了；不是氧氣不足了，而是充氧有餘了。鍛鍊有了基礎的人在練功中由於肺活量加大，呼吸頻率會變慢變深，自然地形成靜細慢長的呼吸形式。因此，我把這種運動叫做「充氧代謝」的過程，而不是「缺氧代謝」的過程。

位靜運動站樁所要求的不是肢體外形屈伸移位的活動變化，而是肌體內部肌肉纖維的收縮運動。現在已經發現的並能明確肯定的有股直肌、股內肌、股外肌等大腿部的肌肉群產生頻率極高、速度極快、持續不斷的、像波浪一樣的、此起彼伏的收縮運動。

它與屈伸移位運動相比較，在單位時間內，這種肌肉纖維的收縮運動頻率高得多，幅度也大得多。它不僅能用雙手明顯地摸到，而且還可以在肉眼下觀察到，它在不同程度上也能產生於其他肌肉群中。

王薌齋先生總結為：「大動不如小動，小動不如蠕動，不動之『動』，才是動中有靜，靜中有動，生生不已之動。」

總之，這項知識目前還停留在被發現的初步階段，它那豐富多彩的、與眾不同的生理變化，還有待於今後利用心電機、腦電機、肌電機等現代醫學的科學精密儀器做進一步的全面性的探索瞭解和研究分析。

位移運動與位靜運動主要生理功能異同見表2－3。

表2-3　位移運動與位靜運動主要生理功能異同表

運動階段	運動過程當中		運動停止後當時	
運動類型	位移運動	位靜運動	位移運動	位靜運動
肩背部肌肉	緊	鬆	突鬆	鬆
聲　　門	閉鎖	開放	突開	開放
胸　內　壓	突增	正常	突減	正常
腹　內　壓	突增	正常	突減	正常
外周阻力	突增	有增有減	突減	正常
小　血　管	被壓收縮	有壓有擴	突張	正常
呼　　吸	—	自然	急促	自然
脈　　搏	＋	＋	先突增加後下降	直接下降
體　循　環	淤血	加速	缺血	正常
肺　循　環	缺血	加速	充血	正常
心　　臟	缺血	正常	突然擴大	正常
代謝關係	缺氧代謝	充氧代謝	急促	正常
面　　色	面紅身赤靜脈怒張	正常	蒼白	正常

五、站樁功的生理特點

（一）概　述

　　站樁練功時，機體在完成肌肉運動的同時，伴有很多器官和系統活動上的改變，如循環系統、呼吸系統、內分泌腺、汗腺、腎臟以及其他器官的功能活動，都發生不同程度的變化。

　　站樁時，心臟血管發生的變化特別大，機體內血液進行重新分配，血液由內臟流向肌肉。在安靜時，肌肉內只有很少的毛細血管擴張，站樁開始後，就有大量平時閉塞的毛細血管開放，投入循環工作。那些原來開放的毛細血管，也都粗壯起來了。站樁時手指感覺發脹、發沉，下肢皮膚表面充血，這就是毛細血管擴張和增多，血液進行重新分配的表現。

　　站樁後眼底毛細血管變粗、增多1條～3條的檢查結果，也證明了這一點。在運動量合適時，站樁的時間越長，毛細血管開放就越多，外周血管阻力就越小，這樣，就大大增加了肌肉組織的血液供應，也是直接減輕心臟過重負擔的有效方法。

　　站樁時，呼吸器官也發生巨大變化，這與肌肉組織需要更多的氧有關。因為在站樁練功時，肌肉組織的氧化過程大大增強，需氧量也就大大增加。與此同時，機體內部又產生了大量的二氧化碳，它進入血液，作用於呼吸中樞，引起呼吸中樞的興奮，開始時可使呼吸變快、變粗。練習日久之後，使呼吸變慢、變深、變長、變細。呼吸加深能使血液更加充分地攜帶氧氣。

　　站樁時，呼吸系統與血液循環系統，在中樞神經系統特別是在大腦皮層的主導作用下，相互配合，相互作用，由一系列的反射性調節機制，使機體與變化著的內環境相適應。呼吸系統的活動功能增強，能保證機體與外界的氣體交換作用加快；循環系統的活動功能增強，保證了血液中氣體的迅速搬運，使組織能夠在運動進行期間內及時得

到大量氧氣，同時又能使組織之間所產生的大量二氧化碳，在運動進行期間隨時排出體外，不致滯留在體內，因而不會形成積壓狀態，不會形成氧債狀態，也不會產生缺氧代謝的過程，因此，可使機體在運動進行期間，以及運動停止後的當時，都能維持正常的生理活動過程，即不會發生缺氧與呼吸困難的反常現象。

站椿時，排泄器官、汗腺的活動也增強了，這表現在全身發熱出汗。這種作用的增強可使那些大量有害的分解產生物加速地排出體外。汗腺除了排泄汗液之外，在體溫調節上也起著主要的作用。排泄器官功能增強還可引起消化器官功能增強。消化吸收功能的增強又作用於整個機體，是增強體質的原動力。

站椿練功與中樞神經系統的活動有直接關係。站椿時，由於四肢沒有位移變化，所以，可使大腦皮層進入內抑制狀態，從而可得到積極性的休息，而四肢的工作肌都在保持著適宜的收縮運動。

這一反射性的連環活動，不但能調節與治療各種功能性的疾病，而且由於它的「後作用」，還能使腦力勞動的效率增加，同時也能使肌肉工作的體力勞動效率增加。逐步地、系統地堅持站椿練功，是獲得良好療效，更大地發揮機體潛在能力的有效方法。

（二）呼吸的概念

人體與外界環境進行不斷的氣體交換的過程叫做呼吸。人體的任何組織，為了維持其生命都必須進行氧化過

程，如果沒有足夠的氧氣，氧化過程就不可能實現。氧化的結果就是釋放出能量，這種能量是有機體生命活動的源泉。

人們在呼吸時，肋骨與橫膈膜同時活動。根據胸部的結構和呼吸動作的不同，可分為腹式呼吸、胸式呼吸以及混合呼吸。腹式呼吸主要是膈肌收縮；胸式呼吸主要是肋間肌的收縮；混合式呼吸則為膈肌和肋間肌的共同收縮。男人一般為腹式呼吸，女人則為胸式呼吸。但是呼吸形式並不是固定不變的，一般人的呼吸形式為混合式呼吸。

人的呼吸頻率與年齡、性別、身體姿勢、外界溫度和居住地的海拔有關。成年人的呼吸頻率大約相當於心跳頻率的1／4，每分鐘平均為12次～18次。呼吸次數也與年齡有關，新生兒每分鐘呼吸60次，5歲的兒童每分鐘25次，15歲則減為12次～18次。女子的呼吸頻率比男子快一些，平均每分鐘多1次～2次。躺臥時呼吸頻率要比站立時少，睡覺時比清醒時少，這是機體代謝機能減少的緣故。當肌肉進行收縮運動或情緒激動時，呼吸頻率跟脈搏一樣也是增加的。

在進行肌肉運動時，由於運動性質及運動種類之不同，運動速度及持續時間的長短不同，以及用力大小不同等等，呼吸頻率的增減情況也各不相同。所以，呼吸頻率又可作為測定人體健康程度與鍛鍊程度的指標。

1. 呼吸器官的機能

人的主要呼吸器官是肺。在肺中，血與外部環境進行氣體交換，血在肺中獲得氧氣，並將二氧化碳排出體外。

血從肺中將氧運輸到組織，從組織將二氧化碳運輸到肺，所以血在氣體的交換中起著重要作用。

肺中的空氣必須經常更新，否則血與肺間的氣體交換就不能持續進行。肺中空氣的更新稱為肺的通氣，即肺中含氧量少、含二氧化碳多的陳氣從肺中經呼氣排出體外，而外界中含氧量多的新鮮空氣經吸氣進入肺中。

肺的呼吸形式是最完善的。只有在進化到高級階段的高等動物即哺乳類才產生這種形式的呼吸，人類的呼吸就是這種形式。較低等的動物是皮膚呼吸、鰓呼吸、氣管呼吸、腸呼吸等等。

呼吸是由以下三種過程組成的：

(1) 外呼吸或稱肺呼吸

這是在肺中進行的機體與外界環境間的氣體交換，即血與肺間的氣體交換和肺與外界空氣間的氣體交換。

(2) 內呼吸或稱組織呼吸

這是在細胞組織內進行的呼吸過程，即進行氧化（消耗氧和產生二氧化碳的過程），以及組織與血液的氣體交換。

(3) 血液運輸氣體

這是血液把氧由肺運送到組織，將二氧化碳由組織帶到肺中的過程。

2. 呼吸運動的調節

呼吸運動是許多呼吸肌肉協同性的活動，主要呼吸肌為膈肌與肋間肌。呼吸運動經常能適應機體代謝的需要。代謝率降低時，肺通氣量減少；增多時，肺通氣量增加。

由此可見，呼吸運動是在完善的神經調節之下進行著的。

調節呼吸運動的神經中樞稱為呼吸中樞，其最基本的部位是在延髓。實際上，呼吸運動不僅受到中腦、腦橋與延髓某些神經元的調節，間腦以及大腦皮層的神經元同樣能對呼吸運動發生調節作用，使得呼吸運動能夠適應體內外環境的變化。

因此，廣義的呼吸中樞應該是包括大腦皮層在內的各級中樞部位與呼吸機能調節有關的各種神經細胞群，而延髓的呼吸中樞則是最基本的部分。

由於呼吸肌為橫紋肌，而橫紋肌的活動則一般均受大腦皮層高級神經活動的嚴密控制，故呼吸動作除表現自己的節律性以及受許多非條件因素的調節外，其頻率與強度也在很大程度上受到「意念」的控制。換言之，亦即受到高級神經活動的控制。

人在清醒時，講話、讀書、歌唱等發聲動作無一不與呼吸動作密切關聯。其他如思維、注意新事物的出現、行走、跑步、舉重物等等，也幾乎無一不影響呼吸的形式、幅度、頻率和節律性。

呼吸機能與機體其他機能密切聯繫，除呼吸器官以外，其他內外感受器的刺激對呼吸也具有不同程度的影響。有些反射具有很大協調性意義，如吞咽時暫時抑制呼吸運動，這種反射適應性是很明顯的，假如不發生這種反射，食物將有進入呼吸道的可能。皮膚的痛刺激及冷刺激對呼吸有加強作用。此外，許多內部感覺器的刺激都可反射性地影響到呼吸中樞的活動，如腔靜脈和右心房內壓力

突然增加時，亦能刺激呼吸。

3. 站樁練功中的呼吸運動

站樁練功中的呼吸運動，以舒適自然為主。首先要知道練功的效果，並不在於呼吸的形式如何。呼吸形式並無好壞之別，而且療效的大小與呼吸的形式並無直接的關係，因此，不必有意識地去追求某種呼吸形式，以避免發生人為的副作用。

站樁時，兩手及兩肘改變了平時所保持的下垂狀態而成舉起姿勢，並需一直地保持下去，肩背部及胸廓上部的肌肉為了保持這種姿勢不動，就對提升肋骨完成胸式呼吸運動的外層肋間肌造成一定程度的困難。

這樣，由於上肢姿勢形態的改變，不能順利地進行胸式呼吸，就自然而然地迫使膈肌下降來加大腹式呼吸運動的作用，以彌補胸式呼吸之不足。所以，在站樁練功的過程中，雖然並沒有教導患者有意識地訓練腹式呼吸法，但是，實際上他們已經在不知不覺中為姿勢形態所迫，必然會開始自然的地腹式呼吸。

這種由於姿勢形態的改變自然形成的、無意識的腹式呼吸，可以避免有意識地去追求腹式呼吸所產生的各種不良反應。

站樁練功達到一定水準後，由於上肢肌肉耐力的增強以及肩背部肌肉學會了放鬆，不發生過度緊張，這時上肢的抬舉姿勢就可減輕對肺部的壓迫作用，因而，呼吸時可見到鎖骨下肺尖部的擴張收縮，這就加強了胸式呼吸運動。

總之，呼吸運動是根據身體內部每一時間內的活動情

況和各組織器官的實際需要，由呼吸中樞自行調節。當全身肌肉運動量增大時，機體當然就需要大量的氧，同時也產生了較多的二氧化碳。二氧化碳濃度的增加，可刺激呼吸中樞產生興奮，便自然地加深或加速呼吸運動，以調節物質代謝的變化。因此，這時不要有意識地停頓呼吸，或故意地減慢呼吸，或進行閉氣停息等動作，以便使機體能夠自然地根據當時的需要吸入充足的氧氣和順利地排出不必要的二氧化碳等廢物。

站樁練功時，以鼻孔呼吸為主，但在鼻孔通氣不暢時，或僅用鼻呼吸不夠用時，也可以用口和鼻同時呼吸。

4. 站樁對呼吸器官的作用

經過站樁鍛鍊後，呼吸器官的結構和機能都將發生很大變化。首先可使膈肌與肋間肌的放鬆與收縮能力提高，胸部發育良好，胸圍加大，肺的通氣量增加，呼吸的幅度加深，呼吸頻率變慢，從而提高呼吸機能，等等。

一般開始站樁練功的最初階段裏，呼吸頻率表現增多增快，有時會夾雜著一次較深長的呼吸，並有輕微悶氣感覺。這是因為對站樁姿勢不習慣，肩、背、胸等部肌肉群的放鬆程度不夠完全，胸圍擴展不大，肺通氣量較小，促使呼吸次數增多了（20次～30次）。但是，經過一段時間堅持站樁鍛鍊之後，就可以見到呼吸頻率明顯減少（15次～10次），幅度明顯增加，膈肌與肋間肌同時收縮，吸氣時胸廓明顯擴大，肋骨明顯上升，尤其第七對以下的肋骨間隙明顯變寬，腹部明顯突起，等等。

這主要是站樁時要求頭直、目正，身體保持直立，不

許彎腰，不許低頭，雙手抬起，兩肘外撐，肩部、背部肌肉必須放鬆，不許用力，從而減少了肩臂對肺部自然的壓迫作用，使胸圍活動範圍增大，通氣量亦隨之增大了。

同時，這種姿勢條件原本可以保證在站樁過程中，不致發生屏息作用，可使聲門擴大，胸腔內壓也不會增高，支氣管平滑肌可保持弛緩狀態，呼吸道的口徑不但不致被擠壓變窄，反而能擴張變寬，使空氣進出肺內沒有任何阻力，因此，可使肺通氣量相應地增加，對肺泡的通氣效果更為有利。

站樁練功時，四肢的骨骼肌、心臟、呼吸肌及其他器官對氧的需要量顯著增加，因此，必須加強呼吸，加大肺通氣量和血液循環來滿足這些器官對氧的需要。

當組織中氧化過程加強時，組織中的分壓即劇烈下降，促使大量氧氣由血液中分離出來供給組織。這樣，肺泡裏的氧大量進入血液，肺泡中氧含量減少。與此同時，相應的大量二氧化碳由組織中進入血液，血液中二氧化碳濃度增加就刺激了呼吸中樞.加強呼吸運動，因而肺通氣量就相應地增多。

站樁練功時由於呼吸加深，牽引肺泡擴大，這時連平時閉鎖的肺泡也都擴展開來，肺通氣量因之加大，單位時間內吸入肺臟的氧氣就增多了。

同時，肺泡壁的通透性也加大，肺部毛細血管擴張，肺的血流量增多，所有這些變化都促進了血液與氧的結合加速和二氧化碳的迅速排出。因此，經過有計劃地連續站樁訓練後，在站樁練功時可產生脈搏增多，呼吸加深，頻

率變慢，並且有一種舒暢輕鬆的感覺。

（三）脈搏的概念

人的心臟跳動一次，動脈血管就隨著搏動一次，這種節律性的搏動稱為脈搏。脈搏的頻率和心跳的頻率是一致的，心跳加速，脈搏亦隨之加速。反之，心跳變慢，脈搏亦減慢。正常的成年人在安靜狀態下脈搏的頻率，男子每分鐘約60次～80次，女子約70次～90次，一般平均為每分鐘70次。但是，經過有計劃的體育運動訓練之後，由於心臟收縮能力增強，脈搏次數會減少到每分鐘60次，最低有達45次～50次的。這種脈搏次數減少現象是心臟血管系統機能增強的表現，所以，脈搏頻率是反映心臟血管機能的重要指標。

脈搏的頻率也隨年齡而產生差別。初生兒每分鐘約130次，5歲約100次／分，成年人約70次／分，老年人較青年人快些。

經常參加體育鍛鍊的人比不參加鍛鍊的人脈搏慢些，身體衰弱的人或有病的人脈搏一般都快些。脈搏頻率也因勞動條件、情緒波動、環境溫度，以及在食物消化過程中，或因身體各種姿勢及體育訓練程度而有變動。

人體在安靜時臥位姿勢的脈搏最慢，睡眠時更慢。坐位姿勢較臥位增加一些，站立位又比坐位要多一些。特別是在肌肉運動時，脈搏頻率可以達到很高水準。

心臟功能強壯者，運動後脈搏增加率低；心臟功能衰弱者，運動後脈搏的增加率高。一般正常的健康人，臥位

較站立脈搏少 1 次～10次上下。如果站立位較臥位脈搏增多20次以上者，則為心臟衰弱的表現。

當運動停止後，脈搏恢復到正常時所需要的時間，反映著心臟的健康程度。心臟健康者，運動停止後脈搏頻率很快即可基本上恢復到安靜時的水準，即運動前的水準。心臟不健康者，所需要的恢復時間則相應較長。

在劇烈的體育運動後，脈搏增加的次數最明顯。例如：健康的運動員在10秒多一點的時間內，完成100公尺賽跑後，可使脈搏增加到150次～200次，大約需要40分鐘～50分鐘才能恢復到原來水準。中距離400公尺～800公尺賽跑後，脈搏平均可增加到180次～200次上下，需要 1 小時～ 2 小時才能恢復。

身體衰弱的人或有病的人，走路稍快一點或稍遠一點，或上樓梯都會感到心跳加速，心慌氣喘，這說明他們的心臟功能是薄弱的，因此，不適於參加短時間內能引起脈搏增加過多的劇烈運動。

站樁能增強心臟的收縮功能，有計劃、有步驟地堅持站樁練功，可使脈搏逐漸降低，對心臟血管系統有良好作用。初學站樁練功的特點就是不可能在極短的時間內引起心跳增加過多，因此，它適合身體衰弱或有病的人以及老年人進行鍛鍊。

下面再談談站樁與脈搏的關係。

1. 站樁前後脈搏與呼吸的變化情況

為了觀察站樁前後脈搏呼吸的變化情況，我們選了 4 名患者，利用身長計固定彎曲度，每日練習一次站樁。每

次練40分鐘，每隔半個月進行一次脈搏呼吸的檢查，結果如圖2－1所示。

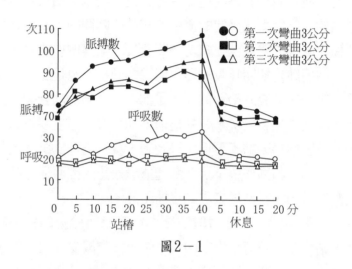

圖2－1

圖2－1是 4 人的平均數，第一次與第二次彎曲 3 公分，第三次彎曲 5 公分，每次檢查相隔15日。站樁姿勢皆為站式練法第二式鬆肩提抱式。例如，用身長計測量站樁時，將柱上的橫板固定在低於直立位身高的 3 公分處。一般開始時，由於兩腿的彎曲度較大，頭頂部與橫板之間有一二公分的空隙，經過 5 分鐘～10分鐘後，兩腿逐漸地感到疲勞，就自然地一點一點地直立起來，頭頂部就接近橫板。但是，因為頭頂部有橫板限制，兩腿不可能再立起來，所以其後的一段時間一直保持同等彎曲度，因此，脈搏的變化就沒有開始時那樣大。站樁到10分鐘時，脈搏又增加 7 次，到15分鐘時，又增加 3 次，一直到40分鐘脈搏

最高達到107次，較站樁前增加32次。

由此可以看出，站樁練功時，脈搏頻率是逐漸增加起來的，而且能夠長時間地保持持久性的增多。站樁時脈搏增加的多少與兩腿保持的彎曲度和站樁時間的長短有直接關係。同樣的彎曲度，練功時間愈長，脈搏增加就愈多。

站樁練功初期呼吸的變化與脈搏同樣，也是逐步增多的。第一次檢查站樁前的呼吸是20次，站樁練功到40分鐘時，呼吸增加為31次，較站樁前增加11次。這主要是由於開始時對站樁姿勢不習慣，以及肩、背、胸等部肌肉放鬆程度不夠，胸廓擴張不足，肺通氣量較小，因而促進呼吸次數增多，呼吸形式表現為淺速粗壯。

經過半個月的站樁鍛鍊後進行第二次檢查的結果證明，站樁前的脈搏平均為69次，較第一次減少 6 次。站樁練功到35分鐘時，脈搏增加最高達90次，較站樁前增加22次。站樁到40分鐘時，呼吸是22次，較站樁前增加 4 次。

第一次與第二次檢查結果證明，第二次的脈搏與呼吸都較第一次明顯下降，這說明經過半個月的站樁練功，循環系統、呼吸系統的功能有了明顯的提高。

根據上圖檢查結果還可以看出，站樁完了後，第一次休息 5 分鐘時，脈搏是75次，呼吸22次。第二次脈搏是70次，呼吸是18次。兩次檢查說明站樁練功後，休息 5 分鐘脈搏與呼吸都已恢復到站樁前水準。

又經過半個月進行第三次檢查時，脈搏比第二次略有增加，這是因為加大了運動量所致。第一次與第二次檢查時，兩腿的彎曲都是 3 公分。第三次檢查時兩腿彎曲 5

公分。這次檢查站樁到40分鐘時，脈搏增加到94次，較站樁前增加22次，與第二次相比增加 5 次。這次檢查呼吸的結果站樁到20分鐘時，呼吸增加到21次，是唯一增多的一次，其他各次基本上沒有增加，平均起來還減少 1 次。停止站樁休息 5 分鐘的脈搏、呼吸恢復情況較第二次又有所提高，脈搏較站樁前減少4次，呼吸減少 2 次，休息20分鐘時與休息 5 分鐘時沒有差別，說明經過1個月的站樁鍛鍊，機體的各項功能都大大提高。

2. 按每10秒鐘的脈搏變化情況

任何產生憋氣缺氧作用的運動，在運動停止後的當時，由於停滯在胸廓外部血管中的靜脈血液以非常迅速的高壓回流到右心房，因此，在這一瞬之間可引起右心房的擴張。這時每分鐘最初10秒與最末10秒的脈搏數目差別很大，據檢查結果反映有的相差可達10次之多。這種現象對一般患者，尤其是心臟疾病的患者是不合適的。

根據傅韜等譯《醫療體育》中介紹，負荷運動前後按10秒計算脈搏變化如表2－4。

根據下表檢查結果可以看出，在負荷運動停止後當時，第一個10秒的脈搏是22次，以後便逐漸減少，到第六

表2－4　負荷運動前後按10秒計算脈搏變化表

脈搏(次)＼時間(秒)	10	20	30	40	50	60	總計
運動前	12	12	12	12	12	12	72
運動後	22	18	20	15	13	12	100

個10秒就降為12次，總計1分鐘的實際脈搏雖然只有100次，但是先後相差可達10次之多。

在這種情況下，如果按照一般常規檢查脈搏的方法，只數第一個10秒再乘以 6 的話（22×6＝132），那麼 1 分鐘是132次。如果數20秒再乘3 的話（42×3＝126次），那麼 1 分鐘是126次。顯然這都是錯誤的。

因此，對於產生憋氣缺氧作用的運動，採用這種常規計算脈搏的方法是不準確的。必須按每10秒計算一次，連續檢查 1 分鐘，才能真正符合實際情況。

我們為了觀察屈膝起蹲運動時脈搏變化情況，以同一個人進行三種試驗，其結果如表2－5。

根據上表檢查結果，在30秒內屈膝起蹲20次，停止後第一個10秒的脈搏是20次，較運動前增加 8 次，以後逐漸減少到第六個10秒時已降為14次，前後相差 6 次。

第二例，1 分鐘屈膝起蹲40次，停止運動後第一個及第二個10秒的脈搏都為22次，以後逐漸減少至第六個10秒時降為17次。

表2－5　屈膝起蹲前後脈搏變化情況表

脈搏(秒) ＼ 時間(秒)	10	20	30	40	50	60	總計
運　動　前	12	12	12	12	12	12	72
30秒伸屈膝起蹲20次	20	19	17	16	15	14	101
1 分鐘屈膝起蹲40次	22	22	19	19	17	17	116
2 分鐘屈膝起蹲80次	28	26	24	22	20	19	139

　　第三例，2分鐘屈膝起蹲80次的脈搏變化較以上二例明顯增多。即第一個10秒是28次，以後逐漸減少至第六個10秒時降為19次，總計脈搏共139次，前後相差 9 次。這說明運動量愈大，停止運動後脈搏的差別愈大。

　　我們為了觀察站樁練功過程當中，以及站樁停止後的脈搏變化情況，用上述按每10秒計算一次脈搏的方法，採用腦電機自動記錄脈搏檢查結果如表2－6。

　　根據表2－6檢查結果可以證明，站樁過程當中，每分鐘的前10秒與最末10秒的脈搏變化最多不超過 2 次，尤其在停止站樁當時每分鐘的前10秒與最末10秒沒有差別，這是一般憋氣用力運動所不可能達到的指標。

表2－6　站樁前後按10秒計算脈搏變化表

脈搏(秒) ＼ 時間(秒)		10	20	30	40	50	60	總計
第一例	站樁前坐位	13	13	12	12	12	12	72
	站樁10分鐘	18	18	18	17	17	18	106
	站樁20分鐘	17	18	17	18	17	17	104
	站樁30分鐘	17	18	18	17	17	16	103
	停當時立位	16	16	16	16	16	16	96
第二例	站樁前坐位	13	12	12	13	13	13	76
	站樁10分鐘	20	19	19	19	19	19	115
	站樁20分鐘	21	20	20	19	19	19	118
	站樁30分鐘	19	20	19	20	19	20	116
	停當時立位	17	17	17	17	17	17	102

　　如上述負荷運動後，每分鐘只有100次的脈搏，其最初10秒與最末10秒竟相差10多次，而站樁練功時，每分鐘脈搏雖然增加到118次之多，但其最初10秒與最末10秒的差別僅有 2 次。這就是站樁練功的最大特點。根據這個結果可以肯定，在站樁練功的過程當中，尤其在停止站樁的當時，絕對不會發生右心房過度擴大，因此，它適合多種慢性病人，尤其是心臟病人和老年人進行鍛鍊。

3. 不同姿勢的脈搏變化情況

(1) 不同坐式姿勢的脈搏變化情況

　　為了觀察各種坐式練功姿勢對脈搏的變化情況，以同一個人在不同時間內練三種坐式姿勢，檢查脈搏的結果如表2−7。

　　根據上表檢查結果可以看出，直腿端坐式，在練到10分鐘時，脈搏較練功前僅僅增加 4 次，可以說基本上沒有改變。這一練功姿勢，只要求脊柱保持直立狀態，四肢的骨骼肌並沒有顯著運動。對身體衰弱的病人，開始練這個姿勢時，脈搏頻率可能增加一些，但對一般健康人來講，

表2−7　不同坐式姿勢脈搏變化情況表

脈搏(次) 時間(分) 坐式姿勢	坐位脈搏	練　功		
		10	20	30
第一式直腿端坐	70	74	72	70
第二式端坐提抱	68	76	76	74
第三式伸足撐拔	72	88	80	82

這個姿勢的作用不大。

端坐提抱式，由於兩手懸空提了起來，增加了兩臂的運動量，脈搏頻率較直腿端坐式微微增加了一點，最多增加8次。

伸足撐拔式，由於兩隻手和兩條腿都懸空抬舉起來，因此，運動量較前兩次增加了很多，練到10分鐘時，脈搏增加到88次，較練功前增加了16次，以後由於疲勞兩腿的位置放低了一些，因此，脈搏也減少了。

總之，坐式練功姿勢的運動量較小，對健康人脈搏增加不多，對於病人或老年人可以根據體力靈活選用。

(2)不同站式姿勢的脈搏變化

為了觀察不同站式姿勢對脈搏的變化情況，以同一個人利用身長計，將兩腿的彎曲固定為 4 公分，練各種手位不同的姿勢，檢查脈搏變化情況如表2－8。

根據下表檢查結果，可以看出鬆肩提抱式運動量最小，練到20分鐘時，脈搏增加到90次，較練功前增加16次。

表2－8　不同站式姿勢脈搏變化情況表

脈搏(次) 時間(分) 站式姿勢	練前坐位	站樁練功			停當時立位	停當時坐位	坐位休息10
		10	20	30			
鬆肩提抱式	74	84	90	85	/	73	71
直胸撐拔式	71	95	92	94	/	71	67
撐裹推托式	70	86	91	94	83	/	71
前後分水式	71	91	94	95	84	/	70

　　直胸撐拔式的脈搏增加最多，由開始到終了脈搏一直保持在92～95之間，較練功前最多增加24次，比鬆肩提抱式平均增加 8 次。

　　由此可以證明，兩腿保持同樣彎曲度，兩手的位置不同，即肘關節與腋窩下面垂直的肋骨平面所形成的角度越大，上肢的運動量就越大，脈搏增加就多些。這兩個姿勢練到30分鐘時，查完脈搏後當時就停止練功，立即坐在椅子上，再檢查脈搏時，已經恢復到練功前水準了。

　　擰裹推託式與前後分水式的脈搏變化，與直胸撐拔相差不多。這兩個姿勢停止練功後，把手放下，把腿直立起來，連續檢查脈搏的結果，比練功到30分鐘時減少11次。

　　前後分水式的兩肘與腋窩到下面垂直的肋骨平面的角度，雖然比直胸撐拔式與擰裹推託式小，但因手位距肩較遠，延長了力矩，增加了肩臂部肌肉群的負擔力量，因此，其脈搏較鬆肩提抱式增多。

　　(3) 不同彎曲度的脈搏變化情況

　　為了觀察同樣手位姿勢與不同腿部彎曲角度的脈搏變化情況，仍以同一個人利用身長計固定兩腿的彎曲角度，進行站樁練功檢查脈搏結果，如表2－9。

　　根據下表檢查結果證明，兩腿的彎曲越大，運動量就越大，脈搏增加的也就越多，停止練功後的恢復時間也越長。

　　兩腿保持彎曲 4 公分時，脈搏最多增加到95次，休息 5 分鐘已恢復到練功前水準。彎曲 6 公分時，脈搏最多增加到105次，較練功前增加25次，休息 5 分鐘後仍未恢復

表2-9　兩腿彎曲角度不同的脈搏彎化情況表

脈搏(次)　時間(分) 彎曲度	練功前坐位	站樁練功			坐位休息		增加最多	增加最少
		10	20	30	5	10		
彎曲 4 公分	71	95	92	94	71	67	+24	+21
彎曲 6 公分	80	95	99	105	91	75	+25	+15
彎曲 8 公分	75	106	104	103	96	76	+31	+28
彎曲10公分	76	115	118	116	102	84	+42	+39

到練功前水準。

　　這可能與練功前休息不足有關。因為在這試驗之前，還進行了另外的試驗，表現在這次練功前坐位脈搏是80次。彎曲 8 公分時，脈搏最多增加到106次，較練功前增加31次，休息10分鐘開始恢復到練功前水準。彎曲10公分時，脈搏最多增加到118次，較練功前增加42次，休息10分鐘仍未能恢復到練功前水準。

　　(4) 不同站樁日程的脈搏變化情況

　　在我們試驗當中發現，凡能長期堅持站樁的患者，除各種自覺症狀與體力有明顯的好轉之外，在臨床上檢查其脈搏的變化也有明顯的改變。檢查結果如表2-10。

　　根據下表第一例，陸某，男65歲，患支氣管哮喘多年，雖經不斷治療，每年冬季必然發作，不敢外出，不能多走路。由夏季開始站樁練功後，一直堅持不懈從未間

表2－10　不同站樁日程的脈搏變化情況

檢查日期	姓名	性別	年齡	練功前坐位脈搏（次）	練功中脈搏(次)				立體休息10分後脈搏(次)	彎曲(公分)	站樁次數
					10分	20分	30分	40分			
12.3	陸某	男	65	78	73	73	73	84	72	4	已練半年
12.23	陸某	男	65	79	84	84	84	84	69	6	已練半年
12.14	張某	男	23	72	84	102	98	—	72	3	第1次
12.24	張某	男	23	70	82	86	80	80	61	3	第10次

斷，喘息症狀明顯好轉，體力增強，精神飽滿。在冬季12月3日站樁練功前立位脈搏是78次，用身長計固定彎曲4公分，練鬆肩提抱式，在練到10分鐘時，脈搏下降為73次，以後一直保持在73次。練到40分鐘時，脈搏只增加到84次，較練功前僅僅增加6次。

這說明這一姿勢的彎曲度對他來說已經沒有多大作用了。20日後又進行一次彎曲6公分的檢查，這次在整個站樁練習過程中，脈搏一直保持84次，較練功前僅增加5次，這個姿勢的彎曲度對他來說作用也不算大了。這個成績與初練站樁的人是不同的。

我們選了一位身強力壯，沒有任何疾病的青年人，張某，男，23歲，作為對照試驗。他從來沒有練過站樁，於冬季12月14日進行第一次站樁，手位姿勢與陸某相同，但兩腿只彎曲3公分，練到10分鐘時，脈搏升到84次，練到

20分鐘時，脈搏升到102次，較練功前增加了30次，而且只練了30分鐘就堅持不下去了。

以後每天堅持站樁一次，到第十日檢查結果，除能夠堅持練40分鐘外，脈搏明顯下降，站到20分鐘時脈搏最多到86次，較練功前增加16次，比第一次站樁時減少16次。由此可見，凡能每天堅持站樁者，不論老年人、青年人、有病的人或無病的人，對增強體質、增加心血管系統功能都能起到良好作用。

（四）血液的概念

人體的血液是一種紅色黏性液體，充盈在血管中，血液在機體內的作用是多種多樣的，在消化過程中，營養物質由腸進入血液，血液再把它運送到身體各部。在生命活動過程中，細胞與組織產生許多機體不需要的，甚至是有害的最終產物，這些產物進入組織，然後進入血液，由血液送至腎臟或汗腺排出體外。

在正常人，女子每立方毫米血液內有紅血球400萬～500萬個，男子450萬～500萬個。紅血球內有紅色的物質叫做血紅蛋白（血紅素），它是人體內氧氣的搬運者，能夠攜帶大量的氧。它既能與氧迅速結合，又能跟氧迅速分離，當血紅蛋白經肺毛細血管時，能在極短的時間內吸取96％的氧並帶走，當它經過各種器官與組織的毛細血管時，又能迅速地把氧放出（放出35％），以供組織的需要。

血液中含氧量的多少與血紅蛋白的含量有密切關係。

血液的顏色隨著紅血球所含氧量變化而不同。充滿氧氣的動脈血呈鮮紅色，含氧量很少的靜脈血呈暗紅色。

血液中血紅蛋白較多的，其血液的含氧量就較多。每100毫升血液中有14克～16克血紅蛋白，每 1 克血紅蛋白能結合1.36毫升的氧。倘若每100毫升血中含有血紅蛋白14克的話，那麼每100毫升的血液就可吸氧14×1.36＝19.04毫升。每立方毫米血液中，含有白血球6,000個～8,000個。白血球對侵入機體的細菌有吞噬的作用，從而保證機體免受細菌及其他異物的侵害。

各種血球的數量是相當恒定的，雖然它們也經常有所變動，但對每個正常人來說，這種數量的變動都是不出一定範圍的。兩種血球比較起來，紅血球的數量最大，但在同一個人其變動範圍最小，一般每立方毫米血液增減不出50萬個。

白血球的數量較少，但變動範圍較大。血球數量恒定的意義是很明顯的，如果紅血球數量太少，則很難保證機體氧氣的充分供應和二氧化碳的排除。貧血的患者不能適應勞動，就是由於氧供應滿足不了勞動時的需要。

成年人的血量平均為體重的 7%～8%。人體內的全部血液並不是同時都參加循環的，有部分血液的流動狀態並不明顯，貯存在肝臟、脾臟等器官內。這些器官由於有貯存血液的機能，故稱為「血庫」。人體在靜止狀態時，全身血液僅有55%～75%參加血液循環，其餘的血貯存在「血庫」中。

人體在進行肌肉運動時，根據運動量的大小，會有更

多的血液流入全身血管系統內參加循環，從而增加機體內的循環血量，以改善對各器官的氧和營養物質的供應，並加強代謝產物的排除工作。

為了觀察站樁前後的血液變化，先後檢查了 5 名站樁者的血液。檢查方法是在患者練站樁以前先取一次耳血作為基數，待站樁完了馬上再取一次耳血，作為站樁前後的比較對照。其結果是，有一例患者站樁 1 小時，血色素增加3.2克，紅血球增加152萬，白血球增加3,650個，這是增加最多的一例。其他 4 人皆練40分鐘，其中血色素增加最多者2.3克，最少者1.5克；紅血球增加最多者59萬，最少者21萬；白血球增加最多者600個，最少者400個。

站樁後血色素、紅血球、白血球三者全部呈現增加，其增加的多少與運動量的大小和站樁練功的時間長短有關。這說明由站樁運動後，血液循環得到改善，有更多的血液參加到循環中去，血色素的增加說明血液中氧含量比站樁前增多了，這就促進了氧的結合與運輸加速，因而在站樁練功過程中會出現全身輕鬆舒暢的感覺。

（五）站樁的主要生理特點

1. 站樁對大腦皮層的作用

站樁是使大腦皮層抑制與興奮兼備的體育智育運動。

站樁對大腦皮層具有兩種性質完全相反的作用，一種是抑制作用，一種是興奮作用。當把站樁作為醫療體育手段應用於治療某些慢性疾病時，由於它只要求保持一定姿勢而不動，所以，大腦皮層既不需要動員所有感覺器官隨

時隨地為保持自己的安全而操心，更不需要花費很多精力去安排如何動作。

這就是在減少或削減了外感覺器官知覺輸入量的同時，既能使機體保持一定量的肌肉運動，又可使大腦皮層迅速進入內抑制狀態。並且，把它當作體育運動訓練時，它又可以由緊鬆動作的各項意念活動實現第二隨意運動，使大腦皮層處於高度興奮狀態，從而達到鍛鍊肌肉、增強體質、訓練神經、增長智力的目的。

2. 站樁對呼吸系統的作用

站樁是使呼吸系統無氧債的運動。

一般的運動，即位移運動，都可以經過人的意志努力在短時間內憋住一口氣來完成最大限度的某項運動或某種動作。例如，盡全力快跑或持重物時都必須在憋氣狀態下進行。這就是說，為了完成最大的筋力運動，必須在短時間內停止呼吸，待運動停止後再重新呼吸。

進行這類運動時，機體首先發生的是缺氧反應，也就是由於呼吸困難、氧氣供應的不足而造成氧債過多和乳酸等，達到了氣盡氧絕的地步不得不停止運動。

但是，站樁運動能夠根據每個人的體力強弱而準確地控制運動量，它可以使練功者的脈搏始終保持一定程度的增多。但根據實驗，最多不可能超過安靜時的1倍。因為運動量超限時，四肢的骨骼肌發生電擊樣燒灼性疼痛，不得不停止運動。這時，即使是經過人的意志進行最大限度努力，憋住一口氣也是無法忍受下去的。所以，站樁並不是首先發生缺氧反應，這一點與位置移動是相反的。

站樁時，在脈搏保持持久性增多的狀態下，氧氣的攝入量等於氧氣的消耗量，因此，不會發生氧債現象，是無氧債運動。

3. 站樁對循環系統的作用

站樁對循環系統的作用是，運動停止後脈搏直接下降。

站樁時，在肌肉進行收縮運動的過程當中，沒有憋氣現象，也沒有呼吸困難現象，胸腔腹腔內壓絕對不會突然間顯著增高。當停止運動後當時的一剎那之間（5秒鐘～10秒鐘內），絕對不會產生右心房過度擴大現象，其脈搏頻率的恢復是直接下降的，而不是像位移運動那樣，必須經過突然上升然後下降的過程。它適應心臟病及身體衰弱者進行鍛鍊的原因就在於此（圖2-2）。

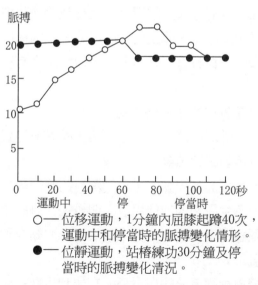

○——位移運動，1分鐘內屈膝起蹲40次，
　　運動中和停當時的脈搏變化情形。

●——位靜運動，站樁練功30分鐘及停
　　當時的脈搏變化清況。

圖2-2

4. 站樁對肌肉系統的作用

站樁對肌肉系統的作用是，角度鍛鍊屈肌，意念鍛鍊伸肌。

站樁時可利用全身各關節的角度變化來鍛鍊屈肌，即角度鍛鍊屈肌，又叫角度鍛鍊工作肌。這是人人都會的工作肌的收縮運動。在進行這種運動時，可使大腦皮層進入內抑制狀態，而屈肌仍然保持一定量的自動化運動，因而它具有醫療保健作用。

反之，站樁時又可以利用緊鬆動作的意念活動來訓練伸肌，即意念訓練伸肌，又叫做意念訓練休息肌。這種運動並不是每個人一開始就會的，必須經過一定時期的學習訓練才能逐步掌握。

站樁時屈肌與伸肌在單位時間內既可分別訓練，又可同時訓練。既能分區分段訓練，又能整體同時訓練。當訓練達到高級階段時，即達到「肌肉若一」的程度時，全身肌肉能產生一種整體的爆發力，因而它又具有技擊實戰的作用。

5. 站樁對神經系統的作用

站樁對神經系統的作用是，第一隨意運動鍛鍊肌肉，第二隨意運動鍛鍊神經。

根據機體的每一動作，凡受固有的應該收縮的肌肉的牽引，而發生屈和伸的作用者，叫做工作肌的收縮運動，即第一隨意運動。反之，把未參加這一收縮運動的肌肉叫做休息肌。

站樁對神經系統的作用是，它能利用緊鬆活動的意念

活動來訓練休息肌，使休息肌與工作肌產生同時收縮運動。這就是由休息肌的收縮運動訓練神經系統，建立一個新的運動體系，叫做第二隨意運動。

第二隨意運動是休息肌的隨意運動，它是訓練神經、增長智力，即活體力學的體育智育運動。

6. 站樁的醫療保健作用特點

站樁的醫療保健作用的特點是，診斷與治療相結合。

站樁是研究機體從安靜水準轉變為運動狀態下肌體活動狀態的良好方法。這種變化的產生是機體在固定不動的狀態下，運用了具有定量強度，即一定的姿勢與一定時間的身體機能負荷所引起的。

它是機體保持在正常、均勻地提高了各項生理機能（主要是循環機能與呼吸機能）的狀態下，探求機體各器官活動狀態客觀指標的最科學的一種動態的機能診斷法。

動態的機能診斷法，代替了舊的主要只依靠病理解剖資料的診斷法，也代替了在安靜狀態下所檢查的正常的或病理的各器官的機能指標，即靜態的機能診斷法。

因為造成機體疾病的客觀標誌並非只限於確定器官中解剖結構的變化，或在安靜狀態下的客觀指標的變化，有許多疾病在安靜狀態下，並沒有機能性變化，只表現在運動狀態下才發生機能性變化。所以，探求各器官的動態的機能活動狀態的客觀標誌是現代醫學科學研究工作中的一門新興的科學。

此外，更重要的，站樁不僅僅是動態機能診斷的良好方法，同時它又是增強機體機能和改變機體結構的良好方

法。站樁既診斷機體的機能狀態，同時又能自力更生，改變結構，增強體質，治療疾病，在這方面，站樁具有任何藥物都不能代替的良好作用。這是從根本上解決人體患病衰弱與健康強壯的本質問題；這是診斷與治療相結合的醫療保健方法。

根據已經取得的效果，可以肯定它將為老年醫學、慢性病學、運動生理學、生物力學、生物化學等等學科提供寶貴的、前所未有的新資料，並為研究運動醫學、中西醫結合創造我國新醫學派開闢一條新的康莊大道。

第 三 章

> 有生於無　　實生於虛
> 抱一無離　　積柔即剛
> 獨立不改　　積弱即強
> 觀其所積　　以知存亡

站樁功的各種姿勢

站樁功分為臥式姿勢、坐式姿勢、站式姿勢、行走姿勢。其中以站式姿勢應用最廣、效果最大，因此，一般通稱站樁。

初練站樁者為了集中精神，統一思想，排除雜念，在各式練功當中都可以同時配合默記呼吸次數。一呼一吸算做一次。呼吸要以自然為主，不要故意延長或縮短。

一、臥式練功姿勢

臥式姿勢是在床上進行練功，這種方法適合於體力衰弱的患者，或經常失眠者。

臥式姿勢第一式的運動量較大，首先保持這種姿勢，試能默記多少次呼吸，待感到兩肩酸麻難忍時即可放下雙

肘,順次改練第二式、第三式、第四式。最後可以側臥或依個人平日容易入睡的姿勢自由入睡。冬季練功,室內寒冷時,可由第三式開始,兩手不必拿到被窩外面來,以免受涼。例如,最初需要默數六七百次呼吸才能逐漸入睡者,經過一個時期的臥式練功之後,默數三四百次呼吸就可以入睡了。日期再多更能減少。但是,也有因默數呼吸反而練不好功者,則不必勉強去數呼吸,任其自然為好。默數呼吸的方法在坐式、站式練功當中都可配合使用。但是一般在練功的後半期,往往由於大腦皮層內抑制作用的增強,多數人都自然放棄而不數了。

第一式:舉肘蹺腳

身體仰臥床上,兩足左右分開,約同肩寬,兩膝彎曲,兩腳跟著床,腳尖翹起。

兩肘舉起,離開床面約5公分～10公分,保持懸空。雙肘彎曲,手心向下,呈抱物狀,或手心向上,呈推託狀。兩肩放鬆,不要用力,不要憋氣(圖3-1)。

圖3-1　　　　　　　圖3-1a

第二式:落肘彎腿

身體仰臥床上,兩足左右分開,約同肩寬,兩膝彎

曲，腳掌腳跟平放床上。

　　雙肘著床，兩手仍保持懸空，手心向下，十指分開，不要用力，不要憋氣（圖3－2）。

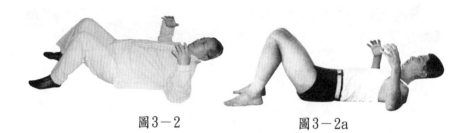

圖3－2　　　　　　　　圖3－2a

第三式：直腿摸腹

　　兩腿伸直，平放床上，兩腳左右分開，約同肩寬。

　　兩肘左右分開，離開兩肋著床，或微微離開床面，保持懸空，待感到疲勞時再著床。

　　兩手輕輕放在腹上，十指分開，不要用力，或微微離開腹壁保持懸空，待感到疲勞時，再放到腹上（圖3－3）。

圖3－3　　　　　　　　圖3－3a

第四式：落手仰臥

　　兩腿姿勢同第三式。

　　兩手放在床上，兩肘微微彎曲，離開兩肋，手心向內

或向下方。手與肘交替離開床面保持懸空，待感到疲勞時再著床。最後利用此式自然入睡（圖3－4）。

圖3－4　　　　　　　　　　圖3－4a

二、坐式練功姿勢

坐式姿勢較臥式姿勢運動量大，但較站式姿勢小。對於一般能起床自由行動，而不能長久站立的，比較衰弱的患者或老年人，可以採用這種練法。坐式練法又可與站式練法交替進行鍛鍊，當做站式練法的輔助運動。對於一般坐著工作的人也可利用坐式練習腿部姿勢（第五式），即在工作中或在學習時，把兩腳伸到寫字臺下面，只鍛鍊兩腿，兩手在上面仍可照常辦公、學習。這不僅不耽誤工作，而且還能振奮精神，清醒頭腦，提高工作效率。

坐式練功所用的椅子可分為三種：

1. 高背靠椅（大板椅）

座位寬大，左右有置手台，後面有較高的靠背。這種大板椅適合於身體衰弱的患者。練功時可將兩肘放在置手臺上，兩手保持懸空，以減輕兩上肢的負擔。將腰部靠在椅背上，兩腿前伸，使兩腳跟著地，腳尖翹起，只鍛鍊兩腳。經過一個時期，全身的耐勞力有所增加時可改用普通

坐椅。

2. 普通坐椅

座面寬大，有靠背的普通椅子，使腰部依靠在椅背上，背部肩部無依無靠，以增加上半身的運動量。經過一個時期之後，可改用平面方凳。

3. 平面方凳

四周無依無靠的方凳，或硬板床，只憑患者本身體力來支援脊柱之直立狀態。

坐式練功的椅面必須寬大，使就座後兩膝膕窩部能靠到椅邊或床邊為標準。否則坐面狹窄，兩膝膕窩不能靠到坐面邊緣時，對抬腿練功的負擔量過大，易於疲勞。

坐式練功完畢後，應將兩手、兩腿放下，在原位靜坐休息3分鐘～5分鐘，待兩腿麻、脹、酸、痛的反應完全消失後再起立活動。

第一式：彎腿叉腰

正坐椅邊，兩腿彎曲，兩腳放在座位下部，約成40°～50°，腳掌著地，腳跟抬起。兩手背輕輕叉腰，十指分開，不要用力，肩部肌肉必須放鬆（圖3-5）。

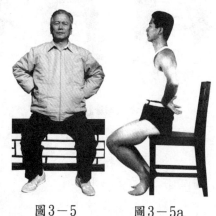

圖3-5　　　　圖3-5a

第二式：直腿端坐

正坐椅邊，身軀直立，兩腳平行擺成二字形，距離約同肩寬，放在椅前方，腳掌、腳跟均著地，使大腿與小腿

保持90°。兩肘離開兩肋，兩手放在大腿根部，手心向上或向下，背豎腰直，抬頭前視，兩肩放鬆，不要用力（圖3-6）。

第三式：端坐提抱

兩腿姿勢與第二式同。兩手抬起與臍平，手心向上呈托物狀，兩腕相距約同肩寬，兩肘離開兩肋，十指分開微微彎曲。背豎腰直，抬頭前視，兩肩放鬆，不要用力，不要憋氣（圖3-7）。

圖3-6　　　　圖3-6a　　　　圖3-7　　　　圖3-7a

第四式：舉踵提抱

兩腿姿勢與第三式同。兩腳跟輕輕抬起。兩手抬起約與臍平，手心向內，十指分開，呈托物狀。兩肩放鬆，不要用力，不要憋氣（圖3-8）。

圖3-8　　　　圖3-8a

第五式：伸足撐拔

正坐椅上，使兩膝膕窩部靠到椅邊，兩腿抬起左右分開，兩腳距離寬於兩肩，兩腳跟離地面的高度，視體力強弱而不同，體弱者兩腳跟著地或微微離開地面即可；體力較強者兩足可抬高一些。兩手抬在肩下乳上部，手心向內成抱物狀，腰背豎直，抬頭前視，兩肩放鬆，不要用力，不要憋氣（圖3－9）。

圖3－9　　　　　　　　圖3－9a

第六式：勾足推託

兩腿姿勢與第五式相同。兩腳跟相對，兩腿向外方擰轉，腳尖向後勾屈，以加強兩腿的運動量。兩手舉在肩上眉下部，手心向外呈推抱狀，腰背豎直，肩部放鬆，不要用力，不要憋氣（圖3－10）。

圖3－10 　　　　　　　　圖3－10a

三、站式練功姿勢

站式姿勢是站樁功最基本的鍛鍊方法，也是學習大成拳的基本功夫。

站式姿勢分為養生樁與技擊樁兩種樁法。養生樁的各種姿勢要求上身的重量由兩條腿平均負擔，運動量的大小可由兩條腿彎曲的角度與兩手的抬舉高度來調整，因此，可大可小，能按每個人體力強弱及需要情況進行調整，故適合一般初練功者。

技擊樁是保持稍息樣姿勢斜位站樁，所以前腿的負擔量較輕，後腿的負擔量較重，其比例開始為前四後六，逐漸改為前三後七。但其中降龍樁的比例恰恰相反。因此，兩腿的負擔量是不平均的，故不適合一般初練功者。

養生樁的練法原則是兩足左右分開，約同肩寬，兩膝微微彎曲如下跪狀，臀向下坐，體弱者不坐亦可。兩手輕

輕抬起，手心向內呈抱物狀，或向外方呈推託狀。手的位置高不過眉，低不過臍，前不過尺，後不粘身，在這個範圍內進行調整，以避免肩胸部姿勢不正而壓迫肺臟影響呼吸。兩腿的彎曲程度以不感覺疼痛難忍為限度。肩胸背部肌肉必須放鬆，以使呼吸暢通自如，而達到胸部舒暢，頭腦清爽，全身舒適得力為要求。

　　站樁練功的特點就是擺好一個姿勢之後，便一直保持這種外形不動的狀態，並從中去體會練功過程中身體內部所發生的變化情況，待兩肩疲勞、兩腿的肌肉發生酸麻脹痛的感覺不能再支持下去時為止。這時或將兩手放低一些，或將兩腿直起一些，或者完全直立起來而休息。

　　初學者開始時每次可練 5 分鐘～10分鐘，逐漸增加到20分鐘、30分鐘、40分鐘，最多以1小時為限。在開始的一二週內，兩肩、兩膝、兩腿、各關節部或腰背等處可能產生輕重不同的酸痛反應，這些反應一般都將在二三週內逐漸自然消失。

　　站式練法的姿勢可以歸納為24式，共分三類：站式輔助功姿勢、站式基本功姿勢、站式四肢功姿勢。

1. 站式輔助功姿勢

　　站式輔助功姿勢較基本功姿勢的運動量小，因為這些姿勢的彎曲角度小，或扶按牆壁，或依靠桌椅等物。因此，身體較弱者開始時可先選練一個時期這類運動量較小的姿勢，待體力有了增強之後再改做基本功姿勢。

　　其中第六式，左右伸腰姿勢，主要是為了減輕一側身體的負擔，使之休息片刻之後再交替進行。因此，在進行

養生樁的各種姿勢練習當中都可配合使用。

第一式：彎腿摸腹

兩腳左右分開，約同肩寬，兩膝微微彎曲。兩手一上一下，或一左一右，輕輕撫摸腹部。兩肘離開兩肋，兩手隨著呼吸時腹壁之起伏而默記呼吸次數，一呼一吸算做一次。呼吸要保持自然，不要勉強，不要用力，不要憋氣（圖3-11）。

第二式：垂肘抬手

下肢姿勢同第一式。兩肘自然下垂，兩手抬起擺在腹部兩側，約同臍平，手心向上，手指伸開，呈托物狀，不要用力（圖3-12）。

圖3-11　　　圖3-11a　　　圖3-12　　　圖3-12a

第三式：叉腰靠背

背部靠在牆上，或依在大樹上，或使臀部、腿部靠在桌邊、床頭等處以起固位作用。兩腿直立，足跟相並，呈

立正姿勢，腳掌腳跟均著地，或使腳跟微微離開地面。兩手背叉腰，手心向外，兩肘左右撐開，肩部放鬆，不要用力（圖3－13）。

第四式：彎腿扶牆

面對牆壁，兩足離牆約30公分。兩腿姿勢與第一式同，足掌著地，足跟微微離開地面，小腿疲勞時足跟落地。兩手左右分開寬於肩，約同眉高，手指分開輕輕扶在牆上，或扶在大樹上（圖3－14）。

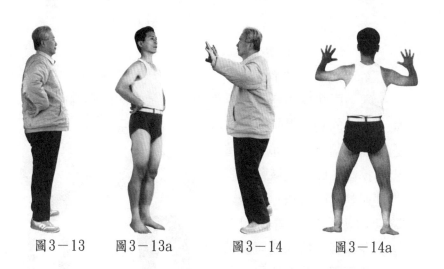

圖3－13　　　圖3－13a　　　　圖3－14　　　　圖3－14a

第五式：彎腰扶按

兩足左右分開寬於肩，腳掌腳跟均著地，或腳跟微微離開地面，身向前伏，腿向後靠，抬頭前視。兩手扶按在椅背上、桌上、床頭、欄杆皆可。鬆肩鬆腹，使腹壁放鬆，自然下垂（圖3－15）。

圖3−15　　　　　　　　　　圖3−15a

第六式：左右伸腰

　　兩手兩腿採用任何姿勢皆可。將全身的重心偏向一側，偏移的限度以頭部不超過腳面外側為限，即不要超出支撐面。此式是減輕身體半側運動量的方法，也是體驗身體兩側內部變化的方法，在練養生樁的任何姿勢時，都可與之配合使用（圖3−16）。

圖3−16　　　　　圖3−16a

第七式：左右通臂

　　兩腳呈稍息姿勢，後腿直立，前足跟微微抬起，全身重量多放在後腿上。左腿在前時，左手高舉，肘部微彎，手心向上，右手下垂，手心向下，頭部後仰，身向右靠

（圖3－17）。右腿在前時，左、右手姿勢反之，頭、身姿勢不變。

第八式：左右抬腿

一腿抬起放在與髖同高的椅背上，或桌上、欄杆上，腳腕向後方勾屈，身體微斜。兩手抬在乳上肩下部，雙肘彎曲，如抱物狀，手心向內，手指撐開，不要用力（圖3－18）。

圖3－17　　圖3－17a　　　　圖3－18　　　　圖3－18a

2. 站式基本功姿勢

站式基本功共有八種姿勢。其中第一式至第五式為養生樁的基本姿勢，第六式至第八式為技擊樁的基本姿勢。這八種姿勢是站樁功中最常用的，是按運動量的大小順次排列。第一式也可以叫做預備式，又可以當做每次站樁完了後的恢復式，其運動量最小。第二式由於兩腿彎曲，兩手也抬舉起來了，因此，運動量就增大了。手抬舉越高，腿彎曲越低，運動量就越大。

技擊椿除列舉的三個基本姿勢之外，關於雙手形態的變化很多，可參照四肢功雙手姿勢靈活改變調整，以增加手腕部及手指末梢的運動量。

第一式：手背叉腰（簡稱叉腰式）

兩足左右分開，約同肩寬，初學者兩腳擺成外八字形，習久後改為二字形。兩腿直立，手背叉腰，手心向後，十指分開，兩肩放鬆，不要用力（圖3-19）。

第二式：鬆肩提抱（簡稱提抱式）

兩足左右分開，約同肩寬，兩膝下蹲保持彎曲，彎曲程度由二三公分開始逐漸增加，以不產生過度疼痛為限。兩肘抬起，離開兩肋，兩手擺在乳下、臍上部，手心向上，兩手離身不要超過33公分，兩肩放鬆，不要用力。頭要正，項要直。不要低頭，不要彎腰，不要挺腹。兩眼平視前上方，使外耳廓、肩關節、髖關節、踝關節的垂直連線與地平面成90°角為原則。養生椿的各種姿勢都以此為基本條件（圖3-20）。

圖3-19　　　　圖3-19a　　　　圖3-20　　　　圖3-20a

第三式：直胸撐拔（簡稱撐拔式）

兩足姿勢與第二式同。兩手抬在乳上、肩下部，手心向內十指分開，呈抱物狀，肩部放鬆，不要用力（圖3－21）。

圖3－21　　　　　圖3－21a

第四式：撐裹推託（簡稱推託式）

兩足姿勢與第二式同。兩手抬在肩上眉下部，手心向外，十指分開如推託狀，鬆肩撐肘，不要用力（圖3－22）。

圖3－22　　　　　圖3－22a

第五式：前後分水（簡稱分水式）

兩足姿勢與第二式同。兩手左右平伸，放在身體兩側，約與臍平，手心向下或向前方。兩肘微微彎曲，兩肩放鬆，不要用力（圖3－23）。

圖3－23　　　　　　　　圖3－23a

第六式：丁八樁（又稱小步樁）

兩足呈稍息姿勢站立，前足向外方移出 5 公分～10公分，兩腳保持半丁半八字狀。身體微斜，兩腿微微彎曲，身向後坐，前腳足跟離地，膝蓋前頂。全身重量保持前四後六之比。兩手抬起，約同肩平，屈肘環抱，手心向內或向前方，十指分開，鬆肩撐肘，目視前方（圖3－24）。

圖3－24　　　　　　　　圖3－24a

第七式：伏虎樁（又稱大步樁）

兩腳前後大叉步分開，前腳掌踏地，足跟微起，膝蓋前頂，臀向內挾而提肛，身向後靠而下坐，腿部力向上拔。兩手前後分開，抬在胸前肩上部，手心向前呈推託狀或兩手向下放在腹部兩側，手心向下如伏按老虎頭、臀狀（圖3－25）。

圖3－25　　　　　　　圖3－25a

第八式：降龍樁（又稱反步樁）

兩腳前後大叉步分開，前腳掌向外方擰轉，腳跟向裏，膝彎屈；後腿伸直，腳跟不要離開地面。上身前伏，重量多放前腿，形成前六後四之比，逐漸增加為前七後三之比。

身向後扭，頭向後轉，目視後腳跟。左腿在前時，右手高舉，手心向上；左手下垂，手心向下，雙肘彎曲，呈推按狀（圖3－26）。右腿在前時，左、右手姿勢反之，雙肘姿勢不變。

圖3－26   圖3－26a

3. 站式四肢功姿勢

站式四肢功姿勢要求四肢末梢部分的運動量較大。尤其加入假想的意念活動時，如頭向上頂，手向懷抱，雙肘外撐，腿向上拔，腳向下蹬，足蹠踏地，足跟微起，臀向內挾，膝蓋外頂，身向後靠，指頂掌撐，手腕外擰，等等。這些意念活動對手腕部、手指部、雙腿部等處的運動量相當大。

這些姿勢與意念活動要在基本功姿勢上有了一定程度的鍛鍊之後才能應用。練功時必須注意，只允許四肢的末梢部分用意用力，絕不許肩部、背部、胸部用力，以免發生憋氣。這些姿勢不適於初練功者。

第一式：撐指擰按

兩足左右分開，與肩同寬，兩膝彎曲，臀向內挾，身向後靠，膝蓋外頂，小腿力向上拔。兩手擺在腹部兩側，約與臍平，距離約同肩寬，手心向下，十指撐開，虎口撐圓，腕擰掌按，頭頂腳蹬，肩鬆肘撐（圖3－27）。

第二式：撐指提挾

兩足姿勢和意念活動同第一式。手心相對，手指向下，掌撐指伸，如撐如挾，兩肩放鬆，不要用力（圖3－28）。

圖3－27　　　圖3－27a　　　圖3－28　　　圖3－28a

第三式：撐指外撐

兩足姿勢和意念活動同第一式。手心向外，手背相對，十指撐開，腕擰指撐，兩肩放鬆，不要用力（圖3－29）。

第四式：握拳勾腕

兩足姿勢和意念活動同第一式。兩手握拳，手心向上，腕勾肘撐，兩肩放鬆（圖3－30）。

第五式：握拳外撐

兩足姿勢和意念活動同第一式。兩手握拳，向外擰轉，手背相對，腕擰拳勾（圖3－31）。

圖3－29　　　圖3－29a　　　圖3－30　　　圖3－30a

第六式：握拳撐抱

　　兩足姿勢和意念活動同第一式。兩手握拳，約同肩平，屈肘環抱，手心向內，腕勾肘撐，兩肩放鬆（圖3－32）。

圖3－31　　　圖3－31a　　　圖3－32　　　圖3－32a

第七式：握拳摸肩

兩足姿勢和意念活動同第一式。兩手握拳，屈肘摸肩，腕向下勾，肘向外撐，兩肩放鬆（圖3－33）。

第八式：獨立守神

單腿獨立，膝微彎曲，前腿抬起，足尖後勾，胸窩微收，頭頂腳蹬。兩手高舉，腕撐指撐，肩鬆肘橫，背豎腰直，臀夾腹吸，形鬆意緊（圖3－34）。

圖3－33　　　圖3－33a　　　圖3－34　　　圖3－34a

四、行走練功姿勢

行走練法是大成拳鍛鍊步法的基本功夫。拳術上步法是技擊比賽當中，即實戰時決定勝負的關鍵。現在介紹行走練法初級形式的四種基本練法。

1. 樁位試步法

樁位試步法是行走練法當中最基本的鍛鍊方法。一切步法的提高都由這一基本鍛鍊開始。初學時站立不穩者，

可用一手扶牆或扶大樹、桌子、椅子、床頭等處，以便保持身體平衡，站立穩固，不致東倒西歪，前傾後仰。另外一隻手向外伸開，約與臍平，保持平衡。身體體質較強能夠站立穩固者不必扶牆。

預備式

立正姿勢，雙膝微微彎曲，將全身重心放在一條腿上，稱為負重腳。另外一條腿虛虛懸空，使腳掌、腳跟與地面保持平行，離開地面約 2 公分～ 3 公分，不可過高，稱為虛位腳。虛位腳的腳掌、腳跟及膝關節的內側面，必須比負重腳的同名部位微微偏後一點，與負重腳相互依靠接觸併攏。兩手左右分開，約同臍平，保持平衡。體弱者一手扶牆一手伸開。

第一動

虛位腳的腳掌、腳跟離開地面 2 公分～ 3 公分，與地平面保持平行，向前外方徐徐移送一小步，如圖3－35中 1，使腳掌首先著地，腳跟後著地，或腳掌腳跟同時著地。必須特別注意落腳時，禁止腳跟首先著地、腳掌後著地。而這時全身的重心必須仍舊保持在後腿上，形成站式基本功姿勢第六式的丁八樁腳步的位置。兩腳的距離約25公分～35公分，不可過遠。如果向前伸出過遠，回收前腳時頭部及上半身不向後方移動就抬不起腿。

第二動

要求在頭部及上半身不活動移位的狀態下，輕輕地抬起前伸的虛位腳，並按伸出的原路線收回原處，與負重側的腿腳相互併攏。

注　意

　　兩腳相互併攏時，虛位腳的腳掌內側、腳跟內側、膝關節內側，必須與負重腳的同名部位輕輕接觸，相互併攏。虛位腳不許著地，全身重心仍保持在負重腳的腿上，如圖3－35中2。

第三動

　　虛位腳的腳掌、腳跟，仍保持離地面 2 公分～ 3 公分，與地面平行，向後方移送一小步，腳掌、腳跟同時輕輕著地。這時全身的重心必須仍舊在負重腳上，兩腳相距25公分～35公分，如圖3－35中 3。

第四動

　　與第二動的要求相同，即頭部及上半身保持固定不動的狀態下，輕輕抬起後腿的虛位腳。抬起時注意腳掌與腳跟必須同時離開地面，禁止先抬腳跟、後抬腳掌。按原路線收回原處與負重腳相互併攏，如圖3－35中 4。然後再按第一動要求向前伸腳試步，循環進行，至疲勞為止。

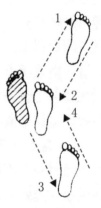

圖3－35

注　意

　　(1) 虛位腳向前伸出落腳時，一般的習慣是腳跟首先著地，腳掌後著地，而抬腳時則是腳掌首先離開地面，腳跟後離地面；相反，虛位腳向後退步落腳時，則是腳掌首先著地，腳跟後著地，而抬腳時則是腳跟首先離開地面，腳掌後離地面。這樣的落腳法與抬腳法最省力、最容易

做。但是，在大成拳的步法原則上是不許可這樣的。因為它對腿部的運動量甚小，不能起到足趾抓地，如樹生根，腳掌彈簧，踝震身顫的作用。練功者切莫養成這種習慣，應按要求的原則抬腳落腳。

(2) 虛位腳向前伸出或向後退步時，負重腿必須保持固定的彎曲狀態不動，不要發生波浪式的高低起伏。

(3) 虛位腳向前或向後伸出落地時，全身的重心位置必須放置在負重腳上，絕對不許同時轉移於虛位腳上。

檢查重心是否轉移的方法，是以頭及上半身保持在固定不動的狀態下，以能抬起虛位腳者為重心未轉移。這時虛位腳雖然落在地面上，但仍由負重腳一條腿支持全身重量，叫做單重。如果不移動頭部及上半身則不能抬起虛位腳者，則證明重心已移到兩條腿上，叫做雙重。雙重時對增加腿部力量的作用較小，是行走練法的原則性錯誤。不要養成這種習慣，要注意改正。

(4) 身體弱者開始練習試步時，由於負重腳的運動量大，而耐勞力不夠，容易發生左右搖擺不定，腿部振顫不穩現象。這就不可能按要求標準完成每一動作，因此，可以用一隻手扶在牆上或大樹上，以保持穩固。

2. 樁位移步法

預備式

樁位移步法採取站式基本功第三式直胸撐拔姿勢。兩腳左右分開約同肩寬，兩腳擺成二字形。兩膝下蹲保持彎曲，全身的重量由兩條腿平均負擔。兩手抬在乳上、肩下部，手心向內，十指分開，呈抱物狀。

第一動

在頭部及上半身保持固定不動的狀態下，將右腳向前移出 5 公分～10公分。如圖3－36中 1。抬腳時腳掌、腳跟同時離開地面，落腳時腳掌、腳跟同時落地。移腳時雙膝始終保持一定的彎曲，不許忽高忽低，形成波浪式的起伏不平狀態。抬腳時頭部及上半身不許向外側移動，如果偏移時則身體的重心即隨之移到另一條腿上，這樣抬腳的動作非常容易。但是，在上身保持固定不動，由兩條腿來負擔全身體重情況下，要想抬起一條腿向前移步是比較困難的。而且這時所抬起來向前移出的腳步也不可能過大，因為這一動作比較困難，所以每次只要求向前移動 5 公分～10公分。

初練時由於腿部肌肉耐勞力不足，很難達到保持上身一點也不動的程度，應逐步要求做到姿勢正確。

第二動

按第一動的標準要求將左腳向前移出 5 公分～10公分，與已移出的右腳保持平行。然後再按第一動的要求向前移送右腳。如此交替向前移步，直到腳部感到疲勞為止。

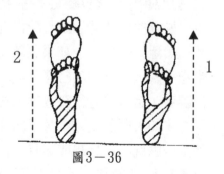

圖3－36

3. 低位走步法

低位走步法是按照樁位試步法的原則，將全身的重心向前移動而進步，或向後移動而退步活動的練習。它的一

切要求與樁位試步法相同。

預備式

立正姿勢,雙膝微微彎曲。兩手左右分開,約與臍平,手心向下保持平衡。右腳輕輕抬起與左腳相互併攏,離開地面約 2 公分～ 3 公分。這時全身重量放在左腿上。虛位腳的腳掌、腳跟及膝關節的內側面與負重腳的同名部位相互併攏。

第一動:伸　腳

虛位腳的腳掌、腳跟與地面保持平行,緩慢平穩地向前外方移出20公分～30公分,使腳掌先著地,腳跟後著地,或腳掌、腳跟同時著地。如圖3－37中 1。這時全身重心仍須保持在後腿。

第二動:抬腳試重心

頭部及上半身保持固定不動,試將已伸出的虛位腳輕輕抬起一下,檢查並體會重心是否轉移到前腳。如圖3－37中 2。如果頭部及上半身不動,能夠抬起已經落地的虛位腳者,證明重心仍在後腳未變。反之,如果頭部及上半身不向後方移動一點就不能抬起前腳時,則證明重心已經前移了。這是不合格的,應注意改正,如圖3－37中 2。

第三動:移重心

將全身的重心由後腿逐漸移向

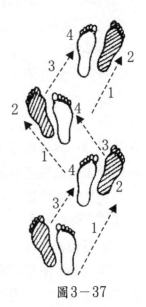

圖3－37

前腿。移動重心時注意身體不要出現忽高忽低、上下起伏
不平的現象，要始終保持平穩。

第四動：抬後腳試重心

當全身重心移到前腿後，保持穩固不動，以同樣要求
即保持頭部及上半身不許向前移動轉位的狀態下，試驗一
下能否抬起後腿。抬後腳時腳掌、腳跟必須同時輕輕抬
起，離開地面 2 公分～ 3 公分，與地平面保持平行。這一
動作一般都是後腳跟首先離開地面，腳掌後離地面，這樣
的抬腳方法最容易做，但是不夠標準。

第五動：收腳靠攏

後腳的腳掌、腳跟與地平面保持平行，按圖3－37中
3 的路線慢慢向前移動，與負重的前腳相互併攏。注意虛
位腳的腳掌、腳跟、膝關節的內側面必須與負重側的同名
部位相互併攏，不要離開，不要著地。如圖3－37中 4。
停留一下之後再按第一動的原則，慢慢地向前外方移出。
如圖3－37中 1。

這樣反覆循環向前走步或向後退步。

4. 高位走步法

高位走步法的路線與要求，同低位走法步基本相同，
只是在虛位腳向前伸出時，要把腿抬高，並用腳向前蹬一
下，落地後再轉移重心。高位走步法的運動量較大，要在
低位走步法有一定基礎後再練此法。

預備式

高位走步法的預備式與低位走步法的預備式完全相
同。

第一動：伸　腳

虛位腳的腳掌、腳跟與地面保持平行，向前伸出半步。

第二動：抬　腿

抬大腿使膝關節與髖關節保持平行，大腿平面與小腿立面約成90°。負重腿要保持穩固，不要隨抬腿而起立，要始終保持一定程度的彎曲。

第三動：轉　腳

大腿部保持平位不動，腳尖向上勾屈，並向外方扭轉。

第四動：蹬　腳

抬腳向前方伸去，同時用力向前方蹬一下，蹬腳時微微彎腰。

第五動：落　腳

將腳輕輕落在前外方。路線與低位走步法同。

第六動：移重心

將後腿重心逐漸移到前腿。注意身體不要高低起伏，要始終保持一定程度的彎曲。然後抬起後腳，離地 2 公分～ 3 公分與地面保持平行向前移動，與負重腳相互併攏。再按第一動要求向前伸腳、抬腿、轉腿、蹬腳、落腳、移重心的順序循環練習前進或後退。

五、基本試力法

試力是大成拳站樁練功由不動到活動的轉變過程。站樁是在原位保持一定姿勢固定不動的練習，而試力則是由

不動轉變為活動練習的運動過程。試力法就是求「物」法。

　　試力是大成拳練習中最重要的一個環節，也是最困難、最複雜的練習項目。王薌齋先生在《拳道中樞》總綱一節中說：「離開己身，無物可求；執著己身，永無是處。」他所說的「物」即「東西」，一般叫做「勁」，就是從站樁中去培養生長，從試力中去摸索尋求合理分佈，從推手中去檢驗練習，從實戰中去實際應用。

　　試力必須在已經有了一定的站樁練功基礎之後方能進行。可以說站樁是增長力量、積蓄力量的有效措施，而試力則是如何分配力量與怎樣巧妙地合理分配力量的問題。有了力量不會合理地分配使用，等於不會集中優勢兵力打殲滅戰。而不懂如何積蓄力量、增強力量，也不能優質遞增提高體質。

　　沒有站樁練功的基礎，只學試力是緣木求魚。反之，只會站樁不會試力，對老年人、病人雖能起到養生保健、康復醫療的作用，但是它不能成為名副其實的拳學家及《老子》所說的「善攝生者」。二者是相輔相成的。

　　大成拳創始人王薌齋先生對中國拳學訓練方法進行了創造性的改革，他打破了傳統的套路招法訓練，改以站樁、試力、求物為主的訓練方法，這是它與一般拳術的不同點之一。

　　試力時手足的屈伸活動不是單純的前伸、後屈的位置移動，也不是這招怎樣使，那手如何用的套路演練，而是要求每一動作都要尋找「物」的阻力感，即所謂的「摸東

西」，一般叫做「找勁」。試力時要求手不空出，意不空回。要求雙手如抽絲，出手如鋼銼，回手似鉤杆。動作要慢不要快，力要連續不要斷。而且要有動乎不得不止，止乎不得不動之意。要求做到《老子》所說的「惚兮恍兮，其中有象。恍兮惚兮，其中有物」之境地。

所謂之「象」與「物」，因個人功夫深淺而異，同樣一個動作，功夫深的人，其「象」就似、就美，其「物」也整、也圓。反之，初學者的動作就視之無「物」，空空如也，空洞無物，什麼阻力也沒有，與單純的位置移動沒有區別。

大成拳沒有固定的套路和方法。在蓄力量、強體質方面要求固定不動的站樁，在「求物」、「找勁」方面要求進行位移活動的試力。試力、求物、摸勁也沒有固定的套路，但有基本規矩與原則。求物動作與站樁練功，同樣由形、意、力、氣、神五個要素所組成，由淺入深，由局部到整體，由體內向體外，由初級到高級，逐步提高。初試以手行之，逐漸以全身行之，操之有恆，掌握其發展規律時，自有不可思議之妙，而各項力量亦不難入手而得。

本節所述各種試力法都是在腳位固定不動情況下進行的基本訓練法。有了一定基礎之後，可結合行走練功姿勢進行活步試力及發力。

基本試力法分為上肢試力法與下肢試力法二類。

1. 上肢試力法

上肢試力法分為左右試力法、前後試力法、上下試力法和發力法四種。

（1）左右試力法

左右試力法，根據其意念中假想的用力大小程度之不同可分為抽絲法和拉琴法兩種。

① 抽絲法

兩足左右分開站立，約同肩寬。兩手放在臍上胸前部，屈肘環抱，兩手心相對，距離約17公分。兩手緩慢地向外方撐開，如像抽絲似的要有藕斷絲連，輕微的阻力感覺。雙手的力（絲）不要斷，要有互相牽連之感；要有撐之不開，擠壓不癟之意。雙手向胸前左右外方撐至約33公分時，再向內方收縮壓擠。兩手收至胸前相距17公分左右時再向外撐開。這樣反覆練習，逐步提高兩手之間的阻力感覺。

② 拉琴法

拉琴法與抽絲法的動作姿勢完全相同，只是要加強動作時的意念活動和力量。動作時可設想拉手風琴的狀態（拉手風琴時是一手按琴鍵，一手拉風箱），試力時雙手要同時用力向外拉風箱，然後再向內方擠壓。無論手向外方撐張或向內方擠壓要尋找所設想之「物」的阻力感覺。這種阻力感覺隨個人之功力的增大而逐漸增加。除設想拉手風琴外，還可以設想拉粗絲、粗繩、粗橡皮筋等物，以增加運動品質。

（2）前後試力法

前後試力法分為揉球法與拉樹法兩種。

① 揉球法

兩足呈稍息姿勢一前一後，如站丁八樁。兩肘彎曲環

抱，放在胸前，手心向下，手指撐開，指尖前頂，慢慢向前方移動。雙手掌心如在水中按壓一個大皮球，皮球由於水的浮力向上挺浮，手掌既要有向下壓球又要有向前推球之感。待肘關節伸至170°時便向回拉。注意雙肘關節不要伸直成180°。雙手往回拉至90°為止，雙腕離胸約17公分，不要過近。還要注意鬆肩撐肘。反覆循環練習，逐步增大動作的阻力感。

②拉樹法

揉球法是尋找本身內部「物」即勁的阻力感。找到之後進一步要向身外去找「物」的牽掛感。

這就要假定身外一個目標，如以前方一棵大樹為目標，使雙手與大樹連接起來，假想把大樹拉過來，推出去的試力活動。初習時雙手空空如也，空洞無物，什麼感覺也沒有，逐漸能摸到一點勁之後，就會感到有一種拉不動、推不出的阻力感。這種感覺隨本人功力之增大逐步濃厚，可達到出手如鋼銼，回手似鈎杆，身外留痕，視之有物的高級境界。

(3) 上下試力法

上下試力法分為一上一下試力與搖櫓回轉試力法兩種。

①上下試力法

兩足呈稍息姿勢一前一後，如站丁八樁。兩手平伸，屈肘環抱，手心向下，放在臍部，手掌撐開。設想手心吸住一個大皮球，慢慢向上抓提，至眉部再向下方按壓，一上一下，反覆進行，逐步增加阻力感覺。動作要慢不要

快，還可以設想手背部托著一個重物，慢慢向上挺舉，至眉部再向下方放下，不要使重物滑落，也不要離開手背。逐步訓練設想之「物」的阻力感覺。

上下試力法是單純的一上一下試力動作。此法練習有一定基礎之後，可練習上下輪狀回轉搖櫓試力法，以提高運動品質。

② 搖櫓法

兩足呈稍息姿勢一前一後，如站丁八樁。兩手平伸，肘微屈，手心向下，約與臍平，模仿農村搖櫓打水或持槳划船動作。雙手好像扶櫓做由前向後，由下向上，由後向前，輪狀回轉搖櫓試力練習。肩部肌肉必須放鬆。逐步增加動作的阻力感覺。

(4) 發力法

搖櫓試力法練習一定時期，能感到雙手有阻力感後，便可練習潑水發力法。

潑水發力法是把本身的力量向外界放出去的練習。姿勢動作與搖櫓法相同，假想雙手好像端著一盆水向遠方潑出去。動作時腳蹬地，手的力量儘量向遠方甩去，意念愈遠愈好。潑水的剎那間動作要迅速，運籌回轉期間要慢動。逐步增加潑水時的阻力感覺。

2. 下肢試力法

下肢試力法是加強腳與小腿之間局部肌肉緊鬆動作的訓練。也就是「消息全憑後腳蹬」的蹬地動作的專門訓練。一般人的腿與腳除支持身體保持穩定的站立姿勢之外，還有邁步抬腿、走路跑步、跳躍蹲起等屈伸肢體移動

體位功能。

在這些動作中，每一個動作單位只有一部分應當收縮的肌肉參加收縮運動，叫做工作肌，其他大部分肌肉是處在休息狀態，叫做休息肌。下肢試力法就是要動員那些本來處於休息狀態的腿部和腳部肌肉，使它們也產生收縮運動，以增加蹬地作用強度的訓練。

在進行這種訓練時，必須高度集中精神，用意念去想，即用大腦去想，去指揮，去調動保持鬆軟的那些休息的肌肉產生一緊一鬆的收縮運動，從而使大腦皮層與局部肌肉之間建立一個新的條件反射弧，並逐漸強化它使之變成一觸即爆發的自動化運動。

(1) 小腿緊鬆法

小腿緊鬆法是增強小腿與腳部肌肉靈敏反應與力量最基本的訓練方法，也是建立第二隨意運動的根本所在。練養生樁和技擊樁的任何姿勢當中均可配合小腿緊鬆法的訓練。現以練習養生樁（同圖3－21）直胸撐拔式為例，站樁時保持原位不動，用腦去想，即有意識地使小腿前後側鬆軟的肌肉用力緊一下，然後放鬆，休息片刻再用力緊一下，再放鬆。這樣反覆進行緊－鬆－再緊－再鬆的緊鬆活動。

一般人開始練習時只能做10次～20次便無力了，局部肌肉也不聽指揮了。只要每日站樁時堅持不懈地練下去，便可逐漸增加至50次～60次。身體強壯者每次做100次～200次，甚至400次～500次，乃至千次也不疲勞。

小腿緊鬆法的緊鬆單位順序如下：

① 單腿緊鬆法

單腿緊鬆法是在站樁時用腦去想，即用腦去指揮一側小腿的緊鬆活動。首先使左側小腿休息，右側小腿緊鬆10次～20次後休息，再換左側小腿緊鬆10次～20次後休息。如此左右交替進行小腿休息肌的緊鬆活動，至疲勞為止。

② 雙腿緊鬆法

雙腿緊鬆法是在同一時間段內使左右兩側小腿的休息肌同時產生緊鬆活動的訓練。

開始練習時有顧左忘右、顧右失左的現象出現。即左側小腿收縮了，右側小腿不能收縮；右側緊了，左側未緊；或左右兩側不能同時緊，也不能同時放鬆等現象。但只要每日堅持不懈地進行訓練，便可逐漸達到隨心所欲、得心應手的地步。

③ 交替緊鬆法

交替緊鬆法是加強大腦皮層與小腿肌肉之間神經傳遞機能，建立正確分化作用的訓練。

例 1：站樁時首先使右側小腿的休息肌用力緊一下，放鬆後使左側小腿的休息肌用力緊一下，這樣一左一右交替進行緊鬆活動。

例 2：站樁時首先使右側小腿的休息肌用力收縮 1次，放鬆後使左側小腿的休息肌用力收縮 2 次，放鬆後再使右側小腿用力收縮 1 次，再使左側小腿用力收縮 2 次。如此反覆交替變換收縮次數，訓練大腦對小腿部肌肉的控制能力，增加其準確性，減少錯誤，並且逐漸增加用力強度，每側小腿變換收縮次數可按下表自由調節輪換緊鬆。

兩腿變換收縮次數

左腿	1	2	1	2	3	2	3	……
右腿	1	1	2	2	2	3	3	……

④ 緊鬆的速度

緊鬆的速度是訓練大腦皮層對局部肌肉緊鬆保持時間的長短問題。快速緊鬆與緩慢緊鬆比較容易做，持久緊鬆則較難做，它需要一定的耐力。初習時易產生憋氣現象，故不適於身體衰弱的病人及老年人。

快速緊鬆法：以每分鐘使小腿的休息肌收縮50次～60次上下為度。

緩慢緊鬆法：以每分鐘使小腿休息肌收縮20次～30次上下為度。

持久緊鬆法：以每分鐘使小腿的休息肌收縮 3 次～6次上下為度。逐漸延長「緊」的時間，減少每分鐘的收縮次數。

(2) 微蹲蹬腳法

微蹲蹬腳法是活動位腿部肌肉的上下緊鬆訓練法。練習養生樁的各種姿勢當中皆可配合做微蹲蹬腳法。現以練習直胸撐拔式站樁（同圖3－21）為例：擺好姿勢後，在站樁練功當中，身體微向前傾，足跟微微離開地面，使全身重心支撐點落在腳掌部，臀部微向下坐 5 公分～10公分，然後兩腳掌平均用力蹬地，慢慢立起，休息片刻之後，再向下用力蹬地起立。如此反覆進行下蹲－起立－再下蹲－再起立，至疲勞為止。

注意下蹲起立時軀幹部要保持正直，不要彎腰，也不要挺腹，開始時每次下蹲 5 次～10次，逐漸增加20次、30次、50次或更多。

(3) 微靠蹬腳法

微靠蹬腳法是活動位小腿部肌肉的前後緊鬆訓練法，是為準備發力動作而打基礎的重要訓練法。現以練習丁八樁站樁（同圖3－24）為例：

擺好姿勢後，以後足踝關節為軸心，身體微向後方依靠下坐 5 公分～10公分，使全身重心支撐點落在後腳底面上。然後使後腳腳掌和小腿部肌肉用力蹬地，推動身體向前方慢慢移動，恢復原來位置。這時前腳足蹠部踏地，腳掌部要有向下方踩蹬之力，小腿要向上提拔，膝蓋要向前頂。保持兩膝外撐，臀部內挾，吸腹提肛，不彎腰，不撅屁股，軀幹部儘量保持「樞紐不偏倚」的垂直狀態。反覆進行微靠下坐、蹬腳復原練習，至疲勞時為止。

初習者對這些要求無法做到，僅做微靠蹬腳即可，逐漸矯正姿勢，增加意念活動，為發力動作打好基礎。

(4) 起蹲蹬腳法

起蹲蹬腳法是在微蹲蹬腳法的基礎上，大蹲大起的蹬腳練習法。初習者在站樁練功前或每次站樁完畢後可單獨練習起蹲蹬腳法10次～20次，逐漸增加至100次～200次。起蹲的速度愈慢愈難做，初學者每分鐘可做30次～40次，逐漸變為每分鐘10次～20次或更少。

兩足左右分開，寬於肩。兩手平舉，前伸，手心向下，保持在原位不動。兩膝彎曲下蹲，腰部儘量保持正

直，不要彎腰，使臀部與腳跟接觸後再起立。反覆進行下蹲—起立練習，至疲勞為止。

動作要慢不要快，下蹲時兩手要儘量保持在原位不動。習久後起立時兩腿和兩腳要有提、挾、撐、拔、蹬地之力，以增加腿腳部肌肉群的彈力和耐勞力，為下述螺旋蹬腳法打下基礎。

(5) 螺旋蹬腳法

螺旋蹬腳法的原名叫做神龜出水法，亦即螺旋狀起蹲蹬腳訓練法。這是一項難度較大的動作。單純的起立蹬腳容易做，加入摔裹撐拔，提挾蹬踩，螺旋纏絲作用時則非一般初學者所能做到。起蹲時要求尋找阻力感，下肢的阻力感困難，因為大腦皮層對下肢的分工管理不如對上肢的分工細緻，整體的阻力感更困難。

兩腳一前一後站立，重心放在後腿上。兩肘彎曲，兩手平伸，手心向下，放在胸前。當兩膝彎曲下蹲時，兩手要向上舉。身下坐，手上舉。手與腿形成上下矛盾的用力方向。肩要鬆，指要撐，兩手如捧物狀。臀部接近腳跟後開始起立，這時雙手力向下按。腿上起，手下按，手與腿變為與下蹲時相反的用力方向。

在起立的過程當中要求全身螺旋上升，雙腿要有摔裹撐拔，提挾蹬踩，螺旋纏絲之意。周身鼓舞，摔擺橫搖，精神飽滿，神如霧豹之勢（詳見附錄一《拳道中樞》四、技擊樁法、五、試力各節）。頭要頂，腳要蹬，雙手好像扒在牆頭上觀看院內景物之狀。舊時形容為神龜出水。凡能真實地做出以上動作者，在恍兮惚兮當中，身上自然就

有「物」這個東西了。

(6) 單純起蹲法

由於上述各項正規下肢試力法難度較大，初習者不易達到標準要求，因此，可先做下述簡單的補充練習。

單純性起蹲法是人人都會的下蹲起立的方法，也是人們日常生活和生產勞動中不可缺少的一個動作。它作為體育鍛鍊時，對增強腿部肌肉的力量和提高下肢靈敏反應是最有效的鍛鍊方法之一。

在學習大成拳下肢試力法當中，它是神龜出水法即螺旋蹬腳法高難動作的基礎訓練法。只有在此基礎之上，腿腳部肌肉有了相當大的耐力之後才能適應做難度較大的神龜出水法，才能在動作中手腳相互配合完成整體的試力動作。

要記住：單純的起蹲容易做，人人都會做。如果在起蹲的同時，增加上下肢休息肌緊鬆動作的意念活動，達到手腳相連，上下齊動，肌肉若一，其中有「物」的程度則較難，不經過專門訓練實難做到。

兩腳左右分開，略寬於肩。兩手平伸與肩同高。兩腿一次性屈膝下蹲，然後一次性直接起立。動作要慢，不要快。因為快做容易，慢作難，要反覆進行下蹲起立練習。根據每個人體力強弱，開始時每次下蹲10次～20次，逐漸增加到50次～100次，至疲勞為止。此種動作方法簡單，適合初學者練習。

(7) 分段起蹲法

分段起蹲法，是將上述一次性直接下蹲到底的起立活

動分為 2 次、3 次乃至 4 次、5 次。它是在下蹲過程時，中途停頓一下，便直立起來，以訓練神經分段起動、靈敏性與增加兩腿負荷量的起蹲練習法。分段起蹲法第一次下蹲時，雙膝彎曲下蹲要小一些，以後逐漸加大雙膝的彎曲角度，最後下蹲到底，使臀部接近腳跟時再起立。

兩腳左右分開，略寬於肩，兩腿由直立位向下蹲坐，膝關節緩慢彎曲，越慢越好，至中途略微停頓一下，再將雙腿慢慢地直立起來。如此反覆進行下蹲起立活動，逐步加大雙膝彎曲下坐角度，以增加雙腿負荷量。

兩手平伸，手心向下，約與肩平，雙肘微屈。當雙膝下蹲彎曲時，雙手要慢慢地向上方高舉過頭。雙腿起立時，雙手要向下方按壓，使手與腿呈相反方向活動。即手上舉，腿下彎；手下按，腿直立。雙腿完全直立後，雙手可做上下前後方向自由搖擺活動，以便使雙腿暫時休息一下。雙手擺動次數，可根據每個人體力之強弱：體強者僅擺動 1 次～ 2 次即可繼續下蹲，體弱者可擺動 4 次～ 5 次，使兩腿休息片刻再下蹲。

第 四 章

反者道之動
正者道之靜
動果之道也
靜因之道也

站樁功如何掌握運動量

一、鍛鍊手好還是鍛鍊腳好

由於人類身體的直立，上肢從支持功能中解放出來，手便成為勞動的器官，適合做靈活的運動。在形態和結構上，手關節囊鬆弛薄弱，動作非常靈活。下肢適應了支援和移動身體的功能，在形態和結構上一般都粗壯，關節囊緊張強厚，結合緊密。

在人體活動中，大腦皮層的運動分析器起著重要作用，原因是它與骨骼肌直接聯繫，實現隨意運動。運動分析器（位置、運動覺的分析器）在大腦皮層的中央前回，其興奮性最高，分工最細，控制最嚴。它接受來自關節、肌腱或骨骼的本體感覺衝動，以感受身體在空間的位置、

姿勢以及各部位的運動。

　　身體各部位在大腦皮層運動分析器上投影面積的大小，不決定於它們的實在形體，而決定於其機能上的分工程度。例如，唇、舌、手等在大腦皮層上均佔有較大的面積。人類由於手的分化和在勞動中手的活動極其頻繁而複雜，因此，管理手的皮層運動區就比足區大得多。其中五指所占的區域最廣，拇指與食指所占的區域又是五指區域中最廣的。

　　如果在大腦皮層的中央前回繪製一個人體圖形時，就能獲得中央前回不同肌群有關的各個部位的定位概念。在皮層內相當於手和面部，特別是手指和口腔部分的感受器的區域所占的範圍，比腿和腳的部位大得多。所以，在皮層上繪出的圖形必然會與正常人體外形相反，呈現出大臉、大手、小腿、小腳的怪形圖像（圖4－1）。

　　自古以來就有「人老先從腿上開始」或「從腿可以看出年齡」等說法。因此，健康長壽的秘訣是每天鍛鍊腳。中國武術上有所謂「拳打三分，腳打七分」和「手到腳也到，打人如拔草。手到腳不到，打人不得妙」之論，另外還有對「勁」的作用，認為「其根在腳，發於腿，主宰於腰，形於手指」，以及發力打人時「消息全憑後腳蹬」，「手是兩扇門，全憑腳贏人」，悟性就在你的腳下等等說法。從技擊實戰中也證明，腳的作用比手大。

　　人體解剖分析表明，下肢的重量是上肢重量的 3 倍。例如，全身重量為59.70公斤，其中頭重4.14公斤，軀幹重25.08公斤，兩下肢重22.86公斤，兩上肢重僅7.62公斤。脈

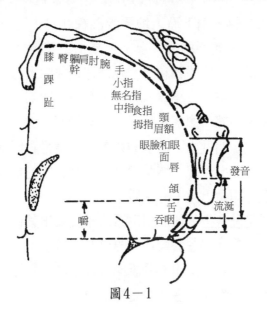

圖 4－1

搏增高試驗證明，站樁時彎腿的作用比抬手的作用大得多。全身的大塊肌肉皆在下肢，如股四頭肌、臀大肌、腓腸肌、大收肌、髂腰肌、臀中肌等等，而管理下肢的運動分析器在大腦皮層上的投影區域卻比上肢小得多，分工也不如上肢精細。

但是，下肢這些大塊肌肉數量多，比例大，而且粗壯有力，因此它們對改造生理，改變機能結構，增強體質的作用比上肢大得多。所以，發動下肢大肌群的收縮運動，提高它們的運動品質，增強大腦皮層中樞神經系統對下肢肌肉的指揮和控制能力，可使人體在機能和結構上產生重大而明顯的改變。因此，站樁練功時，訓練下肢要比傳統的訓練上肢的作用大得多。

也就是說，由下而上地逐步訓練比由上而下的訓練收效顯著。這裏所說的「上」，是指上肢，即手而言；「下」，是指下肢的腳和腿。我們把在運動過程中注意力集中在下肢，按腳、小腿、大腿、臀部、腰部、胸部、背部、肩部、頸部、頭部、肘部、手部的順序由下而上逐步鍛鍊的方法，叫做由下而上的鍛鍊法。這是對鍛鍊身體，訓練神經，改造生理，增強體質，以誰為主的指導思想的重要問題，叫做上與下的矛盾。

諺語是社會上流傳的用簡單的話反映出某種經驗和道理的固定語句。過去我國武術界曾有「教拳不教步，教步打師傳」的諺語。這也充分說明訓練下肢的腿腳步法功夫較訓練上肢的拳掌手法功夫更為重要。

二、運動量的分類

我們知道，過量地服用任何藥物，都會引起不良後果。即使是營養物質也應科學而適當地加以攝取。否則，超過了人體的需要，往往也會釀成疾病。體育鍛鍊包括站樁運動在內，同樣要規定一個運動量，以便使人們由淺入深，從易到難，日積月累，逐漸達到鍛鍊的目的。規定運動量，是以人們不同的體質情況為依據的。一般地說，運動量過小達不到鍛鍊的目的；而運動量過大則會產生過度的疲勞。兩者都是不可取的。

站樁練功的運動量可分為無效量、維持量、提高量、超限量和衰退量五種。

1. 無效量

機體的神經與肌肉，只有受到一定量的刺激之後，才能產生反應。

這種反應，表現為肌肉的收縮運動。肌肉收縮運動達到一定程度之後，才能引起一系列生理功能的變化，如血液循環的變化、呼吸運動的變化，等等。

如果參加收縮運動的肌肉群很少，運動量很小，時間又短，不能引起生理功能發生明顯的變化，我們就稱之為無效量。它的主要客觀表現是，運動時的脈搏數目與運動前基本相同，沒有明顯的變化。

2. 維持量

站樁過程中，體內有輕鬆舒暢的感覺，呼吸基本平靜，脈搏微升，這種既不過大、又不過小的運動量稱為維持量。它適合於初練者及老年人。

維持量是一個良性刺激，對大腦皮層有一定的抑制作用，使骨骼肌產生輕度的收縮運動，可以造成皮層下中樞興奮，促進血液循環及呼吸機能，從而動員體內防禦物質產生積極的作用。因此，能夠鞏固鍛鍊效果。

3. 提高量

站樁過程中，可使體內出現輕微的酸麻脹痛感覺，這樣的運動量就稱為提高量。它所造成的感覺本身會刺激機體產生明顯的生理功能變化，從而達到提高療效、增強體質的目的。

在此期間，骨骼肌能夠產生持續不斷的收縮運動，脈搏與呼吸可以保持一定程度的增多。

4. 超限量

站樁練功的運動量超過了身體所能負擔的最大限度時，就稱為超限量。

超限量在練功時表現為某一關節或某一局部肌肉出現難以忍受的疼痛反應；練功後則表現為全身疲倦無力、四肢疼痛、煩躁、失眠，甚至食慾減退、精神萎靡不振、恢復緩慢，等等。

5. 衰退量

機體的神經與肌肉，需要受到經常不斷的刺激才能維持一定的生理功能。

如果經過一個階段的站樁鍛鍊，收到一定效果之後，又因故停止鍛鍊，則機體的神經與肌肉在失去原有刺激後，機能狀態就會逐漸地衰退。

停止鍛鍊的時間越長，衰退的程度就越大。衰退程度的衡量標準，表現在重新恢復練功時，用同樣姿勢，同樣時間又出現酸麻脹痛反應。

上面介紹的五種運動量是對人體的適應程度而言的，至於如何掌握適宜的運動量則需要練功的人自己去體會、摸索。

例如，開始站樁時，兩腿下蹲彎曲 2 公分是維持量，彎曲 4 公分是提高量，彎曲 6 公分就是超限量。而經過一個階段的鍛鍊之後，由於身體的耐力增加了，兩腿彎曲 2 公分就變成無效量，彎曲 4 公分則成維持量，彎曲 6 公分才達到提高量，彎曲8公分才是超限量。

三、運動量的標準

練功的人要掌握適當的運動量就需要有個標準，我們把這樣的標準稱為運動量標準。它包括：主觀標準、客觀標準、時間標準和恢復時間四項內容。

1. 主觀標準

即以每個練功者的自我感覺為依據，主要是看四肢骨骼肌是否出現輕微的酸麻脹痛感覺。但是不能有因過度疼痛而感胸悶、心跳、氣喘等反常現象發生。

2. 客觀標準

主要是以脈搏次數的增加量為依據，大體可分為以下組型：

(1) 弱型組：

包括心臟病、高血壓病患者以及年老體弱的人。要求是：站樁過程中的脈搏比站樁前每分鐘增加10次～20次為宜。

(2)中等組：

除上述對象外，一般患者都可列為本組對象。要求是：站樁過程中的脈搏比站樁前每分鐘增加20次～30次為宜。

(3) 健康組：

本組為身體比較健康者。要求是：站樁過程中的脈搏比站樁前每分鐘增加30次～50次為宜。

(4) 強壯組：

本組為身體強壯者。為了進一步增強體質，在站樁過

程中可使脈搏每分鐘增加50次～70次。

有的人在站樁過程中，脈搏次數非但沒有增加，反而略有減少的情況也是可能出現的，這是由運動量過小所造成的。因為輕微的運動能對人體的高級神經系統起到一定的抑制作用。

然而產生這樣的結果並不是鍛鍊的目的，因此，要求在鍛鍊的各個階段，都應隨時根據每個人不同的身體狀況，適當地調整運動量，以期收到最佳效果。

3. 時間標準

每次站樁練功的時間，應根據不同人的體質情況與選用的練功姿勢來決定。一般的初學者，應由5分鐘開始，以後逐漸增加到40分鐘，最多以 1 小時為限。鍛鍊的時間過短，不能收到預期的效果；而時間過長又會產生過度疲勞。所以，要隨時根據情況，把握好鍛鍊時間。一般說，採用運動量較大的姿勢時，可將時間縮短一些；採用運動量較小的姿勢時，又可將時間延長一些。

對於體質比較衰弱的人，每次鍛鍊更應特別注意掌握時間，一定不要勉強。可以將一種姿勢分作兩次、三次進行鍛鍊。

4. 恢復時間

從停止站樁開始，到身體因鍛鍊而產生的各種反應完全消失並恢復到正常狀態的這一段時間，稱為恢復時間。恢復時間的長短是與每個人體質密切相關的。因而，也可以利用恢復時間來幫助練功的人適當地掌握運動量。如果練功時產生的疲勞反應經過一夜的休息還不能完全消失

時，就說明運動量過大了，應適當地減輕一些。相反，如果練功後的疲勞感消失很快，則說明運動量輕了一些，還可以適當地增加。這樣，收到的效果當會更大。

　　總之，上述標準是我們掌握運動量的依據，但這裏提到的僅僅是一些原則。練功時，還需要根據情況靈活掌握。

四、運動量的計算方法

　　站樁練功過程當中掌握適當的運動量是最困難的一件事。為了比較準確地計算運動量，我們多採用公尺制計量單位來計算運動量。它證明了運動形式愈高級，位置移位就愈微小的原理。

1. 身高以公分計算

　　站樁練功時雙膝要保持一定的彎曲度，也就是要使兩腿保持一定的下蹲狀態。平時我們不能準確得知雙膝究竟彎曲了多少，只能憑日常的目測經驗來大致看看而已。為了準確測量雙膝的彎曲度，我們利用身高計。

　　首先量好直立位的身高，然後將橫杆下降固定在一定刻度上，在這下邊進行站樁；由於頭上有橫杆的限制，只能保持在所規定的尺度以內站樁，所以就可準確得知站樁時雙腿保持彎曲幾公分。雙腿彎曲下蹲越大，運動量就越大。這是一種既簡單又科學的計算方法（圖4－2）。

圖4－2

2. 軀幹垂直重心以毫米計算

當站樁進行了一個時期，體力有所增加之後，為了進一步加大運動量，除調整雙腿彎曲下蹲的高度外，還要調整軀幹部的垂直重心位置。調整垂直重心位置時，其變動範圍就小得多了。這時就不能使用公分來計算，而要改用毫米的單位來計算。

例如，當雙腿保持同樣彎度的姿勢，使肩關節窩與髖關節窩的垂直連線與地平面保持90度角的基本原則下，若全身的垂直重心放在腳心中部時，其運動量就小；反之，如果將全身的垂直重心向後靠時，腿部肌肉為了保持全身的平衡，就要加強收縮，運動量自然就增大了許多。

後靠的範圍以腳尖不翹起為限度。軀幹垂直重心距腳跟部愈遠，即軀幹愈向後靠，運動量就愈大。這是一個逐漸增加運動量的方法。但應注意，後靠時低頭彎腰、臀向後撅或挺腹仰頭、肩向後靠的姿勢都是錯誤的。此法對老年人及病人不適用。

3. 意念活動無法計算

意念活動是人大腦皮層高級神經的思維活動。站樁練功時的意念活動是訓練休息肌產生第二隨意運動的特殊訓練。這種訓練達到高級階段時，肢體在外形姿勢上雖然沒有較大的位置移動，但在精、氣、神方面卻有與眾不同的「神氣」。這種「神氣」的大小即使用最小的計量單位也是無法計算出的。

例如，頭頂、懷抱、肩擔、手提、腿胯、腰纏等等意念活動，只能觀察它的神氣狀態，不能測出具體的長度。

這些狀態的變化範圍雖然極微小，卻大大加強了運動負荷，沒有一定站樁基礎的初學者很難做到。

五、形、意的調配原則

「形」是指練功姿勢的角度；「意」是指意念活動。形、意和持續時間是調配運動量的三項基本條件。掌握形與意的調配原則，可以幫助我們更加自如地調節練功時的運動量。

下面分述形、意調配的六種基本方法。

1. 去意輕形

去意，就是除去意念活動；輕形，是指兩腿彎曲不超過10公分。去意輕形是採用下肢彎曲度較小，上肢抬舉程度較低的姿勢進行站樁練功。這種方法適合於自我控制力較強的初學者。

2. 去意重形

兩腿的彎曲度在10公分以上稱為重形。經過一段時間練功的人，應該逐步地增加兩腿的彎曲度，兩臂也可以抬高一些，但不配合意念活動。

3. 輕意輕形

輕意分為兩種，一種是病人在治療期間所應用的抑制性設想活動；另一種是身體健康的人在練功時採用的緊鬆活動，這種方法適合於思想不易集中的初學者。

4. 輕意重形

站樁時，採用肢體彎曲角度較大的姿勢，並配合設想活動或局部肌肉的緊鬆活動，以求增加運動量。這種方法

適合於站樁有一定基礎的人，不適合於體弱帶病的初學者。

5. 重意輕形

重意是指運用高級的意念活動，如連接活動、挣筋活動和牽掛活動。

站樁時，四肢彎曲角度較小，以意念活動為主，並逐級加強。這種方法只適合於身體健康的人。

6. 重意重形

站樁時，一方面加大四肢的彎曲角度；另一方面還要逐步加強意念活動。這種方法只適合於身體健康強壯而又經過站樁鍛鍊的人。

六、形、意、力、氣、神的相互協調

站樁是提高人體生理機能的運動項目之一，它的基本要素有形（姿勢角度）、意（意念活動）、力（力量）、氣（呼吸）、神（精神狀態）五種。練功時，要求各要素之間相互協調。這種協調關係對於調節練功時的運動量和提高練功品質都是有意義的。下面，我們分別對各要素間相互關係作一簡要敘述。

1. 有形無意為空形

練功時，各關節只保持一定的彎曲度，使工作肌做收縮運動，但不加入意念活動，即不動員休息肌參加收縮運動。這時的形是空虛的，稱為「空架子」。有形無意的運動量小，對身體健康的人鍛鍊效果不明顯。

2. 有意無形不長力

練功時，只注重意念活動，而各關節的彎曲度卻很小。這樣練功不會增長力量。有意無形的運動量較小，鍛鍊效果也不夠顯著。因而，可在體質條件允許的情況下，適當增加關節的彎曲度。

3. 有意無力為假意

肌肉的緊鬆活動需要一定的力量完成。如果練功時的意念活動不加入適當的力量，則是無效的意念活動。有意無力運動量近乎無意，其大小取決於形。

如果練功姿勢的各關節角度很小，那麼鍛鍊的效果是不會大的。

4. 有力無意不靈巧

有的人身體強壯，力量很大，但是練功時的意念活動不得要領，不會運用緊鬆活動，即有力使不上勁。其結果，勢必削弱意念活動的作用，降低了運動品質。

5. 有力無氣是笨力

進行緊鬆活動時，由於肌肉的收縮運動，增加了體內氧的消耗量。但是，人體內並無儲存的氧，只有隨時吸入方可予以補充。

有人雖然力量很大，但練功時不會配合適當的呼吸運動，因而出現缺氧憋氣的現象。所以，呼吸運動也會影響運動品質。

6. 有氣無力不實用

有的人雖能很好地配合呼吸運動，但其意念活動時的肌肉收縮缺乏力量，這種現象對於推手或技擊練功也有影

響。有氣無力的意念活動效果同樣不佳。

7. 有意無神不高級

即使練功者能夠很好地掌握意念活動，做到有意、有力、有氣，也還不能算是盡善盡美。

因為站樁練功，還需要具備舒展大方、雄偉宏闊的精神氣魄，即所謂「神」。神可貫通形、意、力、氣，使站樁練功達於更高級的階段。

8. 神意足者形骸似

站樁練功達到高級階段時，不但要求形、意、力、氣都具備，同時還要求精神狀態也與平常狀態完全不同，即保持一種一觸即爆發、炸力無斷續的精神狀態。

七、各關節的彎曲角度與運動量的關係

1. 支撐點與運動量的關係

站樁練功時，軀幹要保持正直，以不前傾後仰為原則；肩關節窩與髖關節窩的連線應與地平面成90°。在這個標準下，腳底部分為三個支撐點。

(1) 腳心部支撐點

站樁時腳掌及腳跟同時著地，使全身的重心支撐點放在腳心部。採取這一姿勢時運動量較小而且平穩。開始學習站樁者都採用這個部位的支撐點。

(2) 腳掌部支撐點

站樁時腳掌著地，腳跟微微抬起離開地面，使全身的重心支撐點放在腳掌部。採用這一位置時，由於重心前移，為了防止身體向前方傾倒，大腿及小腿的肌肉必須加

強收縮以保持平衡，因此，運動量就增大了。

(3)腳跟部支撐點

站樁時，腳跟、腳掌同時著地，身向後坐，使全身的重心支撐點放在腳跟部，並且逐步地向後方推移。重心垂線支撐點離開腳跟越遠，即超出支撐面的範圍越大，就越不穩固。

為了保持平衡，腿部肌肉必須更加用力收縮運動，因此，運動量就越大。這是一個逐步增加運動量的方法，不適於初學站樁者。

2. 腳底面與運動量的關係

站樁時，兩腳接觸地面的面積多少，踝關節與地面所形成的角度大小等等不同因素，都對兩腿的運動量有直接影響。

(1)平地站樁法

平地站樁法是應用最廣，而且也是最方便的站樁法。這就是在平坦的地上，或室內地板上，兩腳站立在地面上進行站樁練功。有條件者在地毯上進行站樁時，可以減少腳底部僵硬抵抗的感覺。

(2)腳跟墊高站樁法

腳跟墊高站樁法是利用高低不平的斜坡地面或小沙袋，使腳跟踏在高端，腳掌踏在低端，腳跟高於地平面，保持10°～30°角進行站樁。

這樣加大了踝關節的角度，對下肢和足部肌肉及韌帶的作用與平地站樁不同，運動量較大。

（3）腳掌墊高站樁法

腳掌墊高站樁法與腳跟墊高站樁法恰恰相反，利用上述斜坡地面或沙袋，使腳掌踏在高端，腳跟踏在低端，縮小踝關節的角度，腳跟部及小腿後部的肌肉韌帶運動量較大。

（4）腳心墊高站樁法

腳心墊高站樁法是將沙袋墊在腳心部，使腳掌與腳跟著地，腳心被頂起的站樁法。它對增加兩腿的彈跳力有一定的作用，還有助於扁平足的矯正治療。

（5）腳跟懸空站樁法

腳跟懸空站樁法是利用兩塊長磚或臺階，使腳掌踏在上面，腳跟保持懸空。腳跟懸空面積越大，運動量就越大。

這種站樁法由於減少了兩腳底部的著地面積，因此腳和腿部肌肉必須付出較大的收縮力才能維持身體的平衡，所以需要練功者具備一定基礎之後才可進行。

3. 腳位與運動量的關係

站樁練功時的腳位分為四種

（1）外八字形腳位

開始學習站樁者，兩腳擺成外八字形的腳位。兩腳跟部的距離要近些，約25公分～35公分，兩腳尖部的距離要寬些，約40公分～50公分，形成50°～70°的角（一般為60°角左右）（圖4-3）。

外八字形腳位對身體的穩定最有力，在實際的應用上也最廣泛。例如，立正姿勢兩腳跟併攏，兩腳尖相互擺成

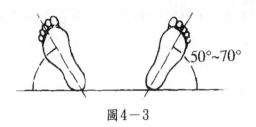

圖4－3

60°角，這是保持支撐面最穩固的角度。站椿時擺成外八
字形腳位，就是根據立正姿勢的腳位使支撐面保持在最穩
固的角度上。

（2）二字形腳位

二字形腳位是以兩腳掌部內側面與兩腳跟部內側面
的距離相等為限度，兩腳相距約30公分～40公分，保持
70°～90°角。這樣的腳位與外八字形腳位相比，雖然只在
兩腳尖的距離上有一點改變，但它對兩腿的運動量卻增加
了許多（圖4－4）。

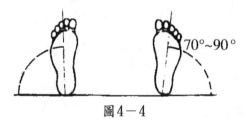

圖4－4

正位站椿時，兩腳掌內側的距離不要小於腳跟內側的
距離。這就是說腳掌向內最大限度不要超過90°，兩腳掌
向外不要小於50°。如果兩腳掌的距離小於兩腳跟的距離
時，就形成內八字形的腳位了。這種腳位的姿勢除了使人

感到不舒適之外，更重要的是它促使兩膝關節向內側凹陷，不能向外方支撐，形成X形腿，這便給兩腳蹬地用力發勁的動作造成困難。

(3) 斜步腳位

斜步腳位的兩腳位置，既不像正八字，又不像正丁字，而是斜步的稍息姿勢，兩腳保持50°～70°角。如第六式小步椿的兩腳跟相距約50公分～90公分。斜步腳位的距離越遠運動量就越大，如第七式大步椿的腳位。這種腳位站椿時，要求全身的重心偏重於後腿，因此，後腿的運動量較大（圖4－5）。

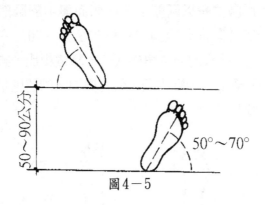

圖4－5

(4) 反步腳位

反步腳位是站椿姿勢中對腿部和腰部肌肉發生作用較大的練功姿勢。如第八式反步椿前腳跟向裏，腳掌向外方扭轉，約成0～50°角。前腳角度越小，運動量就越大。後腳腳跟著地不許抬起，約成60°～90°角。後腳角度越大，運動量就越大。兩腳相距約60公分～90公分。兩腳距離越

遠，運動量就越大。上身前伏，全身重量偏重在前腿，因此，前腿的運動量較大（圖4－6）。

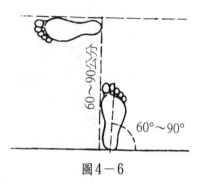

圖4－6

人體正常直立時，由膝關節向上至髖關節、肩關節、外耳廓前方；向下至踝關節，保持在一條垂直線上成180°，與地面成90°（圖4－7）。

4. 膝關節與運動量的關係

在這個角度上由骨骼直接支撐身體的作用較強，不需要較多的肌肉收縮運動就能維持身體的直立，這樣站立很長時間脈搏也不會增

圖4－7

多。但是站樁練功時，要求身體上部姿勢的角度不變，而膝關節要保持170°、160°、150°……或更小，最小不得小於90°。在這個範圍內，體位下蹲越低，膝關節的角度越小，運動量就越大，脈搏升高就越多（圖4－8）。

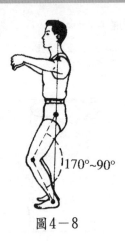

170°~90°

圖4-8

5. 髖關節與運動量的關係

　　站樁時，在肩關節窩與髖關節窩的連線與地平面成90°的前提下，髖關節的角度越小，運動量就越大，但最小不得小於90°。如圖4-9中①、②。圖4-9中②的姿勢雖然做不到，但這是努力的方向，是站樁練功調整姿勢逐步增加運動量的基本原則。過去叫做「三平樁」，即肩關節與髖關節和膝關節與踝關節的垂直線要直，髖關節與膝

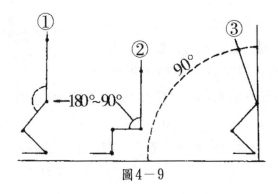

① ② ③

90°

←180°~90°→

圖4-9

關節的橫線要平。

實際上一般站樁時都形成彎腰前俯的姿勢。如圖4－9中③。這種姿勢髖關節的角度雖然小了，但是肩關節與地平面之間的角度也小了，由於它的重心位置沒有超出腳底支撐面的範圍，因此，運動量較小。

6. 踝關節與運動量的關係

站樁時，雖然上肢保持同樣姿勢，下肢保持同樣彎曲角度，如果膝蓋超出腳尖前方，即膝關節至踝關節、踝關節至腳尖之間所形成的角度較小時，運動量就小，彎曲角度最小不能小於45°。

反之，如果這個角度較大時，即膝蓋不超出腳尖，全身的重心位置向後超出支撐面的範圍越遠，運動量就越大，最大至90°。

7. 肩關節與運動量的關係

站樁時，兩臂抬舉高度不同的姿勢，上肢的運動量亦不同。如以肩關節為中心，上臂與腋窩下面垂直的肋骨平面所形成的角度越小，上肢的運動量越小。如站式輔助功第二式，垂肘抬手式的肘位姿勢。

反之，其角度較大時運動量亦大，其範圍以90°為限。如站式基本功第四式，撐裹推託式的肘位姿勢。

8. 肘關節與運動量的關係

站樁時，肘關節呈彎曲環抱狀態的運動量較小，最小不得小於45°。如站式基本功第二式，鬆肩提抱姿勢。

反之，兩臂伸長時，肘關節的角度變大時，運動量就大。如第五式前後分水的姿勢。

9. 腕關節與運動量的關係

手的骨與肌肉雖然都小，但是，它的動作靈活巧妙，知覺最敏銳。這是因為支配手的神經在大腦皮層上的投影區域最廣，分工最精細的緣故。

站樁時，腕關節鬆軟下垂狀態的運動量最小。手腕平伸，手指併攏伸直時，運動量就增大了一些。手腕下勾，手指撐脹起來時，運動量就更大了。

第五章

捨己無為　捨上固下
先固其本　後營其末
返本求源　以物為法

站樁功的意念活動

什麼是意念？意念就是念頭、想法。意念活動就是站樁練功時有意識的思想訓練。意識是人的頭腦對於客觀物質世界的反映，是感覺、思維等各種心理活動過程的總和。思維是在表像、概念的基礎上進行分析、綜合、判斷、推理等認識活動的過程。思維是人類特有的一種精神活動。分析是將一個整體分解為它的組成部分，而綜合是將各個部分聯繫成為一個整體的過程。

動物只能對自然環境中的物質或現象（第一信號系統）進行分析和綜合。人類則具有語言與文字（第二信號系統）的活動，除了能對實體和現象進行分析和綜合之外，還能進行抽象的分析與綜合，即創造概念，從事抽象的思維。所以，分析與綜合活動是人類在更高級的、與動物有本質不同的水準上進行的。

163

站樁練功的意念活動分為兩種：一種是抑制性的，一種是興奮性的。

不同的意念活動產生不同的作用。站樁初期應用抑制性的放鬆活動或設想活動來阻止雜念的萌生，從而促使大腦皮層迅速進入抑制狀態，在醫療保健上有一定的鎮靜作用。身體強壯者有意識地進行興奮性緊鬆動作的意念活動時，除能增加運動量之外，還可以使休息肌也變成工作肌。這是逐步增強人體機能和優化機體結構，增長體育智力的特殊的訓練方法。

緊鬆動作的意念活動，就是對機體的肌肉收縮運動現象進行實體的和抽象的分析與綜合活動的訓練。實體的肌肉收縮運動，是第一信號系統支配下的工作肌的收縮運動，它是動物與人類所共有由先天遺傳下來的肌肉收縮運動，我把它叫做第一隨意運動。

抽象的肌肉收縮運動，是第二信號系統支配下的休息肌的收縮運動。它只有由後天學習與刻苦訓練才能掌握，它與工作肌的收縮運動機制有本質上的不同，我把它叫做第二隨意運動。

一、放鬆活動

放鬆活動是有意識地使思想（注意力）集中在身體的某一部位，利用感覺神經的反射作用，去檢查這一部位肌肉的工作情況的訓練。

每當檢查某一部位時，要用腦仔細地想一下，精心細緻地體會這裏的工作情況，注意監視該處每個微小的變

化，並且命令這裏的肌肉要放鬆不要緊張，逐步提高肌肉的放鬆能力和大腦認識放鬆的能力。因為沒有經過良好訓練的肌肉，在負荷一定量的運動時，往往處於過度緊張收縮的狀態中而自己並不知道。肌肉能適時放鬆，就可以避免過早的疲勞。

也就是說，肌肉在完成一定的負荷運動後，它的收縮作用比放鬆容易得多。會放鬆的肌肉能以最小的能量消耗完成最大的工作量。這個道理應用在站樁時，表現在初學站樁者的精神與肌肉都處在緊張僵硬狀態，容易疲勞。因此，站樁時，首先要對全身各部肌肉的工作情況進行檢查，識別肌肉鬆緊僵硬的不同狀態，這是重要的一課。常用的方法如下：

1. 精神放鬆

精神放鬆是站樁練功開始前的準備工作。也就是說在站樁前儘量避免接觸緊張性的、興奮性的或不愉快的事物。

精神放鬆在站樁練功的過程當中，也是非常重要的，這是鍛鍊意志的方法之一。因為要達到心平氣和地來進行站樁練功，並不是一件容易的事。有的患者在開始站樁時，由於有反應信心不足，即使是站1分鐘都感覺時間很長，因而心煩意亂，急躁不安。這就是精神不能放鬆不能鎮靜的表現。

經過３週～４週後渡過了酸麻脹痛的反應期，轉入了輕鬆舒暢期時，就可以逐漸地穩定下來。這時每次站40分鐘～60分鐘也不覺得時間很長，思想也能集中，也不胡思

亂想了。這才算達到精神放鬆了。

精神放鬆還應當摒除一些致病因素。例如，長期的、強烈的情緒激動、悲傷、憂慮、恐懼，等等。精神因子和環境刺激，可以按照條件反射的機制引起疾病的發作。因為人是社會生物，具有第二信號系統（語言、文字）的活動，精神因數對人體生命活動影響很大。情緒和第二信號系統既能嚴重地影響疾病使其復發和惡化，也能使其減輕或痊癒。

對於各種由精神因素而導致的疾病，首先要樹立革命的人生觀，用樂觀主義和堅韌不拔的鬥志，積極地同致病因素作鬥爭。

堅持站樁練功就是主動地向疾病作鬥爭，切斷病灶，以增強體質來促使疾病向減輕或治癒方面發展。

2. 表情放鬆

表情放鬆是站樁過程中集中思想的方法之一。站樁時可以回憶一些愉快的事情或者想一些有趣的故事，使精神處於愉快放鬆的狀態，面部就會出現「欲笑不笑」的表情。

為什麼要這樣做呢？我們從解剖學、生理學角度來加以分析時就會理解到，這一表情動作是有一定科學道理的。原因是只有當大腦皮層高級神經系統接收到了愉快的、可笑的信號刺激時，顏面表情的笑肌才能開放，才能出現笑的表情動作。例如，在劇場裏從舞臺上看到一種可笑的表演，或者聽到一則有趣的笑話，都會不由自主地笑起來。這種笑的表現本身是反映著當時的思想和精神，處

於無憂無慮的愉快安逸狀態中，同時全身大多數的肌肉也都處在鬆弛寬息的狀態之下。

站樁練功時採用這種「欲笑不笑」的表情動作，有助於主動地自我調整精神和肉體的自然放鬆，並可誘導迅速出現輕鬆舒暢的感覺。

3. 呼氣放鬆法

站樁時，兩肩部的肌肉最容易過度緊張。因此，應多檢查兩肩有無聳肩現象，肩部肌肉是否過度緊張，呼吸是否舒暢自然，胸部有無憋悶感覺，等等。

如果發現上述現象時，先吸入一大口氣，使胸腔儘量擴張起來，然後將脊柱向上挺拔一下，並向左右微微擺動幾次，慢慢地將氣吐出，這時肩部肌肉隨著呼氣時胸廓縮小而自然地放鬆下去。每隔 4 分鐘～ 5 分鐘進行一次，每次深呼吸 2 次～ 3 次。

4. 微動放鬆法

微動放鬆法是利用各關節微小的位置移動，以求放鬆肌肉的方法。

站樁練功時，雖然要求身體保持一定姿勢不動，但是在進行放鬆檢查時，為了區別、對照、認識肌肉是否處於過度的緊張狀態之中，可以在保持原地不動的姿勢下，每隔 5 分鐘～10分鐘，將四肢的各關節微微向上下、左右、前後移動一點位置以達到放鬆該部肌肉的目的，使肌肉與骨骼保持在最舒適得力的體位上。

5. 主動調整姿勢放鬆法

站樁時，保持一個姿勢10分鐘～20分鐘後，局部工作

肌產生酸麻脹痛的反應難以支持時，可以放下手，直起腿，輕輕地握拳數次，或甩動幾次手腕，活動活動關節，變換一個姿勢再繼續練下去。這是練功者自己根據身體內部的變化情況主動地來調整姿勢、放鬆肌肉的方法。

6. 被動調整姿勢放鬆法

被動調整姿勢放鬆法是由指導站樁的醫務人員，隨時檢查站樁者練功姿勢，及時發現、及時糾正不正確的站樁姿勢，並利用振、顫、扶、摸、搖、擺、牽、動等手法，幫助練功者達到被動放鬆肌肉的目的。也可以利用語言提示，告訴練功者放鬆某部肌肉。

二、設想活動

站樁練功中的設想活動又叫做假想活動，也叫做回憶活動，是自我誘導大腦皮層迅速進入內抑制狀態的有效方法。它具有鎮靜神經、集中思想、限制雜念的作用。設想活動的種類甚多，下面介紹最常用的六種基本方法。

1. 遠視活動

遠視活動是在站樁時，雙目凝視遠方一個目標，利用視覺器官的神經反應誘導精神集中的方法。在室內站樁時，可以觀看牆上字畫和桌上擺設。在室外站樁時，可以遠視前方的花草樹木、房屋建築、天空白雲，等等。

2. 遠聽活動

遠聽活動是利用聽覺器官對聲音的反應使思想集中的一種方法。古人形容為「斂神聽微雨」。現在可以利用收音機、電視機等，一邊收聽音樂、戲曲、小說或新聞報導

等節目，一邊進行站樁練功。這是減少時間漫長感，消除煩躁情緒，誘導精神集中的有效方法。

3. 搭扶活動

搭扶活動是誘導上肢肌肉放鬆不要用力的方法。體力較差的患者，初練站樁時，可將兩腕放置在適當高度的木欄杆上，以減輕上肢的運動量。體力較好者，站樁時自己設想兩臂搭扶在木欄杆上，本人並無任何負擔，或設想游泳時雙手放置水面，借水的浮力自己並不費勁的情景。

實際上站樁練功收到一定效果時，確實有這種舒適的感覺，叫做「肢體喪失感」。

4. 踩棉活動

踩棉活動是誘導下肢肌肉放鬆不要僵硬的一種方法。站樁時，自己設想兩腳踩在鬆軟的厚棉墊上，每隔 3 分鐘～ 5 分鐘將身體向左右微微移動一點，或用腳趾輕輕抓地幾次，這是利用腳底部的重心變化，來體會下肢各條肌肉鬆緊僵硬的不同感覺以及對腹部肌肉的影響。

5. 抱球活動

抱球活動是訓練上肢末梢神經，逐步提高靈敏反應的一種方法。例如，開始時設想雙手抱一個氫氣球，不用力則球上升，用力過大氣球被捏破，要用適當的力量。

進一步可設想雙手抱一個大皮球，或大西瓜，重量逐漸增加，從而增加運動量。

6. 蹚水活動

蹚水活動是訓練下肢末梢神經逐步提高靈敏反應的方法。例如，站樁時設想站立在溫度適宜的溫水中，流水從

前方緩緩流過腳面的情景；或設想蹚水行走時，有一種阻力的感覺。

設想水的深度要依個人體力強弱由淺入深，直到胸部為止。進一步設想在泥水中行走，阻力比水大的情景。這是逐步增加下肢運動量的方法。

三、緊鬆活動

一般的體育運動是只會使工作肌產生屈伸活動的位置移動型的運動，即第一隨意運動，而不會使休息肌與工作肌產生同時收縮的緊鬆活動，即第二隨意運動。

鬆就是使肌肉放鬆，緊就是使肌肉收縮。所謂緊鬆活動就是由人的思維活動使各肢體的休息肌產生收縮的運動，這是訓練大腦皮層高級神經系統建立一個新的運動體系，即第二隨意運動的唯一方法。這種訓練必須在精神飽滿、神意充沛、全神貫注的狀態下進行，它是使大腦皮層高級神經系統產生高度興奮的訓練。

緊鬆活動又稱緊鬆動作，是站樁運動初級形式的意念活動。它是在機體各關節保持固定不動的狀態下，對全身各個局部肌肉的鬆緊情況進行解剖分析的訓練，是站樁運動獨特的最基本的訓練法。而連接活動、持筋活動、牽掛活動，雖然也是緊鬆活動的一種，但它們是把全身個別部分局部肌肉的緊鬆動作聯繫起來成為一個整體，進行綜合統一的訓練。

這種訓練比局部肌肉的緊鬆活動更加困難，因為它們在機體內部的位置移動範圍比緊鬆活動小得多，而且一級

比一級的位置移動微小，因此，稱它們為中級和高級形式的緊鬆動作。

1. 緊鬆活動試驗法

緊鬆活動試驗法就是第二隨意運動試驗法。

為了試驗證明和認識第一隨意運動與第二隨意運動之不同，即休息肌的收縮運動的情況，可做下列四種試驗：

（1）小腿肌的緊鬆活動試驗法

採取坐位，兩腳平放在地面上，要求大腿與小腿保持90°角，這時腿部肌肉沒有任何工作負擔，肌肉呈柔軟鬆弛狀態，它與站立時部分肌肉呈緊張僵硬狀態完全相反。要求腳掌與腳跟不許離開地面，膝關節不許上下移動，只用意念支配小腿部肌肉，使之產生一緊一鬆的緊鬆動作。緊鬆的速度自己掌握，分為快速、緩慢、持久三種。自己體會放鬆時肌肉是鬆軟的，收縮時肌肉是堅硬的，用力時更加堅硬。

如果坐在椅子上，腳掌著地，腳跟離開地面，使小腿進行上下顫動的位置移動，這是最簡單、最省力、人人都會的運動。因為這是工作肌產生位置移動的交替收縮運動，屬於第一隨意運動。但是，如上所述，要求腳掌腳跟同時著地，不許離開地面，只用意念支配小腿的休息肌進行原地不動的單獨收縮運動時，就比腳跟離開地面時費勁多了。

這時用手撫摸小腿部的肌肉，可以發現這兩種運動肌肉收縮狀態是完全不同的。前者只能見到肢體的上下抖動，摸不到小腿局部肌肉的收縮。後者正與前者相反，外

表上肢體並無上下移動，但用手能摸到小腿的局部肌肉呈現條索狀一緊一鬆的運動，熟練後用肉眼也可以看到。這是休息肌的單獨收縮運動，屬於第二隨意運動。

用意念支配休息肌進行收縮運動必須是主動的、自覺的，並且要在思想高度集中的狀態下進行。開始時有一定的困難，如肌肉不聽指揮，不能持久，也用不上力，這叫做心與意不合作。要求每日堅持練習，每次由十幾次到幾十次、幾百次，直到疲勞為止。這樣就可以逐漸達到隨心所欲、運用自如的程度。以下各種緊鬆試驗法亦同。

(2) 大腿肌的緊鬆活動試驗法

姿勢、條件與上述相同。兩手掌放在大腿上面，用意念支配大腿進行一緊一鬆的收縮動作。這時兩手可感到大腿部的股四頭肌呈條索狀緊鬆收縮的運動狀態。

(3) 臀部肌肉的緊鬆活動試驗法

姿勢、條件不變。兩手放在臀部兩側，用意念支配臀部肌肉進行一緊一鬆的收縮動作，當臀部肌收縮時，上身可隨之升起，放鬆時隨之下降。兩手可感到臀部肌肉緊鬆時軟硬不同的變化狀態。

(4) 連接活動試驗法

姿勢、條件不變。用意念支配小腿部肌肉與大腿部肌肉連接起來，產生同時收縮的運動，叫做兩點連接活動。進一步將小腿、大腿、臀部肌肉連接起來，產生同時收縮運動，叫做三點連接活動。以此類推，連接範圍愈廣，同時收縮就愈困難。

開始時由於這種連接活動的條件反射沒有建立起來，

會產生顧此失彼的不協調現象。小腿肌收縮了，大腿肌不會收縮；臀肌收縮了，小腿肌不收縮；左腿肌收縮了，右腿肌不會收縮；或一先一後收縮，不能同時收縮，等等。經過一段訓練後，便能應用自如，隨心所欲，這時我們稱之為「心與意合」。

站樁練功時，緊鬆活動的訓練順序按生理解剖學的分類方法如下：

① 保持一定姿勢訓練屈肌。

② 緊鬆活動訓練伸肌。

③ 連接活動訓練神經。

④ 挎筋活動訓練肌腱。

⑤ 牽掛活動訓練精神。

其中①屬於第一隨意運動，②、③、④、⑤屬於第二隨意運動。

學習站樁練功整體爆發力的第一步，首先要把機體分割成許多可以理解的局部。開始練習時只對某一個局部進行緊鬆活動，即從瞭解局部的緊鬆動作開始，逐步到瞭解整體的緊鬆動作。整體的聯繫要在每個局部的細節方面下工夫。

站樁時，緊鬆活動的訓練如同建築高樓大廈必須先打地基一樣，應由下向上，從下肢的一個局部開始，逐漸向上增加活動範圍，逐漸升級。每進到一個新的階段，就會出現前所未有的新的運動感覺和新的運動形式以及新的運動規律。

緊鬆活動的基本原則：

① 開始時以一條腿為中心，使思想即注意力集中在某一部分肌肉上進行緊鬆動作。例如小腿後部肌肉。

② 逐漸以兩條腿為中心，進行一先一後的緊鬆動作。

③ 再以兩條腿為中心，同時進行緊鬆動作。

④ 上肢先以一隻手為中心，進行緊鬆動作。

⑤ 逐漸以兩隻手為中心，進行一先一後的緊鬆動作。

⑥ 再以兩隻手為中心，同時進行緊鬆動作。

⑦ 進一步以腰、腹、髖部為軸心，把一條腿與一隻手連接起來，同時進行緊鬆動作。

⑧ 再進一步以腰、腹、髖部為軸心，把兩條腿與兩隻手都連接起來，進行方向相同與方向相反的緊鬆動作。

緊鬆部位的基本概念：

站樁過程中，全身各部位肌肉的緊鬆概念如下：①上鬆下緊；②根鬆梢緊；③肩鬆臀緊；④臂鬆腿緊；⑤胸鬆腹緊；⑥背鬆胯緊；⑦形鬆意緊。

沒有經過良好訓練的人，站樁練功時往往出現與上述要求完全相反的情況。即形成上緊下鬆、根緊梢鬆、肩緊臀鬆、臂緊腿鬆、胸緊腹鬆、背緊胯鬆、形緊意鬆等反常現象。因此，站樁練功時必須時時刻刻注意檢查全身各部肌肉的緊鬆部位。檢查方法如下。

(1) 上鬆下緊的緊鬆活動

所謂的「上」，是指以肩關節為中心人體上部的肩、臂、胸、背等處而言。所謂的「下」，是指以髖關節為中

心人體下部的腳、小腿、大腿、臀部、腹部、腰部等處而言。

上鬆下緊的緊鬆活動是指在站樁練功過程中，一方面要使上部的某些容易產生過度緊張而呈僵硬狀態的肌肉學會「放鬆」，以減少或削弱反作用力；另一方面還要使下部的某些肌肉產生「緊」的收縮作用，以加強所需要的作用力。這也就是當人體下部腳、小腿、大腿、臀部、腹部、腰部等處的休息肌進行緊鬆活動時，人體上部的肩、臂、胸、背部的肌肉要保持放鬆，不要聳肩，胸廓部的呼吸肌不要過度緊張，即以不發生憋氣及呼吸困難為原則。由於要使「上與下」這兩者結合起來，在同一時間內同時既鬆又緊，既要顧上又要顧下，上部要鬆，下部要緊。因此，上鬆下緊的緊鬆活動就比單純的某一局部的緊鬆活動困難多了。開始時顧上顧不了下，顧左顧不了右，想緊忘了鬆，想前忘了後，四肢的上下、左右、前後緊鬆總是不協調、不合作。必須堅持不懈地進行艱苦訓練才能達到隨心所欲。舉例如下：

① 小腿肌的緊鬆活動

站樁時，上肢保持完全放鬆狀態，有意識地主動使小腿部的休息肌收縮一下，並使之保持片刻之後再放鬆，休息一下再收縮。

如此反覆循環進行快速的、緩慢的、持久的收縮——放鬆——再收縮——再放鬆的上鬆下緊活動訓練。開始時每次只能練習幾次或十幾次，逐漸增加到每次練習幾十次、幾百次至疲勞為止。以下各部的緊鬆活動皆同。

② 大腿肌的緊鬆活動

站樁時，上肢保持放鬆，有意識地使大腿部的休息肌收縮一下，並使之保持片刻之後再放鬆，至疲勞為止。

③ 臀部肌肉的緊鬆活動

站樁時，肩背部的肌肉要保持放鬆，有意識地使臀部肌肉收縮一下，並使之保持片刻之後再放鬆，至疲勞為止。

(2) 根鬆梢緊的緊鬆活動

「根」是指上肢根節部位的肩、臂、胸、背等處，「梢」是指手、腕、掌、指等處而言。因此，根鬆梢緊又叫做肩鬆手緊。這種訓練的具體要求是：肩鬆手緊；臂鬆腕緊；胸鬆掌緊；背鬆指緊。

站樁練功時，有意識地使手部的休息肌收縮一下，並使之保持片刻之後再放鬆，休息一下再收縮。如此反覆進行收縮——放鬆——再收縮——再放鬆的肩鬆手緊的緊鬆活動訓練。

當上肢末梢部手、腕、掌、指的肌肉進行根鬆梢緊活動時，其根節部位的肩胛部的肌肉，只許發生支撐姿勢的作用，不許發生過度緊張而呈聳肩縮頸的僵硬狀態。

因為，未經過良好訓練者，末梢部的手一用力時，其根節部的肩就自然地要加倍用力，造成肩胛部和胸廓部的肌肉過度緊張，使聲門閉鎖，因而發生憋氣，影響呼吸，形成僵硬狀態，而自己並不知道。根鬆梢緊的訓練就是要糾正這一反常現象，訓練末梢部的手用力收縮時，根節部的肩背要學會放鬆，保持聲門開放，呼吸暢通，增加末梢

部的作用力，減少以至消滅根節部的反作用力，為發力動作與技擊實戰打下良好基礎。

(3) 方向相同與方向相反的緊鬆活動

方向相同與方向相反的緊鬆活動是指兩腿之間，兩手之間，一條腿與兩隻手之間，兩條腿與兩隻手之間，向同一方向用力或向相反方向用力的緊鬆活動。舉例如下：

① 兩條腿同時向前方用力。

② 兩條腿同時向後方用力。

③ 一條腿向前方用力，另一條腿向後方用力。

④ 腳向下方用力，小腿向上方用力。

⑤ 前腿向下方用力，後腿向上方用力。

⑥ 腳向下方用力，小腿向後方用力，大腿向前方用力，臀向內用力。

⑦ 拇指向上方用力，小指向下方用力，二、三、四指向前方用力。

⑧ 兩手同時向前方用力。

⑨ 兩手同時向後方用力。

⑩ 一隻手向前方用力，另一隻手向後方用力。

⑪ 一隻手向上方用力，另一隻手向下方用力。

⑫ 手向前方用力，身向後方用力。

⑬ 手向後方用力，身向前方用力。

⑭ 兩條腿向前方用力，兩隻手也向前方用力。

⑮ 兩條腿向後方用力，兩隻手向前方用力。

⑯ 兩條腿向前方用力，兩隻手向後方用力。

⑰ 兩條腿向上方用力，兩隻手向下方用力。

⑱ 兩條腿向下方用力，兩隻手向上方用力。

⑲ 一側身體的手、腳向前方用力，另一側身體的手、腳向後方用力。

⑳ 腳向下方用力（腳蹬），頭向上方用力（頭頂）。腿向上方用力（腿拔），肩向下方用力（肩沉）。膝向外方用力（膝撐），臀向內用力（臀夾）。腹向後方用力（腹吸），肘向外方用力（肘橫）。手向前方用力（手指），身向後方用力（身靠）。

四、連接活動

連接活動是緊鬆動作中中級形式的意念活動，它是在局部的肌肉學會了緊鬆活動的基礎上，以一側肢體的一個關節為中心，把兩側遠端骨骼所形成的三角區內的休息肌連接起來，同時產生一緊一鬆的收縮運動。也就是把兩個節段、兩個單位以上的休息肌組織起來，進行同時收縮的訓練。

連接活動是由兩點連接開始，如小腿與大腿的連接，逐步增加為三點連接，如小腿、大腿、臀部的連接，再逐步向上增加為四點連接……每增加一個連接區域，每接通一條持筋線路，每延長一段牽掛距離，都會出現前所未有的新的運動形式和新的運動感覺，從而引起機體運動「質」的變化。訓練方法如下：

1. 以踝關節為中心，由腳跟至腳尖為底邊，向上至膝關節為直角邊，由膝關節至腳尖為斜邊，成為一個三角區，以腳掌部為支撐點，使腳底與小腿部的休息肌連接起

來，產生一緊一鬆的緊鬆動作（圖
5－1中1、2、3）。

2. 以膝關節為中心，向上至髖
關節，向下至踝關節為一個三角
區，使小腿與大腿的休息肌連接起
來，以腳掌為支撐點，同時產生一
緊一鬆的緊鬆動作（圖5－1中1、
3、4）。

3. 以髖關節為中心，使腰部、
腹部、臀部、大腿部的休息肌連接

圖5－1

起來，進一步把小腿部的休息肌也連接起來，同時產生一
緊一鬆的緊鬆動作。如圖5－1中3、4、5、6，圖5－1中
1、2、3、4、5、6。

4. 以肘關節為中心，由肘至肩為底邊，至手為直角
邊，由肩至手為斜邊，成為一個三角區，使上肢前後臂的
休息肌連接起來，同時產生一緊一鬆的緊鬆動作。

5. 以第三掌骨為中心，使拇指與小指連接起來向外方
撐張，指尖內抓，第二、三、四指的指尖向前方頂伸，手
心內收，手腕下勾，肩部肌肉必須放鬆。

五、捋筋活動

捋筋活動是緊鬆動作中高級形式的意念活動。它是把
兩個肢體、兩個關節以上的休息肌連接起來，使肌腱如同
一條橡皮筋，兩頭同時用力，或一頭固定另一頭用力，猛
然拉緊一下的緊鬆動作。也就是把每個肢體每個節段的休

息肌都組織成為一個整體，把膝、髖關節和肩、肘關節固定起來，使全身上下左右，產生方向相同與方向相反的一緊一鬆或一伸一縮的微動活動，《內經》上稱為「肌肉若一」的運動訓練。

附：持筋活動是緊鬆活動中比較複雜的高級運動形式。高級運動形式中包括低級運動形式，如緊鬆活動、連接活動。人們對於肌肉收縮運動本質的認識，同樣需要在分析的基礎上進行綜合。沒有分析，就沒有對簡單的局部肌肉收縮功能的認識，也就不可能有對複雜的整體肌肉收縮功能的認識。

高級運動形式的持筋活動是由於低級運動形式的緊鬆活動與中級運動形式的連接活動的量變與質變的互相轉化、逐步提高的結果而產生出來的。

練習方法如下：

1. 以兩腳間的距離為底邊，向上連接到腰部為一個三角區，在兩腿的休息肌已經連接起來的基礎上，把如同一條橡皮筋樣的肌腱，用力猛然拉緊一下，使之產生一緊一鬆、一伸一縮的持筋活動。

2. 以兩腳間的距離為底邊，向上連接到項部為一個三角區，在腳底、小腿、大腿、臀部、腰部、腹部、背部、頸部、項部等處的休息肌已經連接起來的基礎上，把貫穿於由腳到項部的「橡皮筋」，用力猛然拉緊一下，使之產生一緊一鬆、一伸一縮的抽筋活動。

3. 站丁八樁姿勢，上肢以兩手間的距離為底邊，連接到項部為一個三角區，在手、臂、項、肩、背等處的休息

肌已經連接起來的基礎上，再用力猛然拉緊一下，使之產生一緊一鬆、一伸一縮的掙筋活動。

4. 站丁八樁姿勢，下肢以兩腳間的距離為底邊，向上連接到腰部為一個立面三角區；上肢以兩手間的距離為底邊，連接到項部為一個平面三角區；再由手連接到項，由項連接到腰，由腰到手成為兩個立面三角區；以腰腹部為軸心，將上下、左右、前後各個三角區的休息肌都連接起來成為一個整體，再用力猛然拉緊一下，使之產生一緊一鬆、一伸一縮的整體的掙筋活動，以及方向相同與方向相反的掙筋活動。

六、牽掛活動

牽掛活動是緊鬆動作更高級的意念活動。它必須在全身每個部分的休息肌已經連接起來成為一個整體，並能自由地進行掙筋活動的基礎上，將精神擴大，力量伸長，使之與體外前方某一目標發生呼應，牽掛連接在一起，產生鬆極就緊、緊極就鬆、鬆鬆緊緊、緊緊鬆鬆、鬆緊緊鬆勿過正的緊鬆、連接、掙筋、牽掛的活動。

勿過正，就是不要發生呼吸困難，即不憋氣。這是加強假想、準備戰鬥的精神訓練。

精神訓練只有在緊鬆活動、連接活動、掙筋活動等這些基本訓練已經達到完整齊備的時候才能產生出來。如果缺少上述任何一個條件，就不能激發出精神上的真實感，因此，牽掛活動是不會發生的。

訓練方法如下。

站樁時，以前方大樹或牆壁為假想的敵人，將精神擴大，力量伸長，使食指指尖（或手）與目標物發生呼應，牽掛連接在一起，意思是要把大樹拉過來，然後再推出去。要求做到「力透敵背，身外留痕」。

這時上肢的根節部即肩部肌肉必須放鬆，梢節部的手與指尖要「緊」。進一步可使項部與目標物發生呼應，產生牽掛連接作用。

再進一步要假想 1 公尺之外，3 公尺之內，四面八方如有毒蛇猛獸或大刀闊斧之巨敵蜿蜒而來，與之共爭為生存而戰鬥，這叫做「臨敵假想」活動的訓練，是站樁練功最高級的精神訓練。具體要求如下：

局部要求：

　　　足蹴踏地，足跟微起，腳掌彈簧，踝震身顫。

　　　雙膝撐拔，臀夾腿撐，提肛吸腹，胯纏襠裹。

　　　背豎腰直，胸窩微收，肩撐肘橫，腕勾指撐。

　　　頭頂項豎，嘴咧領收，髮欲衝冠，齒欲斷筋。

全身要求：

　　　周身鼓蕩，力向遠潑，四外牽掛，毛髮如戟。

　　　形曲力直，形鬆意緊，鬆而不懈，緊而不僵。

精神要求：

　　　精神似怒虎，神意似驚蛇。

練功者的氣概猶如：

　　　雄雞相搏，乍毛展翅。

　　　鬥魚遇敵，翻鰓豎鰭。

　　　勝蟀鳴翅，足抓身抖。

駿馬奔騰，烈火燒身。

颶風捲樹，拔地欲飛。

一觸即爆發，炸力無斷續的戰鬥姿態。

以上這些要求，開始時不可能全部做到，即或其中的某一項，也不是短期內所能做到的，這都是鍛鍊成功後的具體表現。

學習時，首先從不動中去體會全身各部肌肉的緊鬆狀態，以及與體外目標物之間牽掛呼應的作用是否真實有力。細心體驗上下左右、內外前後，互相牽連，互相依靠，互相制約，統一與分散，局部與整體，體內與體外的呼應關係。進一步再由微動中去認識欲動又欲止，欲止又欲動，動乎不得不止，止乎不得不動的意義。

動時不要衝散了不動時體內力量的均整，不動時不要減少了微動時體外空間牽掛呼應力量的延長。只許有動之因，不許有動之果，不動而動，動而不動，同時發生剛柔虛實、緊鬆錯綜的功用。

站樁運動是採用從不動中求速動，從拙笨裏求靈巧，從無力中求有力，從平常中求非常，以形為本，以意為用的訓練方法。

站樁的運動量順序是：由局部到整體，由體內向體外；由初級到高級；由量變到質變；由淺入深，逐步發展，循序漸進，逐步提高。

站樁的作用是鍛鍊肌肉，增強體質，訓練神經，增長智力，改造生理，擴大精神。

站樁是一種精益求精，理趣橫生，練想結合，優質遞

增，永無止境的運動。

七、腳底緊鬆活動

大成拳站樁練功身體外形上雖然保持一定姿勢不動，但是，由於四肢各關節的角度發生變化，例如：人體直立時，雙膝保持180°站立。而站樁練功時，雙膝要彎曲成170°～150°或更小。因此，就迫使工作肌必須產生一定的收縮運動，來保持這個站樁姿勢不變。我把這種運動稱之為被動性運動。另外還有一種主動性運動。分述如下：

(1) 被動性運動

站樁練功時，擺好一個姿勢，這時工作肌為了維持這個練功姿勢不變，必須持續不斷地進行收縮運動。經過10分鐘～20分鐘之後，便可用手摸到或用眼看到大腿部肌肉產生波浪式的、頻率極高、速度極快、不停止的此起彼伏的收縮運動。這種現象在其他運動項目中根本沒有；同時膝關節還可發生「咯吱、咯吱」的響聲，髕骨周圍溫度可增加 4℃～ 5℃，脈搏亦可增加至90次／分～150次／分。進而全身發熱出汗後，有一種輕鬆舒暢的美妙感覺。這是人人都會的被動性的、強迫性的運動。

我把它稱之為由於全身關節角度的變化，從而引起自身重力變化，產生強迫作用，工作肌的收縮運動，學名叫做第一隨意運動。

(2) 主動性運動

主動性運動是大成拳所獨有的訓練休息肌產生第二隨意運動的訓練方法。

站椿練功時除保持這一練功姿勢的工作肌持續不斷地進行強迫性的、被動性的收縮運動之外，另外還有一些肌肉處於休息狀態，叫做休息肌。這時如果能利用意念活動（思維活動），即用大腦命令正在休息的肌肉也來參加收縮運動，從而使脈搏增多，就是主動性的、自由性的運動。我把它稱之為休息肌的緊鬆內動運動，學名叫做第二隨意運動。

1. 足底的作用

主動性運動當中最難訓練的部位是下肢的雙腳。人的足底皮膚堅厚緻密，皮下組織發達，其中有緻密的結締組織，將皮與蹠腱膜緊密相連。人足是個具有彈性的「三足架」，能穩固地站立於任何高低不平的地面。足弓可使地面作用於身體的衝擊力大為減少，以保持體內器官，特別是保護腦免受經常的震盪；同時亦可使足底的神經和血管免受壓迫。足弓的彈性還有利於行走、跑和跳等活動。足底的短肌和長肌腱是維持足弓不可缺少的力量。這些韌帶雖然很強韌，但它們缺乏主動性收縮能力。

這是因為大腦管理下肢運動分析器在大腦皮層上的投影區比上肢小得多，分工也不如上肢精細。腳底部肌腱韌帶雖小，但是，它承載全身重量，保持身體直立平衡的責任重大。其緊鬆活動範圍雖小，但撼動全身，震撼天地的作用力最強。腳底緊鬆訓練法就是專門訓練腳底部肌腱韌帶產生主動性緊鬆活動「腳掌動」的專項訓練法。

根據王薌齋先生回憶：郭雲深先生某年曾在一鞋店買鞋時開玩笑說：「這鞋不結實。」店主人說：「這鞋內外

層皆用新布料製成，非常結實。」郭老說：「這鞋一撐就破。」店主人說：「您能撐破，不取分文。」郭老將鞋穿在腳上，猛一用勁，新鞋立即被撐破。店主大驚，傳為佳話。由此可見郭老腳掌部筋肉爆發力量之強大程度，非一般人可比。

2. 不動之動腳掌動

人體在站立靜止不動的狀態下，進行跑、跳、蹬、蹉等等休息肌的緊鬆內動活動，與人人都會的屈伸肢體、位置移動的外動運動體系不同，它需要練功者精神高度集中，每做一次緊鬆內動活動，都需要用大腦去想，去指揮，去命令足底部末梢神經與肌腱產生欲跑不跑出，欲跳不跳起，只要跑跳之原因，不要跑跳之結果的用力緊鬆收縮。這時腳跟部微微抬起，腳掌著地不許離開地面，減少腳跟部支持點（圖5-2），支撐全身重量作用，加強腳掌部彈爆點（圖5-3）用力蹬地的爆發作用。

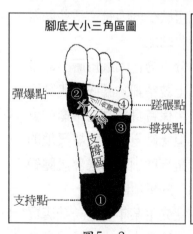

圖5-2

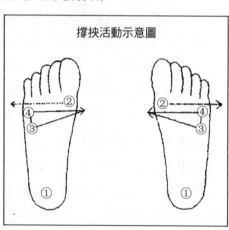

圖5-3

　　熟練後由下向上逐漸連接至全身每個肢體，達到骨肉分離，脫骨緊鬆，上下連接，肌肉若一，整體緊鬆，一觸即發，炸力無斷續的隨意緊鬆。

　　一般說來，臀部與大腿部肌肉的緊鬆內動活動較小腿容易，小腿的緊鬆內動活動又較腳底部的緊鬆內動活動容易。腳底部的緊鬆內動活動最難做。因此，站樁練功時在心理上要特別注意這一生理規律，要時時刻刻使大腦的注意力集中在腳底末梢神經肌腱韌帶的緊鬆內動活動上，避免目標轉移。打好堅實基礎，形成牢固的條件反射，待動力定型後，由下向上逐步發展，逐段連接，從而達到全身肌肉若一的目的。

3. 腳掌緊鬆活動

(1) 跑步活動

　　跑步活動是訓練下肢雙腳向後下方用力蹬地起跑狀態的，只要運動之原因，不要運動之結果的緊鬆內動活動。

　　一般跑步時，在預備起跑的瞬間動作，首先是腳掌先蹬地，然後才是抬腳起跑。因此，蹬地動作是原因，抬腳起跑是結果。站樁練功時的跑步活動，主要是在原地不動尋找其原因，而不要其結果。這就是：只蹬地，不抬腳。只要求腳底有蹬地緊鬆內動活動的原因，不要求抬腳起步的結果，因此，腳掌不許離開地面。這是改變動作體系的思維訓練，是大成拳獨特的訓練方法。

　　站養生樁，兩腳左右分開，約同肩寬，腳跟微微抬起離開地面即可，不要過高。腳掌著地，全身重心放置在腳掌上。膝關節不許上下移動，也不要左右搖擺。全身上下

要保持在原位不動的狀態下，設想跑步時，腳掌用力蹬地緊鬆的瞬間動作。但腳掌不許離開地面。左腳蹬地時，右腳休息，右腳蹬地時，左腳休息。一左一右，交替進行，或左右同時進行，至腳掌部及小腿部肌肉疲勞為止。

細心體會欲跑不跑出的緊鬆狀態及左右兩側腳掌部、小腿部休息肌的緊鬆收縮狀態。初習者腳掌不聽大腦指揮，有時用不上力，有時兩側緊鬆動作不一樣。只要每日堅持用心訓練，熟練後便可隨心所欲。

(2) 跳躍活動

跳躍活動是，訓練下肢兩側腳掌用力蹬地向上方彈跳而不跳起來的緊鬆內動活動。

站養生樁姿勢，兩腳左右分開，約同肩寬。設想準備跳高時，腳掌用力蹬地，使全身向上躍起時，腳掌部及小腿部肌肉用力向下方蹬地的緊鬆內動動作。只許有起跳動作的原因，不許有起跳之結果。這就是只許腳掌用力向下蹬地，腳跟不許離開地，儘量保持在原位不動。反覆設想起跳時的緊鬆內動活動，不許跳起來。

可分為兩腳同時用力蹬地起跳，或左腳休息，右腳用力蹬地起跳；或右腳休息，左腳用力蹬地起跳。逐步增加用力蹬地起跳強度。注意，兩腳用力蹬地起跳時，膝關節儘量保持在原位不要上下移動，只允許腳底部及小腿部的休息肌肉在原位用力蹬地起跳緊鬆內動收縮，不允許身體上下起伏搖擺移動。

(3) 撐挾活動

撐挾活動是訓練腳底神經肌肉向左右方向用力撐挾的

緊鬆活動。

　　站養生樁姿勢，兩腳左右分開，約同肩寬，雙膝微微彎曲，腳掌著地，腳跟微微抬起，儘量保持二字型腳位（圖5－4）。

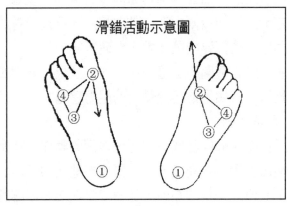

滑錯活動示意圖

圖5－4

　　兩腳掌②彈爆點用力向外方撐撐，這時膝蓋要保持在原位，不許向內移動。反之，兩腳掌③撐挾點與④蹉碾點同時用力向內提挾，兩膝蓋同時向外微微撐張，小腿與大腿肌肉同時向上方提拔，臀部肌肉同時要用力向內挾而提拔，注意不要憋氣。反覆進行腳底部向外撐撐、向內提挾的緊鬆內動活動，至疲勞為止。腳底部撐挾活動範圍約 2 毫公尺～ 5 毫公尺。

　　(4) 滑銼活動

　　滑銼活動是，訓練腳掌部的肌肉向前後方向用力滑銼地面的緊鬆活動。

站丁八樁，一隻腳在前，另一隻腳在後，兩腳腳跟微微抬起，不要著地。前腿膝蓋微微向前頂，兩小腿向上方提挾，全身重量為前腿四、後腿六。用意念命令前腳腳掌用力向前方微微滑動一次，同時後腳腳掌用力向後方微微滑動一次。反之，前腳腳掌用力向後方滑動，後腳腳掌用力向前方滑動。前後兩腳形成方向相反、反覆交替的用力前後滑動地面的緊鬆內動活動，至疲勞為止。

腳底部滑動範圍約 2 毫公尺～ 5 毫公尺。熟練後腳掌前後滑動時，有如用鋼銼銼鐵般的阻力感覺。

(5) 蹬蹉活動

蹬是指腿、腳向腳底方向蹬踩地面的動作。蹉是指腳掌踩在地面上用力向前後方向反覆揉擦地面的動作。

站丁八樁，一隻腳在前，另一隻腳在後，兩腳腳跟微微抬起，不要著地。前腿膝蓋微微向前頂，兩小腿及大腿部肌肉要向上方提挾。擺好姿勢後，用意念命令後腳腳掌用力向下方蹬踩地面一次，同時前腳腳掌用力向前下方揉蹉地面一次。反之，前腳腳掌用力向後方揉蹉地面的同時，後腳腳掌用力蹬踩地面並提挾小腿與大腿一次。反覆進行後腳蹬、前腳蹉的蹬、蹉、提、挾緊鬆內動活動。逐步增加力度，熟練後與上肢雙手連接起來，整體同時運行緊鬆內動活動。

(6) 抽拔活動

抽拔活動又叫做脫骨活動，也叫做脫骨緊鬆法、脫骨整體持筋法。它是在腳掌部肌腱韌帶能夠靈活自如地進行跑、跳、蹬、蹉、撐、挾、滑、銼等等活動之後，兩腳底

部肌腱韌帶與小腿和大腿肌肉連接起來，成為兩條「橡皮筋」與骨骼分離開來，在一種骨肉分離的感覺下，所進行的整體抽拔緊鬆持筋法。

站丁八樁，以腳掌部小三角區為支撐點，向上經過小腿、大腿、臀部至腰部、腹部為軸心點，再向上經過胸部、背部、肩部、頸部，連接至肘部、手部為兩條橡皮筋，以腰腹髖部為軸心，用大腦去想，去命令，使之產生上下、左右、前後，方向相同與方向相反的整體抽拔、蹬蹉、撐挾，緊鬆連接，持筋牽掛等等作用。我把它稱之為骨肉分離、肌肉若一、整體抽拔、脫骨緊鬆持筋法。其抽拔蹬蹉，緊鬆持筋之力，要有與天地相爭之勢。

綜合以上腳底緊鬆內動活動訓練法，將各項內容編寫成腳動歌訣如下：

歌　訣

> 站樁不動腳掌動
> 上下左右前後動
> 快速緩慢持久動
> 跑跳蹬蹉緊鬆動
> 撐挾滑銼脫骨動
> 手腳連接持筋動
> 抽拔道放整體動
> 驚彈牽掛精神動

反向歌訣

> 意守腳掌能無離乎
> 跑跳蹬蹉能緊鬆乎

撐挾滑銼能脫骨乎
手腳連接能撑筋乎
抽拔道放能整體乎
驚彈牽掛精神動乎

內動外動的區別

大動不如小動
小動不如不動
不動之動乃是
緊鬆內動運動
大動小動都是
屈伸外動運動

跑跳歌訣

欲笑不笑出
欲尿不尿出
欲跑不跑起
欲跳不跳起
只要跑之因
不要跑之果

第 六 章

感而後應
非所設也
物至則應
過則捨矣

關於「氣」的研究

一、「氣」是什麼

對氣功的「氣」的稱呼，自古以來名目繁多，有的稱為「真氣」，有的稱為「元氣」，有的稱為「正氣」，還有的稱為「內氣和外氣」等等。這些名稱有一定的模糊性和玄虛性，很難與現代科學對得上，講得通。

在現代醫學、物理學、化學、生物學等學科中，哪裏去找「真氣」和「元氣」？因此，要使我國氣功走上現代科學化的道路，必須用現代科學語言來闡述和研究氣功現象，必須用與現代科學對得上、講得通的語言來表達和研究氣功唯象理論。

這裏還要說明一點，在具體進行氣功測試研究工作

時，必須十分小心嚴謹，因為氣功現象和生命現象非常複雜，某種儀器測出了氣功外氣的某種效應，並不能說明氣功外氣的本質就是某種東西。

例如，有些外氣表現出受低頻調製的紅外線的效應，但是還不能說氣功的本質就是低頻調製的紅外線。生命體產生的外氣是十分複雜的，不能肯定外氣的本質是多種物理現象的混合體，也不能排除一種外氣的本質具有多種物理效應。到目前為止，人們只測出了外氣表現出的某些效應，氣功外氣的本質還是未知，不能簡單地把一些假像當真，從而得出錯誤的結論（謝煥章，《氣功的科學基礎》，第27頁）。

把「氣」作為一個物理學的概念，這完全是玄學，不是科學。這種「氣」究竟是物理學上的一個什麼東西呢？看來這種「氣」的能量很不小，可是近代物理學竟然一點也不知道呢。

要記住，現在不是古代哲學家用「氣理」這樣的概念來說明宇宙的時代了，再用這種語言來討論科學問題，未免離我們的時代太遠了。要討論科學問題，寫科學文章，總得有明確的科學概念，要有一個量的概念（于光遠，《評所謂人體特異功能》）。

氣功及氣到底是些什麼，現在還沒有一個統一的認識。目前所提出來的許多概念與事實還須加以研究。但是，在一些書刊報導中卻過早地給這些現象掛上了許多現代科學（或哲學）的名稱，直接應用了科學中的專用名詞，這樣便往往使科學界（或哲學界）尤其是醫學界感到

難以接受而缺乏共同語言。下面一些說法即屬此例。

1. 氣是一種電磁波一說

近年來，有報導說「氣是一種電磁波」，甚至說出是波長幾個微米的電磁波。這些報導沒有任何實踐的證明，更沒有理論根據。

若將這一說法廣為傳播，實質上是貶低科學的嚴謹性，所以會引起科學界的非議。

氣可能對接收電磁波的儀器的運行起作用，但因此便簡單地認為氣是一種電磁波是不妥當的。打個比方說，甘蔗是甜的，但凡是甜的東西卻不都是甘蔗。

有許多跡象說明，氣與一般所說的電磁波不一樣。例如，電磁波不可能穿過厚金屬板，而氣卻可以不受阻地穿過金屬板；氣可以緩慢移動，而電磁波則只能以光的速度傳播，等等。因此，看似科學的「氣是一種電磁波」說，實質上是一種不負責任的說法，是不可取的（梁榮麟，《對氣功及氣不恰當描述》、《氣功與科學》，1987年第1期）。

2. 低頻調製紅外線一說

1978年，上海原子核研究所的顧涵森，用自行設計的近距離紅外輻射測量裝置對準氣功師林厚省的右手勞宮穴，在距離接收探頭1.2公分處，收到了林厚省在「運氣」發放外氣時發射出的紅外線。

1979年在北京也測出了氣功師趙光發射出的受低頻漲落調製的紅外線。從此，便認為氣是「紅外線」，氣是有

物質基礎的。

如果說紅外線探測儀可以受氣，而有反應便是「氣是紅外線」，這一論斷是過於膚淺的。應該看到，氣又可以使靜電儀的金箔張開，這個新發現的「紅外線」又為何有此本領呢？或者，這一現象又可以說「氣是靜電荷集」而不是紅外線了。

所以，目前的「低頻調製紅外線」一說只是一種假像。其實，只要將紅外線用低頻來調製便可以看出它是否就是氣。

例如，將此人工造的「氣」射向靜電儀，看看這靜電儀的金箔是否也會因帶電而張開；或者，看看這人工造的「氣」是否能穿透金屬而無阻地運動，等等。這時再說氣是「低頻調製紅外線」不遲。

如果說，這氣是「低頻紅外線」再加上靜電荷束、中子流……那麼，我們又可以讓氣先穿過厚金屬，而後再讓紅外線接收儀來接收它，看看「低頻調製紅外線」是否會因此而消失，然後再作道理不更好嗎？因此，認為氣是受低頻調製的紅外線十分不妥。

為了對氣功及氣做出嚴謹的研究，必須清除以上這些不夠明確或容易使人是非混淆的描述或定義。

3. 氣場說

錢學森在航太醫學工程研究所「中醫現代化科學討論會」上的發言中說：「還有一種人，我把他們叫做場論者，反正中醫說不清楚，就製造一個場，什麼人體場、氣場等等。

　　這些人製造這個場有什麼根據？可能是憑想像，認為應該有這麼個場，這樣虛無縹緲地製造場的理論，用於解釋人體，也不是一個方向，因為最後還是說不清楚。希望他們將觀點轉過來，不要用場的未知去解釋人體的未知，這是無濟於事的。」

　　以上這樣的一些解釋，除了迷惑別人和麻醉自己以外，只能將氣功的研究引向死胡同。古往今來，沒有一個氣功師能夠逃脫死亡這個最終的歸宿，這說明氣功必須服從生物學的新陳代謝規律。

　　也沒有一個練「輕功」者能夠躍過 2 公尺42的橫杆。這說明，無論什麼氣功師都牢牢地受萬有引力控制。

　　更沒有什麼氣功能使練功者在 9 秒83的時間之內跑完100公尺，這說明他們仍舊受慣性定律的支配。

　　練「鐵布衫」功者，總不至於能夠抵抗衝鋒槍的子彈，這說明他們的肌膚仍舊由蛋白質構成，只不過比其他人能承受較大的外力而已。

　　既然氣功仍然服從著現代醫學科學定律和定理，那麼，用現代醫學科學去研究和解釋氣功，就不僅是應該的，而且是絕對可能的（施建夫，《中國氣功研究尚在初級朦朧階段》、《氣功與科學》，1988年第7期）。

　　前蘇聯《科學與生活》月刊記者曾採訪了原蘇聯科學院遠端距研究生物物件無線電電子學實驗室負責人並發表了題為《科學檢查站》的文章，其中談到：

　　該實驗室是1982年成立的。當時正巧在大談特談所謂特異功能，考慮到廣大群眾對此很感興趣，需要他們做出

有論據的解釋，加之對於被傳說所誇大的「診斷」和「治病」情況還沒有任何客觀消息，他們決定選用精確的物理和無線電電子學方法進行研究，以查明這些說法是否有物理根據。他們選定下述七種途徑：

① 來自表面的紅外熱輻射，它能說明表面的溫度。

② 無線電輻射，它反映內部器官的溫度。

③ 電場。

④ 磁場。

⑤ 化學發光（皮膚在光帶範圍內發光）。

⑥ 聲波。

⑦ 以蒸發和氣溶膠形式由皮膚拋出的化合物。

首先，關於特異功能的「特異」一詞在這裏未必合適，因為，無論用上述七種途徑中的哪一種，無論在哪個人身上，都未發現同大多數人的指標有什麼重要差別。與此同時，只發現手的熱輻射能量可以使另一個人感覺到。

關於磁場的問題，研究人員認為人形成的磁場只是原理上能使人感覺到的磁場的百萬分之一，因此，人的「磁相互作用」未必可能。

他們用電的方法測量了皮膚的熱覺，皮膚能從約1公尺的距離感覺到一根燃燒的火柴的熱。

許多內部器官和皮膚的一定部位之間，由中央神經系統存在著某種機能聯繫。根據首先發現者的名字，它們叫做剖哈里因一格德區，在醫學著作中有時叫做生皮節。現在生皮節作為觀察身體內部的某種視窗，甚至能用來對身體施加某些影響。如用少量的熱作用於剖哈里因一格德區

的皮膚上，就能在某種程度上刺激同該區有聯繫的內部器官工作。

　　——熱方法能不能使一個人作用於另一個人？我們的手能輻射多大的熱能？

　　——人的熱輻射平均能量約為100瓦。若我們把100瓦佈滿人體的表面，手上只有約0.1瓦，即100毫瓦。不錯，這也不少，不管怎樣，皮膚甚至能從20公分～30公分的距離感到手的熱。實際上，皮膚的熱覺，包括手的熱覺，能從近距離察覺0.3℃的溫度變化。

　　——可能特異功能者正是由熱途徑收集資訊並作用於患者和醫治患者，是作用於，而不是醫治。

　　——一個人能否借助無線電輻射作用於另一個人？

　　——對此來說，我們本身無線電輻射的能量太小了，它需要提高1億倍才能達到波段內測量人的感覺閾。

　　整個結論是：在生物體上沒有發現任何特殊本質。

二、國外對氣功、特異功能的評論

1. 美國一個科學委員會的報告

　　據《科技日報》1988年 6 月29日報導：多年來在美國民間和官方對人體特異功能現象有很多說法。最近，美國一個科學委員會在考察130多年來聲稱的各種特異功能行為後，提交最後報告，認為迄今並沒有任何科學的證據證明特異功能存在，明確的結論只能依靠更有說服力的實驗。這份報告已交美國國家研究理事會批准。

　　美國「增強人體功能技術考察委員會」提交的這份報

告，1988年初經美國國家研究理事會組織的專家小組（成員不含報告起草人）審議後發表。美國國家研究理事會是一個權威機構，它的理事由美國科學院、美國工程科學院和美國醫學科學院推薦組成（《解放軍報》，1988年7月8日）。

2.《發現》雜誌的報導

近年來在中國內地出現一股氣功熱的同時，又流行了所謂「帶功報告」的浪潮。帶功報告不但中國有，外國早已有過。他們叫做「信仰治療」或「祈福治療」，而且早已被揭發為是「心靈術玩弄者」的行騙行為，是借在教會大禮堂講道布教而祈禱「上帝」進行「愚弄群眾」的騙術。例如，1988年第 2 期中美合辦的《發現》雜誌上曾刊登一篇文章叫做《愚弄群眾》，摘要如下：

1986年 4 月一個星期天，數百人擁擠在底特律市的福特大教堂門前，等待著接受波波夫牧師的奇蹟般的祈福治療。美國57個電視臺曾播放過波波夫祈福治療的奇蹟，人們從電視裏或教堂裏的確親眼看見了病人扔掉拐杖，看見病人當場翻跟斗，看見高大、壯實、剛強的男子漢淚流滿面，看見數千人在教堂歡呼。

一位名叫莉齊的坐輪椅來的婦人，果然在波波夫撫摸她的額頭和幾句「阿門」的咒語治療下，奇蹟般地離開輪椅在會場上來回走了兩趟，這如何解釋呢？

(1)實驗證明：當給病人一個糖片，並且告訴他們這是特效藥時，多達三分之一的人們可能說他們的病狀已經減輕，這是安慰劑作用的一個典型表現。波波夫的手可能

就像　副安慰劑一樣有效，或者也許更有效，因為當波波夫把手放在病人的前額時，這個病人在情緒上已經得到了安慰。

(2)另外，我們也不能不懷疑，那位坐輪椅來的莉齊婦人，可能是波波夫牧師的朋友或同夥人，特地前來助他一臂之力，共同表演這場雙簧戲。

詹姆斯‧蘭迪是一位成功的職業魔術師，他身上帶著電子監視裝置，也來參加了這個祈福治療大會，準備揭露奇蹟的真相。他專門拍攝各種職業騙子的行騙手法，並製成電影特輯在白宮演出。1975年後他開始調查那些自稱具有超自然力（按：相當於我國說的人體特異功能）的表演者們，他曾提出這樣一個挑戰，任何一位能夠進行超自然力表演的人，都可以得到他1萬美元的獎金（據說，已有75人次應戰，但應戰者從未獲得成功）。

此後，他創建了「超自然力者科學研究會」，1986年他獲得了麥克亞瑟基金會的「天才獎」。1985年他開始把興趣轉到了調查信仰治療上面，這是由美國科學考察委員會發起的一個科研專案，這次，蘭迪便是為徹底揭露波波夫的騙局而來的。

最後，蘭迪終於利用男扮女裝和化名的助手，隱蔽的無線電接收機、答錄機、錄影機，揭穿了波波夫所謂能在一兩千人中準確說出求治者的姓名、住址、疾病的騙局。原來他妻子的手提包中裝有無線電發報機，坐在觀眾席上與左鄰右舍的觀眾閒談，問長問短，而波波夫耳後帶有微型接收機，自然就知道了他所需要的一切。

這一秘密被揭露出來，終於迫使波波夫牧師不得不關閉了他的總部。雖然這一個騙局被揭發出來了，但是，要使人們不相信超自然力的存在仍然是很困難的（《電子報》，1988年7月10日）。中國的老百姓有一句俗話叫做「不怕你不信鬼神，就怕你的家中沒有病人」。有病人久治不癒，就要有病亂投醫了。

恩格斯早在100年前已在《自然辯證法》一書的「神靈世界中的自然科學」一節中說道：降神術士毫不在乎成百件的所謂事實已暴露出是騙局。成打的所謂神媒也被揭露出是一些平凡的江湖騙子，除非把那些所謂奇蹟一件一件地揭穿，否則這些降神術士仍然有足夠的活動地盤。就像華萊士（艾爾弗勒德‧拉塞爾‧華萊士是功勳卓著的動物學家兼植物學家，他和達爾文同時提出物種由自然選擇發生變異的理論）偽造神靈照片一樣。

偽造的東西的存在，正好證明了真的東西的真實。錯誤的思想一旦貫徹到底，就必然要走到和它的出發點恰恰相反的地方去。

3. 關於《偽科學現象》

前蘇聯《科學與技術》月刊1984年第 7 期刊登原蘇聯科學院通信院士米‧沃利肯什捷英題為《關於偽科學現象》的文章說：科學和偽科學有完全不同的來源。科學是人創造性活動的方式，它的任務是認識物質作為存在於空間和時間中的客觀實在所具有的規律性。正因為如此，科學是不可逆的。偽科學的產生就不同了。它所提出的思想沒有真正理論和實驗論據，它同科學發展的邏輯，同可靠

地建立起來的科學論點是相矛盾的。

　　偽科學利用社會遇到的困難進行投機，偽科學者的作用常常是起巫醫的作用，而且不僅僅在醫學方面。親人病重，久治不癒，自稱有特異功能者允諾用手的誘導動作能治好病人的病。你並不相信，但是希望其或許會有幫助！

　　偽科學者善於在非科學界取得支持。偽科學的危險性不僅限於無益地浪費力量和資金，它還在精神上腐蝕相當廣泛的社會圈子，具有深遠的不良後果。

　　最近幾年在近似科學的和普通的報刊中越來越頻繁地出現各種各樣有關神奇的事和魔術的報導——關於「特異功能者」和「樹枝法探尋者」（借助於雙權樹枝探尋水和金屬的人），心靈交通術和心靈致動搖控術。

　　心靈交通術、心靈學等等都是站不住腳的，這點已不止一次地被證實。可以斷言，任何時候從未取得過什麼心靈學現象的可信服的科學證據，更不用說根本不可能的心靈致動搖控術了。

　　要知道，人體內產生的電場功率（醫學在腦電流描記中使用的電場）比「心靈致動搖控術」的功率小很多。至於所謂生物場，這個概念是不科學的。因為它沒有定義，也沒有任何測量方法，等等。

　　正像科學的醫學中不止一次所證實的那樣，「特異功能者」的活動是同心理療法、催眠等相聯繫的。對於精神性引起的一些疾病，這種治療法可以使病情暫時減輕。但是，這方面存在著現實危險性——有這種情況，病人請「特異功能者」或巫醫治病而死掉了，雖然科學醫學能夠

治好他的病。

奇怪的是，這種「魔術」活動目前正在吸引著輿論界的廣泛注意，其中包括一些不是生物學和醫學的學者。

毫無疑義，心靈致動遙控的做法是巧妙的魔術，但瞭解一下它是怎樣「變」的是很有意思的。

4. 前蘇聯醫學博士對特異功能提出異議

前蘇聯《自然》月刊1987年第 7 期，刊登醫學博士法伊維舍夫斯基題為《舊事重提》的文章說：人們對特異功能的興趣並非始於今日，人類雖然已瞭解大自然的許多秘密，掌握了遺傳密碼的鑰匙和原子能，但是，仍然沒有失去對超自然現象的信仰和對神奇東西的追求。這方面既有心靈交通術、心靈致動術，還有赫赫有名的生物場，即統稱心靈學的一切現象。遺憾的是，心靈學的非凡現象今天並不比100年前少，它們繼續佔據著人們的頭腦，攪擾人們的想像力。原因何在？因為今天的「心靈學熱」在歷史上絕非獨一無二的。

人所具有的好奇心，即對新奇事物的興趣，大概是所有醉心於奇異現象，包括心靈學的基礎。它有時以離奇的形式，甚至在抱著極其懷疑情緒的人身上表現出來。

作者寫到：我同一些心靈學者認識後，發現他們的一些心理特點，根據這些特點，可以把熱衷於特異功能的心靈學者分為三種類型。

第一類：具有準科學的，或者更確切地說科學的前思維。他們傾向於按以下原則建立理論：「如果能想像出它，這就是說它應該是有的。」這些人醉心於心靈學，實

質上這是不成熟教育的果實,支持這類人相信存在準正常現象的強烈理由是感覺。

另一類型的心靈學者是:不會批判地思考,容易輕信的人。他們在「才能超眾人物」的影響下,不惜任何代價地去追求參與某種特殊的事情。

第三類:在心靈學者中間常常遇到有心理病態的人,他們把自己的幻覺當成心靈學的非凡現象。

在大量實驗中未證實存在心靈交通術。此外,還有理論上的看法,說明不可能有這種現象,特異功能並不存在。對於特異功能者的醫治作用效果來說,由特異功能者操作所決定的患者意識不到的心理療法因素就完全足夠了。因為無意識的暗示和自我暗示的力量往往是非常大的。由於暗示和自我暗示可能得病,甚至死亡,但也能康復。

作者還對特異功能者的「視覺」非凡現象有過興趣。但他認為在實驗中特異功能者未能證實他們出色的能力。看樣子大多數心靈學者是些能夠進入催眠幻覺狀態的人(雖然這種能力也相當少見)。催眠狀態無疑是一種有意思的現象,但這完全是另一個科學問題,它同心靈學沒有任何關係。

三、關於氣功「外氣」的真偽問題

1. 關於「外氣」的效應問題

所謂「外氣」是指練習氣功者經過鍛鍊,自稱可將自己體內的「氣」發放出來,對患者產生診斷和治療疾病的

效應。所有「外氣」師在向患者發氣時，均採用語言、表情、手勢、動作或其他信號等暗示手段。

如果不用這些手段則無效，當發氣者站在你附近時，出於對他能「發氣」功夫的迷信，隨他語言暗示、手勢和眼神的指向，自然將自己的注意力集中在相應部位，造成被動意守，以及對這一部位的仔細體察。這就相應會出現一系列心理、生理變化，進而產生各種感覺。

只有當對「外氣」敏感的受試者知道或相信眼前的施術人是氣功師時才產生效應，否則無效。受試者若是被心理學認為的易受暗示者，如年輕人、女性、藝術型氣質的人等則易產生效應，反之效果不佳。

同時只有受試者知道氣功師正在給他發氣時才有可能起效。若給受試者蒙上眼睛，或在他與氣功師之間擋上布簾等，採用了阻斷暗示的手段，使受試者不知道氣功師已在給他發氣時，受試者便都無動於衷了。另外，相信「外氣」者有效，不相信者無效。對於虔誠的「外氣」迷信者，按照規定時間在自己家中「接氣」，而發氣者在別的地方睡覺，也照常會產生效應。

所謂「外氣效應」之一是接受「外氣」的人產生溫熱感、涼麻感等。這種感覺有時還可沿著一定部位傳導。

根據研究認為，所謂「外氣效應」的真正原理是暗示與催眠雙重作用所致，並不神秘。

暗示與催眠本來是人類常見的一種特殊心理現象，暗示是最簡單的條件反射。心理學早已公開承認暗示與催眠的施術者本身並不存在超自然的神秘力量。

暗示具有驚人的作用，消極暗示可以引起機體生理功能紊亂，組織形態發生器質性改變，導致多種疾病，甚至引起死亡。積極暗示可以治療許多疾病和調動人體潛力。採用暗示療法對暗示感受性強的患者常可收到立竿見影的甚至驚人的療效。

所謂「外氣效應」之二，能使在場的部分人晃動，以致能用「外氣」將隔幾公尺遠的人「推倒」，等等。實際上這是集體暗示的結果。

集體暗示的效應，人越是多越易產生感染力，越易出現效應，這是心理學中早已證實了的。那麼，為什麼心理學早已發現和總結出來的方法結果，氣功界還當做新發現呢？

這至少說明氣功界的「外氣」觀點持有者，缺少必備的現代醫學生理學、醫學心理學的知識，同時與社會上有人盲目地大力支持，報紙雜誌不切實際地誇張渲染有關，特別是非氣功專業的報刊很少用醫學科學的觀點加以分析，其中一些記者又添油加醋地渲染氣功表面的「玄、妙」，最後把氣功導向神秘化（張洪林，《氣功外氣發放之我見》，《武魂》，1988年第1期）。

2. 氣功的「氣」究竟是什麼

練習氣功的人所謂之「氣感、得氣」，如酸、麻、脹、痛、涼、熱、震、顫等等感覺與現象，根據現代醫學解剖學、生理學，我認為這完全是由於練功時血液循環加速，局部毛細血管擴張，微循環通暢，肢端血流量與血流速度以及體溫、內分泌激素活動等發生變化，從而導致末

梢神經感受器受到刺激以及局部肌肉纖維長時間保持固定
姿勢不動，因而引起疲勞反應後所產生的一種正常的保護
性生理反應。

這些現象一點也不神秘，更不是由於氣功師所謂之
「發氣」或「發功」的外氣作用所致。發氣或發功只是一
種心理暗示治療手段，並不是氣功師的真正本領。為了證
明這一理論觀點，可以做如下的試驗：

對所謂氣功的外氣效應，一般都認為「心誠者靈，心
不誠者則不靈」。心誠則靈是盲目的信仰和崇拜，是迷
信。現代醫學認為過分地「相信」所產生的「魔力」，是
一種所謂「心身反應」在起作用，人的心理狀態可以明顯
地影響身體各個系統和內臟器官的功能狀態。

「相信」是一種心理活動，它對大腦皮層來講是一種
良性刺激，所謂「心誠則靈」就是這個道理。況且，有許
多毛病本身就是心身疾患，「相信」本身就可以使病好了
大半。反之，能使心不誠者也靈才是科學。

對氣功心不誠者，不相信氣功外氣效應者（實際上根
本不是「外氣」的作用）以及經過氣功師發放「外氣」而
無任何反應者，「全面否定」氣功的人和根本沒有練習過
氣功的人，只要讓他們按照站樁練功要求，擺好一個姿
勢，不許動，不意守，不調息，不入靜，更無人發氣，只
要求自己在原地保持站樁練功姿勢不動，靜靜地站立10分
鐘～30分鐘，照樣能產生所謂的「氣感與得氣」。

而得氣的快與慢，其真正的原因是身體強弱與保持各
種練功姿勢狀態運動量的大小有直接關係。即運動量大和

身體衰弱者得氣就快，反之，運動量小而身體強壯者得氣就慢。這是經過多年反覆試驗檢查的結果，是經得起檢驗的真理。

科學的基本規律是沒有門派之分，沒有民族文化教育不同的區別，也不怕重複試驗，任何人只要按照要求標準進行正確試驗，都可以得到預期的效果。

科學的任務是破除迷信，解放思想，揭發偽科學，探求客觀真理，揭示事物發展的客觀規律，作為人們改造世界、改造機體、增進健康、祛病延年的指南。

那麼，氣功的「氣」究竟是什麼呢？我認為練習氣功者所謂這「氣」以及「氣感」等等現象，從練功的全過程來看，它僅僅是初級階段的人體一般生理必然反應。進一步的高級效應，練習武術者稱之為「勁」，亦稱「拳勁」，《老子》稱為「物」，即「東西」。氣功與武術在古代本來是一個整體，統稱為「道」，即攝生之道。後來才有氣功與武術之分。

《老子》的「攝生之道」歷數千百年，關尹莊列源淵相承，厥後一變，由陰陽家變為符篆家，三變為執著的丹術家所歪曲篡改，被披上了五光十色封建迷信的外衣，此後老子之真面目遂蔽之於迷雲暗霧之中，龍之一鱗一爪不得復觀矣。當時已然，又何況數千百年之後耶。

對氣、勁、物、道的現代醫學科學的學名，我把它叫做第二隨意運動，即休息肌的緊鬆內動運動。

第 七 章

　　上動下靜
　　捨因求果
　　本末倒置
　　非為道也

關於「物」的研究

一、「物」是什麼

　　在1985年第 4 期《中華氣功》雜誌上，劉岸峰、張廣博在《先秦氣功理論簡史》一文中指出：「主靜說，宋尹認為『毋先物動，以觀其行（《管子》，原文是以觀其則），動則失位，靜乃自得』，這意思就是說，在練功時首先不能受外物的影響，其次不能受主觀感情和喜怒哀樂好惡等情感的影響。只有這樣，才能入靜。」

　　我對上文的解釋有不同看法，特提出來與劉岸峰、張廣博商榷。

　　首先，我認為《管子》這段話的宗旨不是講「入靜」的問題。

　　這段話是講求「物」的方法問題。其中的「動」字是指位置移動的活動，而「靜」字是指相對安靜不動的意思，不是「入靜」的靜，而是靜止不動的靜。這一點首先要弄清楚。

　　其次，這段話中最重要的是「物」字，不瞭解「物」是什麼，就無法理解這段話的真正意義。只有弄明白「物」是什麼，才能正確地解釋這段話的真正本意（詳見物的分類法）。

　　現根據1987年浙江人民出版社影印出版的《管子》卷十三，心術上第三十六，引其全句原文，並加白話注解如下：

原　文	今　譯
上離其道，	（「上」原指君，在人體古指心，今指大腦）大腦如果離開「道」的原則，
下失其事，	（「下」原指臣，在人體指四肢末梢的手和腳）手和腳就不能完成它應做的工作，
毋代馬走，	（因此）人不要像駿馬那樣奔走，
使盡其力，	使腿腳耗盡了力氣；
毋代鳥飛，	也不要像鳥兒那樣去飛翔，
使弊其羽翼。	傷害了它的翅膀（手臂）。
毋先物動，	在得到「物」以前不要活動身體，
以觀其則，	目的是要觀察它自身的變化規律。
動則失位，	如果四肢活動了，可就失去了

「物」應佔有的地位。

靜乃自得。　　只有靜靜地站立不動，才能得到「物」這個東西。

在《管子》原書上，除上述原文外，下文中還有繼續補充說明的文字如下：

原　文	今　譯
毋先物動者，	在得到「物」之前四肢不要活動的原因是，
搖者不定，	上肢搖擺動盪活動時，大腦就不能安定下來，
趮者不靜，	（趮同躁：躁動，不停地跳動）下肢不停地跳動時，大腦也不能安靜下來。
言動之不可，以觀也。	這就是說四肢活動起來，大腦就不能觀察「物」的變化規律了。
位者謂其所，立也，	「位」就是站立不動也，
靜者能制動矣，	只有站立不動的靜止狀態才能夠制止搖擺動盪的活動，
故曰，	所以說，
靜乃自得。	只有靜止不動的站立，才能得到「物」這個東西。

根據以上原文，可以肯定「動」字是指「馬走、鳥飛、搖者、趮者」等位置移動的活動而言；相反，「靜」

字是指「謂其所立也」，是靜止不動的站立，絕不是「入靜」的意思。

從上述原文中可以清楚地看到，《管子》早已明確肯定地說明了「馬走、鳥飛、搖者、趮者」都是「離道」的行為。只有「毋先物動」才是正道、真道、光明大道。可惜一般人不瞭解正道，多數人都喜歡學習離道的馬走、鳥飛、搖者、趮者的動作背道而行，這樣又怎能「以觀其則」而得到「物」呢？

那麼究竟什麼是「物」呢？

物：東西。凡有貌像聲色者皆物也。物是獨立存在於人們意識之外的客觀的東西。在統一完整的人體當中，包含著無限多樣的運動形態。其中一部分是屬於第一信號系統支配的、動物界先天遺傳下來的、人人都會的、為日常生活及生產勞動所必需的、單純性屈伸局部肢體的位置移動活動。

另外還有一種屬於第二信號系統支配的，經過後天努力學習、刻苦訓練、系統調整、有序組合起來的，互相牽掛、連綿不斷、高級整體的造型藝術動作神態。這種動作神態叫做「物」，即「東西」。一般叫做「勁」，或「拳勁」，或「爆發力」。中國拳術與一般體育運動之不同點，就是各種拳術的最高要求都是尋找所謂的這個「物」，即「東西」。所以說，「拳學一道，不是一拳一腳謂之拳，也不是打三擴兩謂之拳，更不是一套一套謂之拳。」（王薌齋，《拳道中樞》，見附錄一）乃是掌握了這個「物」才是真正的拳學。

《老子》說：「物」這個東西「自古及今，其名不去。」（《老子》，第二十一章）意思就是說，從上古到現代，以至於將來，無論到任何世紀，只要有人類存在，「物」這個東西都是客觀存在的，永遠也不會消失。問題在於你能否真正認識它，學會它，精通運用與繼承發展它。因為所謂的「物」，是人類經過後天學習，機體超出力學的領域，使形、意、力、氣、神達到完整統一高級境界的質變以後，所表現出來的一種雄壯宏偉、氣宇軒昂、肌肉若一、動作非凡的神態。這種神態是裝不出來的，要描述它也很困難，但是只要你看上一眼，比較一下就會感受到。由於「物」這個東西不能作為商品用金錢購買，也不能饋贈轉讓，更不能遺傳後代，所以《老子》曰：「使道之可獻，則人莫不獻之於其君；使道之可進，則人莫不進之於其親；使道而可告人，則人莫不告其兄弟；使道而可與人，則人莫不與其子孫。」（《莊子》，天動第十四）因此，人類只有按照「道」的原則，努力學習，刻苦訓練，才能得到它。

我國近代拳學改革家、拳學理論家、大成拳創始人、武功大師王薌齋先生在他所著《拳道中樞》拳學總綱第九條說：「離開己身，無物可求，執著己身，永無是處。」他又把「物」具體地分為「身內與身外」兩個部分，進一步證明「物」的客觀存在。

沒有親身掌握「物」的人，沒有對中國拳學理論、人體力學、精神力學深入研究的人，不精通技擊理論、無實戰經驗的人，絕對不會做出如此肯定的結論。

1.《老子》所描述的「物」

《老子》第十四章，對「物」早有比較詳細的記載，對照原文今釋如下：

原　文	今　譯
視之不見，	（「物」這個東西）看它看不見，
名曰夷，	名叫夷（無色曰夷），
聽之不聞，	聽它聽不到，
名曰希，	名叫希（無聲曰希），
搏之不得，	摸它摸不著，
名曰微，	名叫微（無形曰微）。
此三者不可致詰，	這三者的形象無從追究，
故混而為一。	它們原本就混然而為一
其上不皦，	它的上面不顯得光亮，
其下不昧，	它的下面也不顯得陰暗，
繩繩兮不可名，	它綿綿不絕而不可名狀，
復歸於無物，	表演完畢仍然歸還到沒有「東西」的狀態，
是謂無狀之狀，	這是沒有固定形狀的形狀，
無物之象，	不見物體的現象（沒有固定物體的形象），
是謂惚恍，	這就是惚恍，
迎之不見其首，	迎著它看不見它的頭，
隨之不見其後。	跟著它看不見它的尾。

　　因為「物」這個東西沒有固定的形象，是由練功達到高級階段「孔德之容」的人表演出來的一種動作神態，這種神態與平時一舉一動不同，只有在表演時才能看到它。因此，說「物」的本身是「視之不見，聽之不聞，搏之不得」。而當表演完了之後，又恢復到正常狀態。所以，說它是「復歸於無物」。因為「物」的本身「無狀之狀，無物之象」，只有在「孔德之容」的人表演時，它才能模模糊糊地表現出來，所以叫它「惚恍」。

　　這是一段絕妙的描述。沒有得到「物」的人絕對不會寫出這樣生動逼真的描述。

2. 氣、勁、物、道的相互關係

　　所謂的「物」，練氣功的人稱為「氣」。有關「氣」的各種現象，在站椿練功求「物」的全過程當中，僅僅是機體最初階段必然出現的生理反應。歷史上文人當中研究「氣」的人最多，有關「氣」的論述著作也最多，其中所含封建迷信色彩也最濃。

　　歷史上的文人練功者，停留在這一階段而不能解脫者比比皆是。而練武術的人則稱為「勁」。太極拳則講「聽勁、懂勁、化勁、引勁、發勁……」

　　王薌齋先生叫做「物」，即東西。他是主張找「物」的。他教人練功每一動作都要求做到「視之有物，身外留痕。」不要做「空洞無物」的動作。為了求「物」，他主張必須站椿不動。他說：「欲知拳真髓，首由站椿起。從不動中求速動，從無力中求有力，從笨拙中求靈巧，從平常中求非常。」還說：「大動不如小動，小動不如不動，

不動之動乃是生生不已之動。」「離開己身，無物可求。執著己身，永無是處。」

恩格斯在《自然辯證法》「運動的基本形式」一節中說：「一切運動都是和某種位置移動相聯繫的，運動形式愈高級，這種位置移動就愈微小。」

「毋先物動」，就是說沒有求到「物」之前，不要進行位置移動活動的意思。

「以觀其則」，是指在位置不動的狀態下，去體察「物」的生長壯大發展變化的規律。

「動則失位」，是說在沒有掌握「物」之前就進行四肢活動時，「物」就丟失了它應佔有的位置，永遠也得不到「物」這個東西。多年來的經驗證明，在活動位的鍛鍊中是找不到「物」的。只有在靜止不動的狀態下，堅持站樁練功，經過長時期的由量變到質變往復循環的刻苦練習，「以觀其則」之後，才能逐漸得到「物」這個東西。這就是「靜乃自得」的意思。

結合上述「毋先物動，以觀其則，動則失位，靜乃自得」的淺釋，我們再來細讀《老子》第五十一章的「道生之，德蓄之，物形之，勢成之」這四句話，就更容易進一步理解「道、德、物、勢」的相互關係了。

「道生之」：道生什麼？一般的解釋是「道生成萬物」。從攝生鍛鍊的角度來講，我認為如果把「萬」字去掉，改為「道生成物」就更明確了。因為「道」是「道理」的道。「道」是事物運動的普遍規律，「理」則是具體事物運動的特殊規律。在這裏，也可以說「道」是攝

生之道，即「道」是生成「物」的方法。例如：「道之出口，談乎其無味，視之不足見，所之不足聞，用之不足既。」（《老子》，第三十五章）說明「道」這個攝生的方法，雖然能生長「物」，從表面上看來它非常簡單、平凡，似乎並不深奧，但是，絕不是一般人士只憑主觀印象所能理解。所以《老子》說：「上士聞道，勤而行之，中士聞道，若存若亡，下士聞道，大而笑之，不笑不足以為道。」（《老子》，第四十一章）

「德蓄之」：「蓄」字在《老子》各書中皆寫成「畜」字。「畜」字指禽獸，而「蓄」字是指積聚、儲藏。畜、蓄二字音同，古通用。然而，如將「畜」字改為「蓄」字可能更妥，令人更容易理解。那麼，德蓄什麼呢？自然「德」是儲蓄「物」的場所了。例如：「德者道之舍，物得以生。」（《管子》卷十三，心術上第三十六）「孔德之容，唯道是從，道之為物，唯恍唯惚，恍兮惚兮，其中有象，惚兮恍兮，其中有物。」（《老子》，第二十一章）這證明，只有「孔德」的人，他的身體內部才能蓄存有「物」。

「物形之」：「形」是樣子、形式、形象、表現、對照、比較的意思。對事物的樣子、性質加以描述形容，表示事物的特徵、性質、狀態。所以「物」是道與德的具體表現形態。如「恍兮惚兮，其中有物」，這個「物」是由「孔德」之人的容貌、動作、神態表演出來的。同樣「豫兮，若冬涉水；猶兮，若畏四鄰」（《老子》，第十五章）也是由「善為道者」表演出來的一種動作神態。反

之，所謂的「下士」絕對表現不出那種「其中有物，迎之不見其首，隨之不見其後」的無狀之狀。

那麼「物」究竟是個什麼樣子呢？「物」是由「勢成之」。

「勢成之」：「勢」是屬於動作的姿勢。「物」是由各種姿勢來表現完成的。從姿勢中表現出「得道」的人，《老子》稱之為「善為道者」，在第十五章中更有精妙的描述。結合原文加以今釋，並選王薌齋先生語錄，對照作為參考，列表如下。

原　文	今　譯	王薌齋先生語錄
古之善為道者，	古時善於行道的人，	
微妙玄通，	精妙通達，	
深不可識。	深奧而難以認識。	
夫唯不可識，	正因為難以認識，	
故強為之容，	所以勉強來形容它，	
豫兮，	小心審慎啊，	神活逾猿捷，
若冬涉川，	像冬天涉足渡河如履薄冰，	足踏貓踴踤。
猶兮，	警覺戒惕啊，	力鬆意須緊，
若畏四鄰，	像提防四周敵人的圍攻，	毛髮勢如戟。
儼兮，	恭謹嚴肅啊，	舉止宜恭慎，
其若客，	像做賓客，	如同會大賓。
渙兮，	融合可親啊，	滿身空靈意，
其若凌釋，	像冰柱消融，	不容粘毫羽。
敦兮，	淳厚樸質啊，	有形似流水，

其若樸，	像未經雕琢的素材，	無形如大氣。
曠兮，	空豁開廣啊，	恭則神不散，
其若谷，	像深山的幽谷，	慎如深淵臨。
混兮，	渾樸純厚啊，	絕緣摒雜念，
其若濁，	像濁水的樣子，	斂神聽微雨。
澹兮，	沉靜恬淡啊，	神動似山飛，
其若海，	好像湛深的大海，	運力如海溢。
飂兮，	飄逸無繫啊，	一觸即爆發，
若無止。	好像無有止境。	炸力無斷續。

3. 坐忘與道生

在練功的全過程中，「入靜」僅僅是其中的一個初級階段。入靜是大腦皮層產生抑制的過程，它對老年人、身體衰弱的病人確有一定的養生保健、康復醫療作用，能治療許多醫藥無效的疾病，這也是事實。但是，練功還有另外一個高級階段，它是使大腦皮層產生興奮作用的階段。這就是求「物」的階段。中國氣功、站樁、武術與其他體育運動的區別就在這裏。近代的競技體育只知求速度、力量和外表形態上的美觀，而不懂尋求開發體內潛能「物」的重要性。

顏回與孔子的對話當中所說的「墮肢體，黜聰明，離形去知，同於大通，是謂坐忘。」（《莊子》，大宗師第六）就是大腦皮層進入了高度抑制狀態的結果。一般人練氣功認為達到如此階段也已滿足了。由此，我們可以推測孔子的功法並不高明，因為他僅僅聽到顏回說了一句「回

坐忘矣」，他的神態突然變了，馬上就「蹴然曰，『何謂坐忘？』」可見他連最初階段的「坐忘」都不懂。而且他還說：「丘也請從而後也。」意思是要向顏回學習吧。全文如下：

顏回曰：「回益矣。」仲尼曰：「何謂也？」曰：「回忘仁義矣。」曰：「可矣，猶未也。」他日復見，曰：「回益矣。」曰：「何謂也？」曰：「回忘禮樂矣！」曰：「可矣，猶未也。」他日復見曰：「回益矣！」曰：「何謂也？」曰：「回坐忘矣。」仲尼蹴然曰：「何謂坐忘？」顏回曰：「墮肢體黜聰明，離形去知，同於大通，此謂坐忘。」仲尼曰：「同則無好也，化則無常也。而果其賢乎！丘也請從而後也。」

相反《管子》能總結出「毋先物動，以觀其則，動則失位，靜乃自得」的求「物」理論，是比孔子高明得多了。由此可見，孔子對「道生」的理論更是望塵莫及的了。

我國最早的一部醫學經典名著《黃帝內經》第一篇，「上古天真論」裏「獨立守神」的一段記載，相傳是「站樁」練功最具體的文字記載，叫做「道生」。全文如下：

「黃帝曰，余聞上古有真人者，提挈天地，把握陰陽，呼吸精氣，獨立守神，肌肉若一，故能壽蔽天地，無有終時，此其道生。」（《黃帝內經白話解》，第6頁，人民衛生出版社）

對上述原文有種種解釋。如果結合站樁練功的要求解釋，這就是所謂的上古真人鍛鍊身體的具體操作方法。這

裏所說的真人並不是成仙得道的真人，而把養生鍛鍊達到最高級的人叫做真人，其次的人叫做至人、聖人，再次的人叫做賢人。茲逐句解釋如下：

提挈天地：這並不是說真正有人能夠把天舉起來，把地提起來，而是形容鍛鍊達到最高水準者的偉大氣概與假想活動，亦即站樁時的一種意念活動。現在站樁功的術語叫做「頂、抱、擔、提、胯、纏，懷抱嬰兒，手托天。」（頂：頭頂。抱：懷抱。擔：肩擔。提：手提。胯：腿胯。纏：身纏）它是一種誇張的描述。就是說在進行「獨立守神」的站樁練功時，精神要擴大，意念要假想，好像雙手能夠把天舉起來，把地提起來似的。

把握陰陽：在這裏我們並不把它當做天地間陰陽五行的變化規律，而把它理解為能夠掌握人體活動力學上的矛盾規律，也就是技擊實戰中人體發力時筋力學（勁即物）的陰陽虛實的變化規律。

呼吸精氣：可以理解為呼吸新鮮的空氣。這說明要在空氣新鮮的地方進行練功。

獨立守神：這是真人鍛鍊身體的具體操作方法。也就是《老子》所謂「道」的具體操作方法，叫做「道生」。相傳，站樁就是由「獨立守神」逐漸發展起來的。過去不論什麼拳種幾乎都得先練站樁功。

肌肉若一：這是說經過長期「獨立守神」鍛鍊之後，全身的肌肉在神經系統的支配作用下，進一步提高了相互之間的聯繫範圍，把人體鍛鍊成為一個更統一的完整體。人體全身上下雖然由大小639塊肌肉組成，但是，動作時

其協調統一的程度，卻好像是一塊肌肉在運動似的。站樁的術語叫做「整」。所謂真人與一般人不同的地方就在於此。這種具有偉大氣概的假想鍛鍊方法，在現代只有站樁功繼承了下來。

根據以上短短五句話，我們可以體會到古人在養生鍛鍊與拳學成就方面具有極高的理論水準與實踐經驗。由於他們能夠掌握人體活動力學上的矛盾規律，也就是技擊實戰上人體發力時陰陽虛實的變化規律，所以他們的壽命是較長的。這主要是因為他經常不息地，而且是很恰當地運用了「獨立守神」的鍛鍊方法，所以才能取得這樣的效果。這就是真人根據「道」的原則而進行攝生鍛鍊的方法，叫做「道生」。

4.「物」的最高用途

為了證明「物」所具有的種種特性和作用，並不是《老子》所預設的，也不是一個虛擬的，而是確確實實客觀存在的一種「物」。這個「物」，「其中有精，其精甚真，其中有信」。

真正的「物」是經得起考驗的，考驗的方法是與兕虎相搏鬥。人與猛獸搏鬥是沒有半點虛假的，否則將會被老虎吃掉。考驗的結果，「善攝生者」能夠把兕虎置於死地，而自己卻不會被兕虎所傷。兕對善攝生者「無所投其角」，虎對他也「無所措其爪」，兵（敵人）對他也「無所容其刃」。沒有「物」的人敢同兕虎搏鬥嗎？

對照《老子》第二十一章原文，今按大成拳試力法的原則，逐句注解如下：

原　文	今　譯
孔德之容，	大德者的動作神態，
唯道是從，	只從於道（攝生之道）。
道之為物，	道這個東西，
唯恍惟惚。	沒有固定的形體，是恍恍惚惚的。
惚兮恍兮，	它是那樣的恍惚啊，
其中有象，	惚恍之中卻有一定的形象；
恍兮惚兮，	它是那樣的恍惚啊，
其中有物；	恍惚中卻有實際的東西；
窈兮冥兮，	它是那樣的深遠暗昧啊，
其中有精；	其中卻有極細微的精質；
其精甚真，	這精質是非常真實的，
其中有信。	唯有這樣精質的「物」，在技擊實踐中才是可以信驗的。

　　那麼用什麼方法來檢驗「物」的戰鬥實用價值呢？在《老子》第五十章中也有明確的記載：「無死地。」對照原文，今按大成拳實戰法的原則注釋如下：

原　文	今　譯
蓋聞善攝生者，	聽說研究拳道攝生學達到高級階段的人，
陵行不畏兕虎，	在山地走路時不懼怕兕牛和猛虎，
入軍不被甲兵。	在戰爭中也不會被傷害。
兕無所投其角，	兕牛用不上它的角

虎無所措其爪，	猛虎用不上它的爪，
兵無所容其刃，	兵（敵人）用不上他的刃，
夫何故？	這是什麼緣故？
以其無死地。	因為他掌握了精質的「物」，能戰勝對方，而自己卻不會被對方置於死地。

　　根據陳鼓應著《老子注釋及評介》及國內出版的多數《老子》版本都寫成「陸行不遇兕虎」。今譯中則譯為「在陸地上行走不會遇到犀牛和老虎」。我認為「遇」字與下文「入軍不被甲兵」不通。更與「兕無所投其角，虎無所措其爪，兵無所容其刃」相互矛盾。原文上下句都是形容雙方相遇時的戰鬥狀態，如果雙方不是相遇在一處，又怎能展開戰鬥呢？

　　任繼愈譯著《老子新譯》中則譯為：「陸地走路不怕遇到兕牛和猛虎」。原文中的「不遇」二字怎能譯為「不怕遇到」呢？由此可見「遇」字肯定是個錯字。

　　個別版本《老子》和湖南馬王堆漢墓中出土的兩千多年前《老子乙本》則寫為「陸行不辟兕虎」。

　　根據1955年人民衛生出版社影印日本丹波康賴編《醫心方》下卷第613頁「故老子曰善攝生者陸行不畏虎兕。」我認為「不畏兕虎」是正確的，更符合「不怕遇到兕牛和猛虎」的今譯。至於為什麼日本版本寫成「不畏虎兕」？什麼時代傳入日本？有待進一步查證。

　　根據《醫心方》卷末「劄記」中記載有著者「丹波康

賴永觀二年十一月廿八日選此書進公家。延慶二年己酉十一月十三日寫之畢。安政丁巳重刻。」

查：① 日本國永觀二年，甲申年，是中國北宋雍熙元年，西元984年。

② 日本國延慶二年，己酉年，是中國北宋大中祥符二年，西元1009年。

③ 日本國安政四年，丁巳年，是中國大清咸豐七年，西元1857年。

根據以上記載，此書原本可能是在中國唐朝時期流傳至日本國，1857年在日本重刻，1955年 6 月中國人民衛生出版社影印出版。

5. 大成拳的「物」

大成拳的「物」是指站樁、試力、發力的勁（內勁）或拳勁、爆發力等等而言，統稱為「東西」。無論是站樁或試力、發力等動作都有一定的表現形態。根據其具體動作形態的表現不同，可分為「視之有物」與「空洞無物」。在所謂「有物」的形態當中，又可分為局部的、整體的，體內的、體外的，等等。

例如：力任自然、鬆而不懈、緊而不僵、形鬆意緊的具體練法如緊鬆內動活動、連接活動、挎筋活動等這些形態都是向身體內部去尋求的東西。因此，說它是離開己身，無物可求。但是，提挈天地，把握陰陽，動似山飛，靜如海溢的具體練法如牽掛活動等表現形態，雖屬抽象，當訓練達到一定水準後，也就是經過「為道日損，損之又損，以至無為」。機體超過了力學的領域，達到更高級的

質變程度時，確實能夠表現出這種非凡的雄壯宏偉的澎湃氣概。這種偉大的氣概是向身體外部尋求的東西，它是高級的質變表現。

中國拳學所尋求的「物」由肉體到精神，由體內向體外逐步發展擴大，這是它由低級向高級，由量變到質變的發展規律。如果始終拘泥於身體內部，堅持不放，不能超脫，永遠也達不到神化妙用的一觸即爆發、全身無點不彈簧的高級境界。因此，說它是執著己身，永無是處。所謂的「物」或「東西」或「勁」或「內勁」或「內動」的現代醫學學名，叫做「第二隨意運動」。

表7－1 站樁求「物」攝生之道簡表

三士	三種人士	上士聞道，勤而行之； 中士聞道，若存若亡； 下士聞道，大而笑之，不笑不足以為道 **
三毋	三個不	毋代鳥飛， 毋代馬走， 毋先物動*（不知常，妄作凶）**
三立	三個獨立	獨立不改 ** 獨立守神 ** 站樁求物
三觀	三層觀察	常無，欲以觀其妙， 常有，欲以觀其徼， 萬物並作，吾以觀其復 **
三生	三生萬物 從無到有	道生一、一生二 ** 二生三、三生萬物
三損	為道日損 從有到無	為道日損，損之又損 以至無為 **

三益	損之而益 益之而損	多損多益　少損少益 不損不益　為何不益
最高境界		肌肉若一　*** 其中有象，其中有物 ** 善攝生者，陵行不畏兕虎 **

注：*見《管子》；**見《老子》；***見《黃帝內經》。

二、「物」的分類法

自古以來，我國的攝生訓練方法大致可分為：道家功法、醫家功法、儒家功法、道教功法、佛教功法等五個大類。直至近代才有武術、內功、外功、氣功、站樁等功法之分。傳統的看法認為：老子（西元前571—前471）是道家的創始人。道教則是中國漢民族固有的宗教，淵源於古代的巫術，它與作為古代哲學思想流派的道家並非一宗。東漢順帝漢安元年（西元142）由張道陵宣導於鶴鳴山（一作鵠鳴山，在今四川崇慶境內），凡入道者，須出五斗米，故亦稱「五斗米教」，為道教定型化之始。

道教遵奉老子為教祖，遵稱為「太上老君」，以《老子五千文》（當時對《道德經》的稱呼）為主要經典，影響面較大。其實老子學說並非宗教。

大約早於老子100多年的《管子》一書中，已經記載了關於「道」與「德」以及「物」與「氣」的學說。但是，歷史上的學者們只在文字上求解答，而缺乏文字之外高深的「體認」功夫，即《管子》所說的「毋先物動」

（《管子》，卷十三，心術上）；《老子》所說的「聖人抱一」（《老子》二十二章）、「抱一無離」（《老子》十章）、「獨立不改」（《老子》，第二十五章）；《內經》所說的「獨立守神」（《黃帝內經》，第一篇，上古天真論）；現在稱作「站樁」求「物」的實踐經驗。誠如《管子》所說：「形固有名。不修之此，焉能知彼。」物固有形，（《管子》，卷十三，心術上）因此只對抽象的「道」、「德」和「氣」的研究較多，而對於實質性具體的「物」的研究較少；對「外物」的引用較多，而對「內物」則知之甚少，乃至一竅不通者，比比皆是。

從哲學方面的解釋較多，而從攝生訓練方面解釋較少；本身無「物」也沒有見過「物」的學者著作較多，本身有「物」的學者著作較少；用傳統的宗教詞句解釋者有之，而用現代醫學科學術語解釋者缺乏。因此，對「物」產生了一些錯誤認識。

實際上「道即物，物即道。」（張松如，《老子說解》，第100、171頁）「道」是抽象的理論、道理、方法，而「物」則是專指「道」在人體上的具體動作表現神態，並非單純性的通指宇宙間一切事物的廣義的「萬物」。所謂的「萬物」，是以每個人身體為界限分為兩種：一是宇宙間的一切事物，它是有固體形狀的「物」，傳統上把它稱為「外物」，是「生而有之」之物；另一種是人體內的「萬物」，它是無固體形狀的，這就是《老子》所說的「生而不有」（《老子》，第五十一章）之「物」，我把它稱作「內物」。

1. 外物與內物之區別

外物與內物之定義：

(1)「外物」是身外「生而有之」能看得見之物。

(2)「內物」是身內「生而不有」視之不見之物。

「生而不有」（《老子》，第五十一章）一詞，各種版本的《老子》都解釋為「生養了萬物而不據為己有」。古棣著《老子通》把「有」字注釋為「佔有」。說「道」產生了萬物，「德」畜養了萬物，但是，並不佔有萬物。高享著《老子正詁》二章注為「享按『不有』者，不以萬物為己之私物也」。我認為「不」字是否定詞，表示否定的意思。「有」字是肯定詞。「有」是事物的存在、具有、擁有、保有的意思。「有」字跟「無」字相對，「有」字表示存在，「不有」表示不存在，是「沒有」的意思。至於「沒有」什麼？答曰：沒有固定形體之「物」叫做「不有」。

例如，站樁練功時最初會產生酸麻脹痛、涼熱震顫等感覺，這些感覺本身是沒有固定形體之「物」，是「視之不見，聽之不聞，博之不得」（《老子》，第十四章）的東西，練功完畢，「復歸於無物」（《老子》，第十四章）。所以稱他們是練功初級階段主觀感覺上身內產生的「生而不有」之物，即「內物」，一般稱作「氣」或「氣感」。這個內物由開始時的一種如「酸」的感覺逐漸發展為兩種，如「麻脹」的感覺，進而再發展為三種，如「痛或涼熱」的感覺，等等。

這就是「道生一，一生二，二生三，三生萬物」

（《老子》，第四十二章）；「聖人抱一」、「抱一無離」、「獨立不改」站樁練功攝生之「道」的客觀生理變化規律（詳見第一章，「站樁後身體反應」）。

身內「生而不有」之內物，例如酸麻脹痛、涼熱震顫等等感覺，與身外「生而有之」之外物，例如，自然界的日月星球、飛機大炮、高樓大廈、金銀財寶等等形成了鮮明的對比。

前者是無形之物，所以稱作「生而不有」；後者是有形之物，所以稱作「生而有之」。因此，「生而不有」一詞根據現代站樁求物攝生學的正確解釋應該是「生養了沒有固定形狀的物（內物）」，即酸麻脹痛、涼熱震顫等等，「視之不見，聽之不聞，博之不得」（《老子》，第十四章）主觀感覺上的「內物」。

這個內物由初級到高級、由量變到質變，往復循環，逐步發展，即「長之育之」（《老子》，第五十一章），使萬物成長發育，「成之熟之」（《老子》，第五十一章），使萬物成熟結果，「養之覆之」（《老子》，第五十一章），培養萬物，審察萬物。

最後能由練功達到高級階段的「善為道者」（《老子》，第十五章）以一種「若冬涉川，若畏四鄰」（《老子》，第十五章），「提挈天地，把握陰陽」（《黃帝內經經》，第一篇，上古天真論），「迎之不見其首，隨之不見其後」（《老子》，第十四章），謹慎嚴肅，渾樸純厚，雄壯宏偉，動作非凡的精神面貌客觀地表現出來，表演完畢「復歸於無物」（《老子》，第十四章）。

2. 氣與物的區別

氣與物的定義：

(1)「氣」是看不見的酸麻脹痛等主觀感覺。

(2)「物」是能看得見的肌肉若一。其中有物的客觀動作表現神態符號。

所謂的「氣」或「氣感」，是練功初級階段身體內在的自我感覺，凡練功者人人都能感覺到，因此，可以說「氣」是抽象的、空洞的、看不見的自我感覺。「物」則是練功達到高級階段時動作神態之外在表現，不經過專門學習、刻苦訓練不易掌握，因此，可以說「物」是具體的、實在的、能看得見的客觀動作神態表現。

學「拳」即是學「道」（攝生之道），目的是為了求「物」，「離開己身，無物可求；執著己身，永無是處」是王薌齋先生的一句名言，也是大成學說的核心。因此，我認為從攝生鍛鍊的角度來說，要正確理解《老子》書中的「道」，首先要從認識「物」這個東西開始，只有練功達到高級階段，身上有了「物」這個東西的人，如《老子》所說「善為道者」（《老子》，第十五章）、「孔德之容」（《老子》，第二十一章）、「善攝生者」（《老子》，第五十章）之表演，並進行過比較對照，才能正確理解「道」與「德」和「物」與「氣」的真正面目，才能正確認識道家功法的本質，從而才能對老子《道德經》的某些章節從攝生訓練方面做出正確的注解。

文字是記錄和傳達語言的書寫符號，是擴大語言在時間和空間上的交際功用的文化工具，對人類文明的促進起

著很大的作用。不識字或識字極少的人，一般稱之為「文盲」。那麼，不識「物」或識「物」極少的人，是否可稱之為「武盲」、「物盲」或「道盲」呢？

從另一方面講，文字是代表語言的書寫符號，不經過學習是看不懂和讀不出來的，尤其是中國的古文，即使能認識其字，有時卻難理解其真正的本義。例如，對「物」字的認識就是一例，《老子》所說的「物」，實際上是代表「道」與「德」具體動作的神態符號，這個「物」的本身是「生而不有，視之不見，聽之不聞，博之不得，是謂無狀之狀，無物之象，是謂恍惚，迎之不見其首，隨之不見其後」（《老子》，第十四章）的東西，表演完畢「復歸於無物」（《老子》，第十四章）。它是人類所共有的潛能，「自古及今，其名不去」（《老子》，第二十章），它對人類的身心修養、健康長壽、開發潛能、增長智力起很大的作用。它也是區別「抱一無離」、「獨立不改」（《老子》，第二十五章）的站樁練功這一古老的東方道家健身方法，與近代西方競技體育運動及現代中國武術套路演練完全不同的根本所在。

同樣，它不經過專門學習，不堅持較長時期刻苦訓練是得不到和表現不出來的。如同書法家所寫的字與一般人寫的字迥然不同一樣。但是，文字、語言根據各個民族與國家地域之不同而有所區別。

而「物」這個神態符號，則沒有民族與國家界限，它只有一個共同的標準；凡是人類經過「抱一無離」、「獨立不改」（《老子》，第十章、第二十五章）專門訓練

者，其對「物」的表現神態完全一致，只有造詣程度上的深淺與高低之不同而已。但是，關於「物」的記錄方法，在古代只能用文字來形容，無法保留其具體形象與神態的原貌。因此，沒有實踐經驗者，身上無「物」的人，和沒有親自看見過「物」的人，很難理解經過藝術加工、誇張描述的言辭。而現在可利用照片、錄影、電影攝製等記錄手段，永久保存下來，供人們比較對照，觀摩欣賞，研究提高。所謂某人的動作「視之有物」與「空洞無物」者相比形成了鮮明的對比。

三、道家功法

關於站樁的歷史淵源問題，過去一般都認為起源於南宋抗金名將岳飛（1103—1142）創「心意六合拳」與金兵作戰而得名。實際上站樁的歷史淵源可以追溯到2,700年前春秋時代，當時雖然不叫「站樁」，也不叫「氣功」，更不叫某某拳，但是，自古以來對攝生鍛鍊就存在著兩種截然不同的思想方法。一種是以「動」為主，注重外表四肢形態的活動變化，如鳥飛、馬走等形式的鍛鍊，即位置移動的運動；另一種是以「靜」為主，位置不移動，以單純的坐臥或站立為主，而主張求「物」理論的學說。歷史上最早提出練功求「物」學說的，當屬《管子》。

《管子》一書相傳為春秋時期，齊國政治家管仲（前730—前645）撰（管仲即管敬仲，名夷吾，字仲），實係後人託名於他的著作。內容龐雜，包含有道、名、法等家的思想以及天文、輿地、經濟和農業等知識。其中

《心術》、《白心》、《內業》等篇保存一部分道家關於「道」與「德」以及「物」與「氣」學說。

根據《管子》卷十三，心術上第三十六，記載有：

原　文	今　譯
上離其道	（「上」原指「君」。在人體「上」古指「心」，今指大腦）大腦如果離開「道」的原則，
下失其事	（「下」原指「臣」。在人體「下」指四肢末梢的手和腳）手和腳就不能完成它應做的工作，（因此）
毋代馬走	（下肢）不要像駿馬那樣去奔走，
毋代鳥飛	（上肢）也不要像鳥兒那樣去飛翔，
毋先物動，	在得到「物」以前不要移動身體（這就是原地站立不動的站樁最古老的名稱），
以觀其則，	目的是要觀察它自身內部的變化規律，
動則失位，	如果身體移動了，可就失去了「物」應佔有的地位，
靜乃自得。	只有靜靜地原地站立不動，才能得到「物」這個東西。

在《管子》原書中，除上述原文外，下文中還有繼續補充說明的文字如下：

原　文	今　譯
毋先物動者，	在沒有得到「物」之前四肢不要活動的原因是因為：

搖者不定，	（上肢）搖擺動盪活動的人，大腦不能安定下來，
趒者不靜，	（趒同躁：躁動，不停的跳動）（下肢）不停地跳動，大腦也不能安靜下來，
言動之不	這就是說四肢外形活動起來，大腦就不能觀察「物」的變化規律了，
位者謂其所立也，	「位」就是站立不動，
靜者能制動，矣。	只有站立不動的靜止狀態才能夠制止搖擺動盪的活動。
故曰：	所以說，
靜乃自得。	只有靜止不動的站立，才能得到「物」這個東西。

在這裏，《管子》首先提出了「三毋」學說，即「毋代馬走，毋代鳥飛，毋先物動」以「靜」為主的練功方法。可見當時就有「馬走、鳥飛」一類活動的練功方法。而《管子》卻旗幟鮮明地反對這種練功方法，主張「毋先物動，以觀其則」。並且堅定不移地指出了「動則失位」的經驗教訓，極力主張「毋先物動」以站樁求「物」為主的練功方法。

除《管子》之外，《老子》也是主張以「靜」為主的攝生方法。在《老子》第十六章中，「知常曰明，不知常，妄作凶」是從「毋先物動」另一角度來反對「妄作」

的。

常：(1)永久的：在一定條件下保持不變的。如常綠樹冬夏常青。(2)經常：時常。如常來常往。(3)普通，平常。如常識、常態；習以為常、反常。

妄：胡亂。如輕舉妄動、膽大妄為。虛妄，不實。如癡心妄想、妄言妄語。

凶：不幸的（形容死亡、災難等現象，跟「吉」相對）：凶事（喪事）、凶信。年成很壞：凶年。

「不知常，妄作凶」各家解釋分別為：

陳鼓應著《老子注釋及評介》（127頁）〔注釋〕為：常，指萬物運動與變化中的不變之規律。不知常，妄作凶，〔今譯〕為：不瞭解「常」，輕舉妄動就會出亂子。

張松如著《老子說解》（109頁）〔今譯〕為：不認識自然規律的輕妄，輕舉妄動定惹災凶。

任繼愈著《老子新譯》（95頁）〔今譯〕為：不認識「常」而輕舉妄動，其結果必凶。

古棣著《老子通》（67頁）〔校釋〕為：「知常曰明，不知常，妄作凶」這幾句話的意思是說，知常則明，知道常規，常法就明白了；不知常，妄作，輕舉妄動，隨意而為，就兇險了。這都是說的「致虛極，守靜篤」的功效。

于永年解釋為：「不知常，妄作凶」這句話的意思是與「獨立不改」相對而言的。關鍵問題是一個「常」字。《老子》主張在「獨立不改」的靜止不動狀態下去求

「物」。「不知常」的「常」字是指不知道在一定條件下保持「獨立不改」、站立不動的姿勢，會產生「致虛極，守靜篤，萬物並作，吾以觀其復」的運動變化規律而言。「妄作」是指輕舉妄動即隨意變動體位，進行位置移動的活動而言，如《管子》所說的「搖者不定，趮者不靜，鳥飛，馬走」即現代的武術套路、招法等活動。「凶」是指上述「搖者、趮者、鳥飛、馬走」等輕舉妄動的活動都是錯誤的，不對的，不好的，沒有好結果的意思。

《管子》與《老子》的經驗都證明了搖者、趮者、鳥飛、馬走等位置移動的活動，這些全是錯誤的，是不可取的，是求不到「物」的。只有明白了「毋先物動」、「獨立不改」的「常」，即在一定條件下保持不變的運動變化之規律，才能達到「致虛極，守靜篤，萬物並作，吾以觀其復」的目的，才能求到「物」。站樁練功的實踐證明了《管子》與《老子》的這些話是千真萬確的，是「自古及今，其名不去」，千古不變攝生之道的真理。

老子（前571－前471）名李耳，號老聃，為中國歷史上屈指可數的思想家，是道家學派的創始人。《老子》一書又名《道德經》、《老子五千文》，為道家經典著作。

繼《管子》之後，在《老子》書中更具體地提出了「獨立不改」即「站樁」求「物」的具體練功方法，以及對「物」的神態、「物」的用途等等都有詳細的論述。例如：

原　文	今　譯
孔德之容	大德者的動作神態（站樁練功達到高級

　　　　　　　　　　階段的人的舉止行動）

唯道是從　　只從事於道的體現研究，

道之為物　　道這個東西（道所創造的物），

惟恍惟惚　　沒有固定的形體，是恍恍惚惚的，

獨立不改　　（即站立不動）獨自一個人站立不動，

以觀其妙　　目的是為了觀察身體內部的奧妙變化，

周行不殆　　感覺和反應不停止的循環往復，

以觀其徼　　繼續觀察它的最終邊際。

　　「獨立不改，周行不殆」原是《老子》第二十五章的話，「以觀其妙，以觀其徼」是《老子》第一章的兩句話。根據《管子》「毋先物動，以觀其則，動則失位，靜乃自得」的啟示，我把《老子》這二章的話按《管子》原文的順序並根據站樁練功階段的不同而組成為「獨立不改，以觀其妙，周行不殆，以觀其徼」的道家功法。

　　所謂「獨立不改」，與《黃帝內經》中的「獨立守神」相同，而「毋先物動」則是從相反的方面來說明「獨立不改」與「獨立守神」的練功方法，名雖異，實則一也。它們都是現在的「站樁」練功最古老的名稱。「以觀其妙」是練功初級階段即「觀妙」的階段，「周行不殆，以觀其徼」是練功的高級階段，即「觀徼」求「物」的階段，這是逐步升級、逐漸提高、永無止境的練功方法，不同於停滯在一個水準上只求舒服，達到「坐忘」程度便不再提高的儒家功法。

　　關於「獨立不改」一詞各家的注解如下：

　　陳鼓應著《老子注釋及評介》（4頁）「獨立不改」
的「不改」就是指不會消失熄滅的意思。〔今譯〕為：它
獨立長存而永不衰竭（169頁）。

　　張松如著《老子說解》（165頁）〔今譯〕為：它永
遠不依靠外在的力量。

　　任繼愈著《老子新譯》（113頁）〔今譯〕為：它永
遠不依靠外在的力量。

　　古棣著《老子通》（58頁）〔注釋〕為：無聲，無形
之道，它無所依傍而獨立，並且永不改變自己。

　　于永年解釋為：「獨立」是指獨自一個人站立不動的
意思。「不改」是指保持一個狀態不改變其姿勢的意思。
「獨立不改」一詞就是現在的站樁練功方法。《老子》
全書五千文中，只有「獨立不改」這一句話是講攝生之
「道」的具體練習方法問題。

　　由於這一方法非常簡單，當時以至於現在都無法給它
起一個適當的名字。所以《老子》在第一章中就說「名可
名，非常名」。意思是說：名字是可以起的，但是，不能
起平常的名字。所謂平常的名字，就是站樁練功初級階段
人人都能感覺到的酸麻脹痛等現象，一般稱之為「氣感」
或「氣」。因此以氣命名的「氣功」這一名稱不是《老
子》攝生之道的最高境界。在第二十五章中又說「吾不知
其名」。因此，只能形象地稱它為「獨立不改」，所以才
引起第四十一章的「下士聞道，大而笑之，不笑不足以為
道」的無知恥笑。

　　「獨立不改」這一攝生方法非常簡單，從外表上看，

它那一動也不動的練功姿勢，既不好看，也不好聽。因此，《老子》在第三十五章中用「樂與餌，過客止」悅耳動聽的音樂與美味佳餚能使過往行路旅客為之聞香下馬來比喻「道之出口，淡乎其無味，視之不足見，聽之不足聞」。「道之出口」是講攝生之「道」的具體練功方法──獨立不改──練功姿勢問題。這個站立不動的練功姿勢是能看得見的。但是，它並不美觀好看，不好看，不值得看所以叫做「視之不足見」。而第十四章的「視之不見，聽之不聞，博之不得」是形容練功有成就的「善攝生者，孔德之容」所表演「物」的動作神態，所以叫做「視之不見，惚兮恍兮，其中有象，恍兮惚兮，其中有物」而言。這個「物」是「無物之象，無狀之狀」的「內物」，是看不見、聽不到、摸不著的東西。

它們之間的相互關係是：只有由「視之不足見」的這個不好看的「獨立不改」站立不動的練功姿勢──出口之道──才能得到「視之不見」看它看不見的這個「內物」。「視之不足見」的「出口之道」雖然不好看，它卻是產生「視之不見」的「內物」之「萬物之母」。因此，稱它為「用之不足既」用它又用不完，意思是說它對攝生健身的作用永無止境。

「視之不足見」與「視之不見」雖然只多一個「足」字，它所指的目標與意義完全不同，不能混淆為一，而把「視之不足見」譯為：看它，又看不見；看它，看也看不見；看它，卻看不見。

以上各家對「獨立不改」的解釋我認為這是因為著者

本身無「物」，也沒有見過「物」，不知「其中有物」的「物」究竟是個什麼樣子，只是從文字上求解答所致。因此，我認為要想正確理解《老子》所說的攝生之「道」必須結合站樁求物的實踐，先認識「物」是個什麼東西，從而才能對攝生之「道」及「物」做出正確解釋。

四、醫家功法

除《管子》與《老子》之外，《黃帝內經》中對攝生練功也有詳細的記載。根據《中國醫學史講義》的記載，《黃帝內經》一書大約成書於春秋戰國時期，即約西元前450—前350年間。

我國最早一部醫學經典名著《黃帝內經》第一篇，上古天真論裏有這樣一段記載。

全文如下：

黃帝曰，余聞上古有真人者，提挈天地，把握陰陽，呼吸精氣，獨立守神，肌肉若一，故能壽蔽天地，無有終時，此其道生。

對上述原文有種種解釋。例如，山東省中醫研究所研究班編的《黃帝內經‧素問白話解》解釋為，黃帝說：我聽說上古的時候，有養生達到「真人」程度的人，他們的一切行動，能夠很自然地適合於大自然的變化，能夠掌握陰陽消長的規律，調攝本身的精氣，使形體和精神結合一致，所以他們的壽命是無窮的，好像能夠和天地一起永遠地生存。這主要是因為他們能夠很恰當地運用養生方法，才達到這樣的效果。

張雲昌等譯的《白話黃帝內經》解釋為，黃帝說道：我聽說上古時代有修養達到最高境界的真人，能夠提挈天地自然的變化規律，把握陰陽消長作用的法則，吐故納新以養其精氣，超然獨立而精神內守，其形體與精神恍若結合為一，所以，其壽命便能和天地一樣無有終時。這就是所謂的「與道俱生」。

我結合站樁練功的經驗來解釋認為，這一段原文，就是所謂的上古真人鍛鍊身體的具體操作方法。這裏所說的真人並不是迷信中所說的成仙得道的真人，而是把攝生鍛鍊達到最高級的人叫做真人，其次的人叫做至人、聖人，再次的人叫做賢人。茲遂句解釋如下：

提挈天地：這並不是說真正有人能夠把天舉起來，把地提起來，而是形容經過「獨立守神」的鍛鍊達到最高水準者的偉大氣概與假想活動，亦即站樁時的一種意念活動。現在的術語叫「頂、抱、擔、提、胯、纏，懷抱嬰兒，手托天」。它是一種誇張的描述，就是說在進行「獨立守神」的站樁練功時，精神要擴大，意思要假想，好像雙手能把天舉起來，把地提起來似的。

把握陰陽：在這裏我們並不把它當做天地間陰陽五行的變化規律，而把它理解為能夠掌握人體活動力學的矛盾規律，也就是技擊實戰中人體發力時筋力學（勁）的陰陽虛實的變化規律。

呼吸精氣：精氣一詞是中國古代哲學術語，指一種精靈之氣。凡物之純者曰精，如酒精、香精、味精，等等。在這裏是指含氧量多的新鮮空氣，因此，可以理解為呼吸

最精華的空氣。這就是要選擇空氣最新鮮的地方去練功，以便吸收更多的氧氣，加強新陳代謝作用。

獨立守神：這是真人鍛鍊身體的具體操作方法。相傳，站樁就是由獨立守神逐漸演變發展起來的。過去不論什麼拳種幾乎都是練功先站樁。

肌肉若一：這是說經過長時間獨立守神鍛鍊之後，全身的肌肉在神經系統的支配作用下，進一步提高了相互之間的聯繫範圍，把人體鍛鍊成為一個更統一的完整體。人體全身上下雖然由大小639塊肌肉所組成，但是，動作時其協調統一的程度，卻好像是一塊肌肉在運動似的。站樁的術語叫做「整」。所謂真人與一般人不同的地方就在於此。這種具有偉大氣概的假想鍛鍊方法，在現代只有站樁繼承了下來。

此其道生：所謂「道生」是根據《老子》第五十一章「道生之，德蓄之，物形之，勢成之」而來。因此，可以說「道家」與「醫家」的功法是相同的，而「醫家」更具體地發揮和提高了「道家」的功法。

根據以上短短五句話，我們可以體會到古人在養生鍛鍊與拳學技擊方面，具有極高的理論水準與豐富的實踐經驗。

綜合以上逐句分析，並結合大成拳站樁功的訓練原則，將全文解釋如下：

黃帝說：我聽說在上古的時候，養生鍛鍊達到真人程度的人，是利用「獨立守神」的方法，在空氣新鮮的地方去進行身體鍛鍊。練功時精神要擴大，意思要假想力大無

窮，就好像雙手能把天舉起來，把地提起來似的。久經
這樣鍛鍊之後，全身上下的肌肉在神經系統的支配作用之
下，進一步提高了相互之間的聯繫範圍，把人體鍛鍊成為
一個更統一的有機體，動作起來上下左右協調一致，好像
一塊肌肉在運動似的。由於他能夠掌握人體活動力學上的
矛盾規律，也就是技擊實戰上人體發力時陰陽虛實的變化
規律，所以他們的壽命是較長的。這主要是因為他經常不
息地而且是恰當地運用了「獨立守神」的鍛鍊方法，所以
才能取得這樣的效果。這就是真人根據「道」的原則而進
行攝生鍛鍊的方法，叫做「道生」。

表7-2　醫家功法概要表

具體分析	原　文	今　　譯
空前絕後的意念活動	提挈天地把握陰陽	（在「獨立守神」站樁練功時）雙手要有提天挈地的意念活動。 經過長時間這種訓練後，才能掌握人體活動力學上陰陽虛實的變化規律。
練功場所	呼吸精氣	呼吸最精華空氣，這就是要選擇空氣最新鮮的地方練功，以便吸收更多的氧氣，加強新陳代謝作用。
練功方法	獨立守神	獨自一人站立不動，這就是現代的站樁。獨立守神較《老子》的獨立不改加入了「提天挈地」的意念活動（守神）。

練功結果	肌肉若一	（經過獨立守神的站樁訓練）最後能使全身的肌肉統一完整起來，動作時就像一塊肌肉一樣靈活有力。
理論根據	此其道生	這就是《老子》所說的「道」產生的結果（道生學說）。

五、儒家功法

　　如上所述，《管子》提出了「毋先物動」，《老子》提出了「獨立不改」，《黃帝內經》提出了「獨立守神」的練功方法。這些方法都是以「站立」位進行的。在《莊子》大宗師第六章中，孔子與其門生顏回一段對話中的「坐忘」顧名思義是採取「坐位」練功的。原文如下

原　文	今　譯
顏回曰：回益矣，	顏回說：我進步了。
仲尼曰：何謂也？	孔子說：怎麼進步呢？
曰：回忘禮樂矣，	顏回說：我忘掉禮樂了。
曰：可矣，猶未也。	孔子說：很好，但是還不夠。
他日復見，曰：回益矣，	過了幾天，顏回又見孔子說：我進步了。
曰：何謂也？	孔子說：怎麼進步呢？
曰：回忘仁義矣。	顏回說：我忘掉仁義了。
曰：可矣，猶未也。	孔子說：很好，但還是不夠。

他日復見，曰：回益矣。	過了幾天，顏回又見孔子說：我進步了。
曰：何謂也？	孔子說：怎麼進步呢？
曰：回坐忘矣。	顏回說：我坐忘了。
仲尼蹴然曰：此謂坐忘？	孔子驚奇地說：什麼叫坐忘？
顏回曰：	顏回說：
墮肢體	遺忘了自己的肢體，
黜聰明，	拋開了自己的聰明，
離形去知，	離開了本體，忘掉了知識，
同於大通，	和大道融通為一，
此謂坐忘。	這就是坐忘。

　　這一段記載，僅僅是站樁練功的初級階段「入靜」時的一種境界，對調整腦力、增強體質有一定作用。歷代的文人大多練功達到「坐忘」程度就認為滿足矣。例如：北宋大文學家蘇東坡養生訣曰：

> 自我練功（靜坐），
> 　其效初不甚覺，
> 　　但積累百餘日，
> 　　　功用不可量，
> 　　　　比之服藥，
> 　　　　　其效百倍。

　　實際上，「坐忘」是大腦皮層抑制作用的結果。大腦

皮層還有另外一種作用——興奮作用，這就是求「物」的意念活動，即「守神」和「觀徵」。求「物」非百餘日所能求得，也不是一般人都能理解和掌握，更不是僅憑「坐忘」就能得到，它需要「提挈天地，把握陰陽，獨立守神，肌肉若一」和「以觀其徵」更高一級的勤學苦練。

　　我的老師王薌齋先生說過：站樁練功欲求治病強身者，我有百分之百的把握，欲求明瞭拳理，掌握到「東西」（物）者，我連一分把握都沒有。可見學拳求「物」是比較困難的，是高級階段，不經過一番刻苦努力專門學習不易掌握。

表7-3　歷代各家功法概況表

道家	管子	《管子》求「物」學說 上離其道，下火其事，毋代馬走，毋代鳥飛，毋先物動·以觀其則，動則失位，靜乃自得	毋先「物」動
	老子	《老子》求「物」學說 孔德之容，唯道足從，道之為物，惟恍惟惚，獨立不改，以觀其妙，周行不殆，以觀其徵	獨立不改
醫家	內經	道生學說 提挈天地，把握陰陽，呼吸精氣，獨立守神，肌肉若一，此其道生	獨立守神
儒家	顏回	坐忘學說 墮肢體，黜聰明，離形去知，此謂坐忘。 靜坐：吐故納新，導引按蹻	坐忘人靜

道教	內外丹術	周天學説 小周天，大周天，通關，出竅	陰陽八卦
佛教	面壁坐禪	彈定學説 臥禪、坐禪、立禪、行禪	符籙咒語
內功	氣功	靜功：放鬆功、內養功、強壯功 動功：五禽戲、八段錦、易筋經	求「氣」
外功	武術	套路演練 南拳比拳、內家拳、外家拳、 太極拳、八卦拳、形意拳……	求「勁」
站樁	意拳、大成拳	大成學説 站樁站樁，體認功能，收視聽內，訓練神經， 離開己身，無物可求，執著己身，永無是從。 「物」的學名第二隨意運動示意式 （速度＋力量）×時間＝第一隨意運動 即工作肌的屈伸外動運動 （角度＋意念）×時間＝第二隨意運動 即休息肌的緊鬆內動運動	求「物」

六、道教與佛教的功法

外丹術是我國古代封建統治者為追求長生不老之藥而聽信「方士」（又稱「道士」）們利用丹砂（又名朱砂）即紅色的硫化汞結合硫磺、白礬等作為原料，經過熔化煉

成為金丹，並吹噓說，服丹之後，可以長生不老、成仙上天。實際上都是自欺欺人的鬼話。他們所謂的服食金丹後「白日飛升」，實際上是金丹中的劇毒物質使他們迅速中毒死亡而矣。這種從前漢開始人工煉製的金丹，至唐代通稱為「外丹」。

在唐代外丹術大為盛行，在統治階層中形成一種服食金丹的風氣。清代趙翼在《二十二史劄記》卷十九《唐諸帝多餌丹藥》條中記載了唐太宗、憲宗、穆宗、敬宗、武宗、宣宗等皆因服食丹藥中毒致死，臣下如杜伏威、李道古、李抱真等也是服食金丹中毒而死。

根據郭沫若著《李白與杜甫》一書中的考證，唐代偉大詩人李白在青年時代已經和道教接近，常常醉心於求仙訪道、採藥煉丹，曾經正式受過「道祿」成了道教的方士。

當年道教信徒受「道祿」有一定的儀式，形式十分繁瑣，比佛教的受戒，基督教的受洗禮，似乎還要煞有介事。受道人像罪人一樣，把自己的兩手背剪起來，一個七天七夜乃至兩個七天七夜，魚貫而行，環繞壇坫，不斷地口中念念有詞，向神祇懺悔，這樣殘酷的疲勞轟炸，身體弱的人等不到七天七夜就會搞垮。不能堅持到底的人，便成為落伍者，就不能得「道」。能夠堅持到底的人，自然會搞得精神和肉體都疲憊不堪，在這時就會發生幻聽等精神異常現象，他會看到神人顯形，也會聽到神人宣示或者所謂天上的音樂。事實上，這是一些愚蠢透頂的狂信徒。想到那樣放蕩不羈的李白，卻也心甘情願地成為這樣的

人，實在是有點令人難解。

　　由於他相信神仙，相信人可以成為仙人，故他相信仙藥，相信靈丹，相信服了仙丹的人可以長生，可以生出羽翼而高飛。秦始皇這樣相信過，漢武帝也這樣相信過，只要有了「九轉金丹」服用了便能生出羽翼，一雙草鞋也就成為一雙水鳥，可以載著人白日飛升。為了追求長生，秦皇漢武已經受了騙，魏晉的統治階層也接著受了騙，李白也不過是在向這些最愚蠢的統治者學步而已，由於他過分嗜酒，長期煉丹、服丹，以致水銀中毒，結果是神仙迷信、道教迷信深深地害了他，既未能成仙得道，又未能長生不老，僅僅活了62年就向塵世訣別了。所以宋代醫學家張杲在其所著的《醫說》一書中，就搜集了不少服食外丹致死的具體資料，題為《金石藥之戒》，這樣，唐以後外丹術就開始衰落了，隨之而興起的是「內丹術」。

　　內丹術的大小周天是我國道教的主要練功方法，也是我國古代統治階級為了追求返老還童、長生不老、成仙得道的產物。一般說小周天通任督二脈，大周天通達奇經八脈，總稱為「內丹術」。其由來已久，尤其宋、元以後的道教人士中，有的著書立說，有的廣為傳播，影響面比較廣泛。直到現在，社會上還是有人練習這種功法並把它視為不傳之秘，不能透露的「真訣」，誇它為天上妙法，更有人似是而非地信口開河，好像氣功若非師承老道和尚就算不得正宗，名目也多出自道教佛教，好像名字越玄功力越深。氣功招生廣告、氣功學習班、氣功帶功報告等如雨後春筍，致使一些人到處請教，盲目追求。

　　據報載，近年來練習氣功導致精神障礙者越來越多，全國數以千計的氣功信徒被送進了精神病院。目前國內宣揚封建迷信的偽科學猖獗勢頭氾濫狀況使人痛心疾首，已引起社會各界的關注。因此，對大小周天必須正確對待，否則，在思想上、方法上，都可能把人引向迷途。

　　內丹術就其目的來說，是宗教界裏一種神仙方士之術，是為了想超脫塵世，羽化成仙而練的方法，那是根本達不到的。歷史早已證明了，陷入這個泥坑者，有些人即使具備了法、財、侶、地四個條件，因為實際上並不能達到傳授者所宣傳的那樣，所以長期處在懷疑的矛盾中而不能自拔。因此，他們便到處尋師訪友，但又限於「三口不談，六耳不聞」的清規戒律，結果仍然以「不誠心」、「沒有緣」為藉口而被拒之門外。為此，我們必須反對這種麻痺人們意志的迷信思想，宣傳現代科學知識，提高人民文化思想水準。

　　內丹術中的大小周天，所以會與成仙上天聯繫起來，是因為在練功過程中所出現的種種「感覺」為主要因素。由於古人不懂人體解剖學、生理學、醫學和心理學，不能科學地解釋各種「感覺」產生的原因，致使長生不老、羽化成仙等等妖言瞽說盛行，於是，便形成了神秘虛幻的觀念。例如，在靜止不動的狀態下，長時間保持一種姿勢不變時機體內部便產生酸、麻、脹、痛、冷、暖、輕、重的感覺，這本來是一種必然的、正常的生理反應。但是，所謂的「氣功師」們便說，這是「得氣」了。甚至還吹噓說是氣功師的「發氣」、「發功」的本領所致；閉眼練功的

狀態下，雙眼發光的感覺，認為是身體內部已經產生了特殊物質——「丹」的徵象；小腹部發熱的感覺被視為「爐中火起，可以煉精化氣」；至於暖流在任、督二脈上走通的感覺更被重視為能「消除百病，返老還童」的靈丹妙藥；在練功過程中有時身體變輕，有一種飄飄然輕鬆舒暢的感覺，達到「坐忘」狀態時，便被宣傳為「羽化成仙，可以上天」的徵兆，等等。實際上這些現象的出現，完全是由於機體長時間在安靜的環境中，保持一種姿勢不變，注意力便由向外而轉為向內，集中到了自己身體內部來，甚至某個局部狹小的部位，從而提高了對機體內部的感知性，而且練功又是在清醒狀態下進行的，當然這些「感覺」就能夠清晰地體會到。這是自然產生的正常生理現象，有它一定的規律性，一點也不神秘。

七、站樁與氣功的區別

在1988年陝西科學技術出版社出版發行的馬濟人編著《中國氣功學》一書中，把氣功的鍛鍊方法分為靜功鍛鍊方法與動功鍛鍊方法兩種，在靜功鍛鍊方法的第八節站樁功一節中說：「站樁原是武術界作為腰腿鍛鍊的基本功夫，有多種站法。這套站樁功乃是武術家王薌齋所總結的，曾名養生樁、混元樁。它是由『意拳』的站樁演變而來，是一種形體精神同時鍛鍊的氣功靜功。1958年10月王薌齋曾三次著文介紹他的站樁功法。在一些臨床單位中運用，也收到了一定的治療效果。」

在這裏需要說明的一點就是，我的老師王薌齋先生生

前始終沒有把站樁稱作過氣功，更沒有承認過站樁是「氣功靜功」的分類法。因為站樁與氣功是截然不同的兩種功法。不過目前一般人都這樣相稱，也只好從眾了。

首先從練功的具體要求上去分析，一般教練氣功者都要求練功者必須「入靜」，還必須「意守丹田」、「以意領氣」和人為地調整呼吸叫做「調息」，因此，入靜、意守、調息這三者便成了練習氣功的基本法則。氣功的進一步要求則是「河車搬運」，即「小周天、大周天、通關、出竅……」等等。這些要求由於過去受道教、佛教的陰陽八卦、符篆咒語等影響，有一定的封建迷信色彩和唯心主義思想流毒影響，如果對此不能批判地選用，掌握不好時則容易出現偏差和副作用。根據現代醫學心理學來分析，可以說：從歷史上的文獻記載到目前練習氣功所出現的偏差和「走火入魔」等的根本原因，都是出自指導方法上的錯誤所造成的。換句話說，都是人為造成的，也就是由於指導者片面強調惡性心理暗示即反覆暗示開天目通關出竅，超脫塵世，白日飛升，羽化成仙等等偽科學、反科學的歪理鬼神邪說與練功者過分的盲目追求「入靜、意守、調息」和「周天循環，通關出竅」不當所造成的。因此，如果能夠總結歷史教訓，從根本上不教授或不強調入靜、意守、調息，不追求大小周天、開天目、通關出竅者，絕對不會產生這種人為的偏差。例如，歷史上的「外丹術」是經過了幾個世紀近千年的實踐，人們才逐漸明白過來所謂「外丹」即「金丹」，是有毒物質，非但不能長生不老，而且可以使人中毒死亡，遂被拋棄了。這一血的教

訓，不知害死了多少人啊！希望現代學習氣功者們，能從歷史上造成的各種災難性不良後果的「熱」中吸取教訓，丟掉錄放影機式的思維方法，多問幾個「為什麼」，多學習一點現代科學知識，首先瞭解「入靜、意守、調息」的目的與作用機制，正確認識其發生與發展的客觀規律，避免人為的製造遍差與走火入魔。

站樁與氣功作為醫療體育應用它們來治療某些慢性疾病時，單純地從外部形態上身體保持一定姿勢，不移動位置這一點來說是相同的。可以說同屬於「植物式運動」的範疇。根據新中國成立後發表的有關氣功生理變化資料來分析，氣功屬於「有靜無動，單純的靜」的功種，因為它只要求大腦皮層的抑制（入靜）和降低人體新陳代謝及降低心率、減少心肌的耗氧量，使人處於一種低消耗節能狀態的所謂「氣功態」中，而不要求骨骼肌的收縮運動。它對四肢肌肉的收縮運動則靠練習動功或打太極拳等活動，因此，氣功又屬於「動靜先後結合」的功種。

站樁練功時，單純地保持一定姿勢不動時，能使四肢的工作肌產生持續不斷的收縮運動，即達到「動」的目的（脈搏增高）。在這同時，由於肢體外形上不發生位置移動，所以大腦皮層可以進入內抑制狀態，從而達到「靜」的目的（大腦抑制）。如果站樁時加入緊鬆動作的意念活動時，則可使大腦皮層產生高度興奮，這時除工作肌保持一定的收縮運動外，還可使休息肌也產生緊鬆收縮運動。因此，站樁練功屬於「有動有靜，動靜統一」的運動，而且它又是「動靜同時結合」的運動。

偽氣功、偽科學與真功夫、真科學區別簡表如下：

表7－4　偽氣功、偽科學與真氣功、真科學區別簡表

氣功				站樁
訓練軀幹				訓練四肢

意守丹田
以意領氣
調息入靜
大小周天

主觀預設
惡性循環
盲目追求
後患無窮

感而後應
非所設也
物至則應
過則捨矣

獨立不改
以觀其妙
毋先物動
為道日損

精神失常
走火入魔

損之又損
以至無為

偽氣功
偽科學

真功夫
真科學

開天目
通關出竅
超脫塵世
白日飛升
羽化成仙

聖人抱一
獨立守神
肌肉若一
其中有物

注

1. 軀幹：人體除了頭部，四肢所餘下的部分叫軀幹。

2. 四肢：指人體的兩上肢和兩下肢，也指某些動物的四條腿。

3. 獨立不改：《老子》二十五章

　毋先物動：《管子》卷十三心術上

　損之又損：《老子》四十八章

　聖人抱一：《老子》二十二章

　肌肉若一：《黃帝內經》

　感而後應：《管子》卷十三心術上

　物至則應：《管子》卷十三心術上

　以觀其妙：《老子》一章

　為道日損：《老子》四十八章

以至無為:《老子》四十八章
獨立守神:《黃帝內經》
其中有物:《老子》二十一章
非所設也:《管子》卷十三心術上
過則捨矣:《管子》卷十三心術上

八、站樁的近代發展

站樁的近代歷史淵源是由心意拳(又名形意拳、意拳、大成拳)的基本功演變而來。

心意拳原名叫做「心意六合拳」,也叫做「心意把」。過去一般相傳為宋代名將岳飛(1103～1142)岳武穆王所創。但根據黃新銘著《姬際可傳》(原載《武林》1983年第4期)認為:姬際可,字龍峰,山西蒲州馮里尊村(現屬永濟縣張營鄉尊村)人,生於明萬曆年間(約1600～1680),卒於清代康熙初年,享年80歲,是心意拳的創始人,為第一代拳法。

據文獻記載,姬際可居少林寺10年,見雄雞相鬥,遂悟其理,而興此拳。「心意把」在少林寺為秘傳絕技,外人很難見到。

又據黃新銘著《心意六合拳各代拳法初探》(原載《武林》1985年第4期)載有:第二代拳法,河南心意拳與山西心意拳,此拳分為南北二支,馬學禮一支稱「河南派」,戴龍邦一支稱「山西派」。

第三代拳法是形意拳。形意拳是從心意六合拳衍化出的一支,它既非始於岳飛,又非始於姬龍峰,而是始於李

洛能。李氏約在1840年～1850年間到山西祁縣戴家學拳，此時距戴龍邦在洛陽馬學禮書室作拳譜序時約晚一百年，李洛能不可能直接從戴龍邦學藝，祁縣人說他是跟戴龍邦之子戴文勳的表弟郭維漢學的拳。李氏將「心意」改為「形意」，形意之名由此始。李洛能弟子車毅齋、宋世榮一支稱形意拳山西派，郭雲深、劉奇蘭一支稱形意拳河北派。

另一說法為山西口音，「心」字與「形」字發音相同，河北深縣人李洛能誤認為「心」字為「形」字，因此，回故鄉後稱為「形意拳」，實係「心」字之誤，流傳至今。

第四代拳法是意拳。意拳為郭雲深弟子王薌齋所創，此為最年輕一代拳法。意拳又名大成拳。

意拳是王薌齋先生於20世紀20年代在上海教授拳學時所使用的名稱。

大成拳是王薌齋先生於20世紀40年代在北京教授拳學時所使用的名稱。

意拳、大成拳都是以站樁為主，佐以試力、摩擦步、發力、試聲、推手、實戰等七種鍛鍊方法。站樁、試力為大成拳的基本功，大成拳主張：力由站樁而得，由試力而知，由發力而用，由推手而懂，由實戰而知變化，這是大成拳的基本特點。

大成拳的另一特點是將醫療保健、養生強身、技擊實戰融為一體，以站樁不動為其基本訓練手段，分為養生樁和技擊樁兩種樁法進行鍛鍊，沒有固定不移的套路和招法

訓練。站樁以求「物」為目的，以「站樁站樁，體認功能，收視聽內，訓練神經。離開己身，無物可求，執著己身，永無是處」為大成學說。它與《管子》的「毋代馬走，毋代鳥飛，毋先物動」的三毋學說及《老子》的「抱一無離」「獨立不改」和《黃帝內經》的「獨立守神」等學說是相吻合的。

20世紀50年代日本人澤井健一在東京開始傳藝時稱之為「太氣拳」，他在1976年出版了《中國實戰拳法——太氣拳》，書中詳述了20世紀40年代他在北京與王薌齋先生試手失敗後向王先生學習大成拳的經過，並對中國拳學有了新的認識。從學者除日本人士外尚有不遠千里漂洋過海前往學習的西方人士。澤井健一（1903～1989）是日本的武術名家，創太氣拳，被譽為日本的拳聖和太氣至誠拳法宗師。

于永年於1953年在北京採用養生樁的一部分姿勢，治療中西醫藥無效的各種慢性病取得了意想不到的效果，因此稱之為「站樁療法」。

郭貴志於1980年、1981年先後代表山西省和火車頭體協參加全國武術觀摩交流大會，表演了大成拳，動作嫻熟，技藝高超，兩次都被大會評為優秀獎，獲得金質獎章。迄今為止，他是第一個代表大成拳參加全國比賽的獲獎者。1981年 6 月11日《人民鐵道報》以「由重病號到金牌獲得者」為標題報導了郭貴志學習大成拳樁功的詳細經過。1982年 1 月12日中央人民廣播電臺在體育節目中轉播了這篇文章的全文。1985年經大同市體委批准成立了全國

第　個人成拳研究會，郭貴志任會長，教授大成拳並指導患者練習站樁功，治療各種醫藥無效的慢性病，收到一定療效。

1984年經北京市武術協會批准成立了全國第一個北京意拳研究會，姚宗勳任會長，培養了一大批意拳高手門生，對意拳的發展起到了很大的推動作用。

林錦全1985年開始在英國倫敦教授用站樁療法治療各種慢性疾病也取得了優異成績，成為部分英國人喜愛的醫療保健、養生強體的方法之一，他稱之為「站樁氣功」，並集資鉅款用英文、德文、法文、西班牙文出版了《能量之路——站樁氣功》一書廣為宣傳。

此書出版發行後引起了一些參加健康俱樂部鍛鍊人士的注意，紛紛學習。他們在練習太極拳或其他運動之前都要擺好一個站樁練功姿勢靜靜地站立 3 分鐘～ 5 分鐘，以體認身體內部的變化情況，名之曰「站樁氣功」，定為例行的必修課。

1994年7月英國倫敦第四電視臺攝製組一行 5 人專程前來北京在恭王府花園錄影採訪，請于永年講解站樁功，並去河南嵩山、香港等地拍攝外景配合站樁練功製成10輯《站樁氣功》錄影帶公開發行，於1995年1月在倫敦第四電視臺播出後，受到好評。現正籌備拍攝續集。

香港於1988年成立了霍震寰為會長的香港意拳學會，定期發行香港意拳學會通訊，並多次邀請大陸有關人士到香港進行觀摩表演和學術交流，在海內外影響甚大。由於近年來關於意拳大成拳的著作逐年增多，不僅在大陸各

省練習者甚多，而且在香港、臺灣和日本、法國、美國、東南亞等世界各地都有練習者。隨著我國對外開放和文化交流活動的廣泛開展，以及站樁本身的正確理論與特殊療效，可以預計將來定會有更大的發展。

站樁的最大特點是無副作用，因為它不強調入靜、意守和調息，也不講大小周天和通關出竅，站樁練功時只要求擺好姿勢，掌握一定的運動量和必要的意念活動，以脈搏增加多少為運動量大小客觀生理指標，並且能夠根據每個人體力變化情況而隨時調整姿勢，鞏固成績，充實內容，提高療效。

站樁的進一步訓練是向中國拳學方面發展，是專門研究人體活動力學上的筋力學問題，這是一項比較複雜的問題，即試力、發力、試聲、推手、技擊實戰等問題。

站樁練功把醫療保健、養生強身、技擊實戰融為一體，以求「物」為最高目的，以站樁不動為訓練爆發力的方法，沒有套路演練，恢復了「毋先物動」、「獨立不改」、「獨立守神」的本來面目。

我根據現代醫學、運動生理學提出以下運動分類法及「物」的學名第二隨意運動示意式：

（速度+力量）×時間＝第一隨意運動，即工作肌的屈伸外動運動

（角度+意念）×時間＝第二隨意運動，即休息肌的緊鬆內動運動

站樁的歷代名稱如下表。

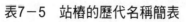

表7-5 站樁的歷代名稱簡表

西元前 730-645	《管子》	毋先物動	《管子》卷十三、心術上第三十六
西元前 571-471	《老子》	抱一無離 獨立不改	《老子》十章 《老子》二十五章
西元前 450-350	《內經》	獨立守神	《黃帝內經》第一篇
西元前 369-286	《莊子》	坐忘	《莊子》大宗師第六
西元142	道教	內丹術	在身體保持「獨立不改」狀態下增加小周天、大周天、通關、出竅等意念活動
西元 487-593	佛教	禪定 臥禪、坐禪 立禪，行禪	南朝菩提達摩由天竺來華傳授禪法創立面壁禪定
1103-1142	岳飛	心意六合拳	一般傳說岳飛創此拳與金兵作戰
1600-1680	姬際可	心意拳	在少林寺觀雄雞鬥；悟其理興此拳
1750	戴龍邦	心意拳	在洛陽馬學禮書室作拳譜序
1850	李洛能	形意拳	在山西祁縣學藝後返回河北深縣
1903	郭雲深	形意拳	郭雲深1903年逝世

1920	王薌齋	意拳	在上海時著《意拳正軌》
1940	王薌齋	大成拳	在北京時著《大成拳論》、《拳道中樞》
1950	澤井健一	太氣拳	1976年在日本出版《中國實戰拳法——太氣拳》
1953開始 至2010	于永年	站樁療法	1982年北京出版《健身良法—站樁》 1987年北京再版《健身良法—站樁》 1989年香港出版《拳道中樞站樁功》 1989年北京出版《站樁養生法》 1989年香港版《健身良法—站樁》 1996年河北出版《站樁》 1999年法國出版《大成拳意拳》 2005年山西出版《大成拳—站樁與求物》 2010年山西出版《大成拳—站樁與道德經》
1985	林錦全	站樁氣功	1985年在英國出版

第 八 章

> 為學者日益
> 為道者日損
> 損之又損之
> 以至於無為

關於「道」的研究

大成拳道站樁求物推本溯源
總　綱

> 大成拳道，　以靜為本。
> 以因為源，　以物為法。

一、《管子》三冊學說

> 毋代馬走，　毋代鳥飛。
> 毋先物動，　靜因之道。

二、《老子》抱一無離

> 抱一無離，　以觀其妙。
> 獨立不改，　周行不殆。

三、《文子》道者一立

> 道者一立，　萬物生矣。

　　　　　　　　　一為有形，　　有名之始。

四、《內經》獨立守神

　　　　　　　　　提挈天地，　　把握陰陽。

　　　　　　　　　獨立守神，　　肌肉若一。

五、《莊子》捨人求己

　　　　　　　　　衛生之經，　　能抱一乎。

　　　　　　　　　能捨諸人，　　而求己乎。

六、《老子》為道日損

　　　　　　　　　為道日損，　　損痛治病。

　　　　　　　　　損之又損，　　以至無為。

七、《老子》損之而益

　　　　　　　　　損之而益，　　強身健體。

　　　　　　　　　益之而損，　　預防疾病。

八、《老子》其中有物

　　　　　　　　　修之於身，　　其德乃真。

　　　　　　　　　以身觀身，　　其中有物。

九、《管子》物固有形

　　　　　　　　　物固有形，　　形固有名。

　　　　　　　　　不修之此，　　焉能知彼。

十、《老子》不畏兕虎

　　　　　　　　　勤而行之，　　自強不息。

　　　　　　　　　善攝生者，　　不畏兕虎。

　　注：本文由一至十共160個字，其中「損痛治病、強身健體、預防疾病、自強不息」16個字是于永年增添之外，其他全部文字都是原著。

一、意拳大成拳站樁求「物」溯源

先秦典籍《管子》和《老子》，都是中華道學文化開宗立基的經典著作，其中不僅蘊含著玄妙的哲學境界，而且具有高超的功夫境界，這些道學典籍為後世哲學家、政治家、軍事家，乃至醫、卜、星、算、武術家、修煉家尊為圭臬，影響深遠。

這種文化現象毫不足怪，蓋因這些道學著作都是究天人之際，達古今之變，窮性命之源的典籍，他們探討的都是一個「道」字，而「道」是放之四海皆准的客觀規律，因之可包羅萬象，遍及千行百業。天下事往往殊途而同歸，百慮而一致，各行各業的「術」只要認真鑽研下去，都能達到「道」的境界。

著名武術家王薌齋先生（1886～1963），創立意拳（後稱「大成拳」），功夫練到出神入化，亦與道合。筆者1944年跟隨王薌齋先生練習大成拳站樁功，至今已六十餘年，認真揣摩《管子》、《老子》等道學著作，漸有所得。《管子》、《老子》等書決非是純政治書或純哲學書，其中包含諸多養生、修煉等內容，這已被前輩學者所熟知。不理解《老子》等書中的養生修煉內容，忽視其中的功夫境界，就不能真正讀懂《管子》、《老子》。

筆者不揣淺陋，今將《管子》、《老子》中的某些章節，試作譯讀，揭示出其功夫境界，並求得原文的真解，以就教於大方之家。

意拳是中國拳學改革家王薌齋先生20世紀20年代在上

海教授拳學時所使用的名稱。

大成拳是中國拳學革命家王薌齋先生20世紀40年代初在北京教授拳學時所使用的名稱。

1947年中國拳學理論家王薌齋先生在北京太廟（今勞動人民文化宮）東南角的八角亭成立了「中國拳學研究會」教授站樁功。

在北京以站樁治病的歷史是從這裏開始的，並逐漸發展成為療效卓著的醫療體育，實現了《老子》四十章「弱者道之用」的積極有效作用。進而證明了古老東方以「靜」為主、以求「物」（內物、內勁、內動）為目的，從而建立了「靜因之道也」（《管子》心術上第三十六）中國道家文化獨特的、舉世無雙的、以靜為本、以因為源、返本求源之主靜與主因學說的體育運動新體系，以資區別於以「動」為主，「反者道之動」（《老子》四十章），「動果之道也」的位移運動。即所謂「另成一種特殊拳學」（王薌齋《大成拳論》自志）。

以上是王薌齋先生拳學生涯不同時期曾經使用過的歷史名稱，不容篡改。

眾所周知，意拳、大成拳廢棄了傳統武術套路招法演練，而以站樁求物為主要訓練手段。王薌齋先生說：「養生樁，極容易，深追求，頭萬緒。」千真萬確，的確如此，單純地擺好一個姿勢不動，一不調息，二不意守，三不周天循環。即不調整呼吸，不意守丹田，不搞大小周天。為保健養生治療某些慢性疾病，增長體質，使工作肌產生被動性的站樁練功，簡單易行，人人都會，效果良

好，無副作用。

　　但是，主動性的站樁求物，求內物（內勁、內動），求休息肌的緊鬆內動活動，求增長體育智力，建立第二隨意運動新體系，則並非那麼容易的事了。

　　關於站樁的歷史淵源問題，過去一般都認為起源於南宋名將岳飛（1103—1142）創「心意六合拳」與金兵作戰而得名。但無文字記載可查。

　　實際上關於站樁的歷史淵源問題可以追溯到2700年前春秋時代各家著作中。當時雖然不叫「站樁」，也不叫武術或某某拳，更不叫氣功。

　　但是，自古以來對攝生鍛鍊就存在著兩種截然不同的思想體系。一種是以「動」為主，注重外表四肢形態的活動變化，如鳥飛、馬走等形式的鍛鍊，即位置移動的運動；另一種是以「靜」為主，位置不移動，以單純的坐臥或站立不動為主，而主張求「物」理論學說。歷史上最早提出練功求「物」學說者當屬《管子》。

　　《管子》一書相傳為春秋時期，齊國政治家管仲（前730～645）撰。管仲即管敬仲，名夷吾，字仲。實係後人託名於他的著作。內容龐雜、包含有道、名、法等家的思想以及天文、輿地、經濟和農業等知識。其中《心術》、《白心》、《內業》等篇保存一部分道家關於「道」與「德」以及「物」與「氣」的學說。

　　除《管子》一書之外，在《老子道德經》（前571～471）一書中更具體地提出了「道」、「為道」。「道之為物」，「三生萬物」，「聖人抱一」「抱一無離」。

「獨立不改」即站樁求物的具體練功方法，以及對「物」的產生、「物」的神態、「物」的用途等等都有詳細的論述。

但是，歷史上的文人學者們由於沒有練習過「聖人抱一」、「抱一無離」、「獨立不改」站樁求物，沒有具體的經驗，不知道「為道日損」的生理變化規律，只從文字表面字義上求解答《老子》的文章，不知道《老子》攝生之道專用術語內涵之本義，因此，只能對抽象的、理論性的「道」與「德」與「氣」以及視之可見，生而有之的「外物」進行論述與引用者較多，而對於具體性的、實質性的視之不見，生而不有的「內物」的認識及求得者較少，甚至一竅不通者，比比皆是。因此，對「物」（內物、內動）產生了一些錯誤認識。下面摘選《管子》，《老子》有關重點章節詞句專用術語，以各家注解與拙詁為對照，拋磚引玉，供批評討論。

二、《管子》毋先物動論淺釋

《管子》卷十三，心術上篇主要是講「毋先物動，靜因之道也」攝生求物理論問題。「心術」一詞是《管子》首先提出來的專用名詞，古代稱心，現代是指大腦。

《管子》首先提出了「毋代馬走，毋代鳥飛，毋先物動」三毋學說。他名正言順，涇渭分明，堅決反對在得「物」（內物、內勁、內動）之前進行馬走，鳥飛式「動」的戕生運動；並且明確指出「搖者不定，躁者不靜。靜因之道也。因也者，捨己而以物為法者也」。寥寥

數語闡明了中國道家文化養生之道動靜關係，以靜為本，先靜後動，靜中求物。

形意關係，以意為本，先意後形，意固形定。果因關係，以因為本，由因及果，是乃正道。這是大腦中樞（上）與手腳末梢（下）之間神經肌肉運動訓練的生理機制，「上離其道，下失其事」的辯證關係問題，因此，稱為「心術」。從而奠定了古老東方、龍的傳人、中國道家文化「靜」的攝生求物運動體系理論基礎。早在2,700多年前《管子》能提出這樣完全符合現代醫學科學、運動生理學、大腦皮層高級神經、興奮與抑制活動變化規律，句句是真理，實屬偉大之極。

「靜」是指停止的，跟「動」相反。「動」是指從原來位置上離開，改變原來的位置或姿態，跟「靜」相反。在這裏「靜」是指毋先物動的「聖人抱一」、「抱一無離」、「獨立不改」的站樁而言。

「因」是指原因的「因」，事物發生前已具備的條件，與「果」相反。「果」是結果，事情的結局或成效，與「因」相反。在這裏「果」是指馬走、鳥飛等活動為「動之果」。「因」是指動之原因的「因」。在這裏「因」是指跑、跳、蹬、蹉、撐、挾、抽、拔等動作的「動之因」，即緊鬆內動活動而言。《武魂》1999年12期《大成拳再問疑》的編者按語中寫道：「拳學一道，歷來就是在對『因』的追求中發展起來的。」

但是，我認為「因」字在這裏不能當做「因循」不改變或因勢利導講。理由是中國道家的功夫、心術、為道，

鍛鍊身體在那個時代已經有了馬走、鳥飛等以活動肢體為主的「動」的鍛鍊方式，而且又有反對以動為主的「毋先物動」以靜為主的「靜」的鍛鍊方式。那麼這個「因循」不改變是指哪一類型的「因循」不改變呢？因此我認為當做「因果」關係的「動之因」來講是正確的。

《管子》時代稱養生練功為心術，不叫武術，也不叫拳術或某某拳，更不叫氣功，而稱為心術。這個古老理論名稱與2,700年後今天的休息肌的緊鬆內動活動「第二隨意運動」學說是完全一致的，都是要求由大腦主動的訓練下肢肌肉神經產生「動之原因」的緊鬆內動活動訓練（詳見《站樁》第九章，「物」的學名——第二隨意運動，第四章腳底緊鬆訓練法）。

《管子》卷十三，心術上第三十六，原文共1,436個字，我把它的重點精減為128個字，分為三段，稱為「毋先物動」論，三毋學說。摘要如下：

《管子》卷十三心術上篇摘要
毋先物動論三毋學說

一

上離其道，	下失其事
毋代馬走，	毋代鳥飛
毋先物動，	以觀其則
動則失位，	靜乃自得

二

毋先物動者，

搖者不定，躁者不靜，

言動之不可以觀也。

靜則能制動矣。

故曰，靜乃自得。

靜因之道也。

因也者，

捨己而以物為法者也。

三

感而後應，非所設也。

物至則應，過則捨矣。

物固有形，形固有名，

不修之此，焉能知彼？

故，道貴因。

因者，因其能者，言所用也。

《管子》卷十三心術上　三十六摘要

各家注解：

1. 騰新才，榮挺進譯注《管子》白話今譯。中國書店出版。

2. 張玉良、趙世超等譯《白話管子》。三泰出版社出版。

3. 于永年注解。

（一）

原　　文	各家今譯
上離其道，	1. 主導地位偏離了正道，
	2. 上面脫離了正道，
	3.（「上」原指君，在人體古指「心」，今指大腦）大腦如果離開「正道」的原則，
下失其事，	1. 從屬地位就會擅亂職守，
	2. 下面就會荒廢自己的職事，
	3.（「下」原指臣，在人體指四肢末梢手和腳）手和腳就不能完成它應做的工作。
毋代馬走，	1. 人不要代替馬去奔跑，
	2. 不要代替馬去奔跑，
	3.（因此）人不要像駿馬那樣奔跑，
使盡其力，	1. 要讓它儘量發揮腳力，
	2. 應該讓它發揮自己的力量，
	3.（指人的下肢雙腿）使他耗盡了力氣，
毋代鳥飛，	1. 人也不要代替鳥去飛翔，
	2. 不要代替鳥去飛翔，
	3. 人也不要像鳥兒那樣去飛翔，
使弊其羽翼。	1. 要讓它充分使用羽翼。
	2. 應該讓它充分使用自己的羽翼，

3.（指人的上肢雙臂）使之傷害了它
　的翅膀。

毋先物動，　　　1.不要先物而動，
　　　　　　　　2.不要搶先於萬物，急躁盲動，
　　　　　　　　3.在得到「物」（內物、內勁、內
　　　　　　　　　動）以前不要活動身體，

以觀其則，　　　1.要靜觀它的運動規律，
　　　　　　　　2.應該細心地觀察自身他們的運動
　　　　　　　　　規律，
　　　　　　　　3.目的是要觀察自身內部的變化規
　　　　　　　　　律，

動則失位，　　　1.躁動就失掉本位，
　　　　　　　　2.盲動將會失掉君主本位，
　　　　　　　　3.如果四肢活動了就失去「物」
　　　　　　　　　（內物、內勁、內動）應佔有的
　　　　　　　　　位置，

靜乃自得。　　　1.沉靜才可以自然地掌握規律。
　　　　　　　　2.靜守才能自然而然地掌握萬物的
　　　　　　　　　規律。
　　　　　　　　3.只有靜靜地站立不動，才能得到
　　　　　　　　　「物」（內物、內勁、內動）這
　　　　　　　　　個東西。

（二）

毋先物動者，　　1.不要先物而動的理由是，

2. 所謂「不要搶先於萬物，急躁盲「動」，

3. 在得到「物」（內物、內勁、內動）之前四肢不要活動的原因是，

搖者不定，
　1. 搖擺的人無法鎮定，
　2. 是因為搖擺就不能安定，
　3. （上肢）搖擺動盪活動時，大腦就不能安定下來，

躁者不靜，
　1. 躁動的人不能冷靜，
　2. 躁動就不能平靜，
　3. （下肢）不停地跳動，大腦也不能安靜下來，

言動之不
可以觀也。
　1. 即是說「躁動」就不能去進行真正的觀察。
　2. 一旦盲動，就不能認真地觀察事物了。
　3. 這就是說，四肢外形活動起來，大腦就不能觀察「物」（內物、內勁、內動）的變化規律了。

靜則能制動矣，
　1. 處於靜的狀態可以調控動，
　2. 處於靜的地位可以掌握動，
　3. 只有抱一站立不動的靜止狀態，才能夠制止搖擺動盪的活動，

故曰，靜
乃自得。

1. 所以說，沉靜才可以自然地把握對象。

2. 所以說，靜寧才能自然而然地掌握萬物的規律。

3. 所以說，只有靜止不動的抱一站立，才能得到「物」（內物、內勁、內動）這個東西。

靜，因之道也。

1. 這是一條虛靜因循的通達之途。

2. 這就是得到了虛靜依循之道。

3. 靜靜地抱一站立不動，即站樁練功是尋求「動的原因」的方法。

因也者，

1. 這裏的因循，

2. 所謂「因」，

3. 所謂「因」即「動的原因」是指，

捨己而以物為
法者也。

1. 指撇開主觀願望而以客觀事物為依據。

2. 就是拋開自己的主觀成見，而以客觀事物為判斷標準。

3. 放棄屈伸肢體「動之果」的馬走、鳥飛活動，而以「毋先物動」能夠求到「內物」（內勁、內動）的「動之原因」方法鍛鍊自己（即放棄位置移動的套路招法演練，而以靜止不動站樁求物，休息肌的緊鬆內動活動、第

二隨意運動來訓練自己）。

（三）

感而後應，	1. 有所感悟然後順應之，
	2. 感知事物然後再去適應，
	3. 在進行心術練功時有了各種各樣的感覺之後就去順應它，
非所設也。	1. 這就不是出於一己的謀劃了。
	2. 就不會出於自己的主觀設想。
	3. 這些感覺並不是自己預先設定的。
物至則應，	1. 外物乍來始對應，
	2. 事物一到就適應它，
	3. 出現了酸麻脹痛的內物，就去適應它，
過則捨矣。	1. 乍去則遠離。
	2. 事物一去則捨開。
	3. 內物過去了，就將它們存儲起來。
物固有形，	1. 事物自身有本來的形態，
	2. 事物本來都有一定的形體，
	3. 物體固定之後有一定形狀，
形固有名，	1. 形態自身有它本來的名稱，
	2. 形體也本來都有一定的名稱，
	3. 形態固定了才能有名稱，

不修之此，　　　1. 不把內心修養好，

　　　　　　　　2. 不對內心進行修養，

　　　　　　　　3. 攝生練功沒有修煉到「物固有
　　　　　　　　　　形」這個程度，

焉能知彼？　　　1. 怎麼能認識外在事物呢？

　　　　　　　　2. 怎麼能夠認識外界事物？

　　　　　　　　3. 怎麼能知道「物」（內物、內
　　　　　　　　　　勁、內動）這個東西呢？

故，道貴因。　　1. 所以，道以因循為貴。

　　　　　　　　2. 所以，道以「因」為貴。

　　　　　　　　3. 所以說，養生之道是以尋求動之
　　　　　　　　　　原因的「物」（內物、內勁、內
　　　　　　　　　　動）為貴的。

因者，　　　　　1. 這時的因循，

　　　　　　　　2. 因，

　　　　　　　　3. 所謂動之原因的「因」必須是：

因其能者，　　　1. 就是指根據事物自身的長處，

　　　　　　　　2. 就是根據事物自身的特長，

　　　　　　　　3. 精通「動之原因」身有「內物、
　　　　　　　　　　內勁」的人，

言所用也。　　　1. 來發揮它應有的作用。

　　　　　　　　2. 來發揮它應有的作用。

　　　　　　　　3. 來講解它的使用方法。

　　　　　　　　（如果是「非其能者」言所用也往

　　　　　　　　往就解釋錯了。歷史上不明「因」

的非其能者言所用也多矣。）

三、《老子》為道日損究竟損失了什麼

（一）為道日損各家注解

關於《老子》四十八章「為道日損」究竟減損了什麼？現摘錄各家注解，共同討論。

1. 任繼愈著《老子新譯》163頁注解如下：

老子反對知識來源於實踐，要認識「道」只能靠神秘主義的直觀，即「減」（損）的方法。老子主張儘量摒除從感官經驗得來的知識，摒除到最後，達到「無為」的境地，就算到家了，治理天下的原則也應當這樣。

原　文	今譯
為學日益，	從事於學問，〔知識〕一天比一天增加，
為道日損，	從事於「道」，〔知識〕一天比一天減少，
損之又損，	減少再減少，
以至於無為，	最後以至於「無為」
無為而無不為。	雖然「無為」，而沒有一件事不是它所為。

2. 張松如著《老子說解》309頁注解如下：

「為學者日益，為道者日損」，反應出有一定深刻性的老子的認識論與方法論。有的學者認為老子在這裏宣傳

的是「反理性主義」，是「蒙昧主義」；還認為老子反對來源於實踐經驗的知識，而主張要認識「道」只能靠神秘主義的直觀，即「損」的方法。這樣解老，是值得商榷的。

「為學者日益，為道者日損」，是什麼意思呢？河上公《老子章句》注云：「學，謂政教禮樂之學也；日益者，情欲文飾，日以益多。道，謂自然之道也；日損者，情欲文飾，日以消損。」這個注釋，頗得要領，確實揭示了「學」與「道」的實質。

所謂「為學者日益，為道者日損。」這正是說，「政教禮樂之學」是帶著一定社會功利目的的人，以他們的喜怒愛憎好惡的「情欲」文飾而成的，而「自然之道」，則必須除去這些由各人「情欲」造成的偽飾。

「為學者日益，為道者日損」，並不是老子的一種什麼神秘的、蒙昧的反理性主張，而是一定發展中的歷史現象在觀念形態上的客觀反映。

原　文	今　譯
為學者日益，	求學的情欲文飾一天比一天增加，
為道者日損，	修道的情欲一天比一天減少，
損之又損，	減少再減少，
以至於無為，	到最後以至於無為，
無為則無不為。	無為反而會無所不能為。

3. 陳鼓應著《老子注譯及評介》250頁注解如下：

為學日益：為學是指探求外物的知識活動。這裏的

「為學」範圍較狹，僅指對於仁義聖智禮法的追求。這些學問是能增加人的知見與智巧的。

為道日損：「為道」是由瞑想或體驗以領悟事物未分化狀態的「道」。這裏的「道」是指自然之「道」，無為之「道」。

「為學」是求外在的經驗知識，經驗知識愈積累愈增多。「為道」是透過直觀體悟以把握事物未分化的狀態或內索自身虛靜的心境。這種功夫做得愈深，私慾妄見的活動愈減損。在這裏「為學」的「學」是指「政學禮樂之學」，老子認為「政學禮樂之學」實足以產生機智巧變，戕傷自然的真樸。老子要人走「為道」的路子，減損私慾妄見，返歸真純樸質。「以至於無為」，「為」便是指私慾妄見的活動，「無為」便是去除私慾妄見的活動而返歸真樸。

原　文	今譯
為學日益，	求學一天比一天增加「知見」，
為道日損，	求道一天比一天減少「情欲」，
損之又損，	減少再減少，
以至於無為。	一直到「無為」的境地。
無為則無不為。	如能不妄為那就沒有什麼事情做不成的了。

4. 古棣著《老子通》318頁注解如下：

「學」不必限於「政教禮樂」，而是指一切知識。老子說：「絕聖棄智」，「絕學無憂」（第十九章），又說

「智慧出，有大偽」（第十八章），就是說人們學了知識，吃了「智慧果」，情欲就滋生了，發展了，一切壞事就出現了。

此處正是說：求學學知識的，情欲一天天增多；學道的，則與之相反，情欲一天天減損。減損又減損，一至達到「無為」。這便是學「道」的最高境界。老子所說的聖人（即得道者）是「無知」（七十章）、「無欲」（三十七章、五十七章）的，由此可知「為道日損，損之又損」就是減損情欲，減損到了極點，達到無欲程度就得道了。這裏說的是「以至於無為」，意思是同無欲是密合的，有欲必然要爭，那是「為」了；無欲才能不爭，才能做到「無為」。

對「無為」，《老子》書有若干說法，而最基本的規定性就是無欲不爭。有時，他也說「為」，但那是「為無為」之「為」，或「為而不爭」之「為」，同上述「無物」（「物」字可能是「為」的錯寫？於注）的基本規定性是一致的。「無為則無不為」，抽象的思維邏輯是：有所為就有不為了（為這，便不能為那）只有「無為」才能無所不為。

原　文	今　譯
為學者日益，	求知識的人，情欲一天比一天增加，
為道者日損，	求道的人，情欲一天天減少，
損之又損，	減少再減少，
以至於無為，	以至於達到「無為」，

無為則無不為。 「無為」就能夠無所不為了。

（二）為道日損于永年注解

于永年認為：關於「為道日損」的今譯，我認為首先要認識「為道」是幹什麼？「為」字當「做」「行」解，那麼什麼叫「為道」？怎樣「為道」？你做過「為道」嗎？「為學」與「為道」有什麼區別？「損」是減少的意思。那麼「為道」究竟減少（損）了什麼呢？「為學日益」各家注解為：從事於學問〔知識〕一天比一天增加。但是，「為道」怎麼也是〔知識〕一天比一天減少了呢？「知識」怎麼能一天比一天減少呢？

于永年認為，「為道」是指「練功夫」鍛鍊身體的意思。但是《老子》所說的「為道」練功夫與現代傳統的武術演練與招法套路訓練完全不同，也與現代競技性體育運動訓練方法根本不同。

詳見下述站樁為道六則。

《老子》四十一章說：「上士聞道，勤而行之，中士聞道，若存若亡，下士聞道，大而笑之，不笑不足以為道。」四十章又說：「弱者道之用。」「用」是「使用」的意思，不是「作用」的意思。「弱者」是指身體衰弱的人，使用「道」這個方法來鍛鍊身體。「聞道」、「用道」、「為道」都是指練功夫鍛鍊身體的問題，那麼用什麼方法來鍛鍊身體呢？

《管子》把它稱為「心術」、「毋先物動」、「靜因之道也」。《老子》稱為「聖人抱一，抱一無離，獨立不

改，周行不殆，以觀其妙，以觀其徼，以觀其復。」《內經》稱為「獨立守神，肌肉若一」。現在稱為「站樁求物」的功夫。

「為道」在這裏只能當做「練功夫」鍛鍊身體講。在練功夫的過程當中，身體內部要產生「酸麻脹痛」的生理反應。「為道日損」就是在鍛鍊身體、練功夫時，「酸麻脹痛」的反應一天比一天減少，並不是「知識」、「情欲文飾」一天比一天減少。一個正常的人，「知識」怎麼能一天比一天減少呢？除非他是一個病人、腦軟化者。

「日損」的「損」是減少的意思。「為道」的「日損」與「為學」的「日益」並不是「損、益」同樣一種東西。「為學」是用大腦讀書學習，「為道」是用肌肉鍛鍊身體。此兩者是有本質上的區別的。這一點必須首先弄明白。

因此，「為道日損」並不是「知識」或「情欲文飾」一天比一天減少，而是在練功過程中四肢肌肉、關節等部位所產生的「酸麻脹痛」的反應一天比一天減少。這是練功過程中機體由量變到質變的生理變化規律。「損之又損」是再量變、再質變的發展過程。「損」是由開始練功前的「無」、無反應、「無痛」，到開始練功後的「有」、有反應、「有痛」。即「從無到有」，再「從有到無」。再有，再無，損之又損，往復循環，周行不殆，優質遞增，逐步提高的變化過程。

「以至於無為」，所謂「無為」並不是什麼事情也不幹，「無知」、「無欲」、「不爭」的「無為」。「無

為」是指在「損之又損」的基礎之上，達到完整無缺「無法再損」的境地，叫做「無為」。這是指經過量變、質變、千錘百煉；再量變、再質變、損之又損、百煉成鋼的程度後，「無能為力再損了」也就是「沒有辦法再損了」的意思。它是形容在「損」的程度上已經達到了頂點，不能夠再增加什麼了，也就是無法再損了的意思。

「無為而無不為」，是指「為道」者鍛鍊身體、練功夫能夠達到「無法再損」的境地，百煉成鋼，身體無比強壯時，就能無敵於天下了。例如《老子》五十章說：「蓋聞善攝者生者，陵行不畏兕虎，入軍不被甲兵。兕無所投其角，虎無所措其爪，兵無所容其刃。夫何故？以其無死地。」只有練功夫者達到「無死地」的境地才能「無不為」（注：陵行不「畏」兕虎詳見《站樁》第七章(4)「物」的最高用途）。

那麼，為什麼歷史上的學者們把「為學」與「為道」都今譯成為「知識」或「情欲文飾」一天比一天減少了呢？我認為這是因為自古以來的文人學者們對《老子》文章，只從文字的表面字意上求解答，不知道文字之外的真正涵義；沒有練習過「淡乎其無味」（三十五章）的「抱一無離」（十章）「聖人抱一」（二十二章）「獨立不改」（二十五章）站立不動的「視之不足見」（三十五章）的攝生之道；著者本人缺乏高深的「體認」功夫，不知道「為道」練功過程中身體內部的生理變化規律；沒有「以觀其妙，以觀其徼（一章），以觀其復（十六章），周行不殆（二十五章）的具體經驗；更不知道「生而不

有」（五十一章）的「視之不見，聽之不聞，搏之不得（十四章）」的「物」內物（二十一章）是個什麼樣子、是個什麼東西所致。

沒有高深的「為道」經驗體認功夫，只從文字表面求解答《老子》的文章，就會把《老子》的本意全部弄顛倒了。例如：此外還有：

1.「獨立不改」（二十五章），各家注解如下：

任繼愈說：它永遠不依靠外在的力量。

張松如說：獨立存在而永不衰竭。

陳鼓應說：它獨立長存而永不衰竭。「獨立不改」的「不改」，就是指不會消失熄滅的意思（4頁）。

古棣說：它獨立存在而永不改變自己。

于永年說：「獨立」是獨自一個人站立在原地不動的意思。是指下肢兩腳或一腳站立在原地不動的意思。「不改」是在原地站立不動。上肢兩手臂「抱一無離」（十章）即不改變姿勢的意思。「獨立不改」與「抱一無離」是形容「為道」練功方法的專用術語，就是現在的「站樁」。《老子》五千文當中，只有這二句話八個字是講「為道」具體的練功方法。

2.「弱者道之用」（四十章）。各家注解如下：

任繼愈說：柔弱是「道」的作用。

張松如說：保持著柔弱的狀態，是「道」的作用。

陳鼓應說：「道」的作用是柔軟的。

古棣說：柔弱勝剛強是「道」的作用。

于永年說：「弱者」是指身體衰弱的「人」為弱者。

「用」是「使用」即練習的意思。「弱者道之用」是說身體衰弱的人，使用「道」「抱一無離，獨立不改」的練功方法鍛鍊身體，增強體質的意思。並不是「道」的「作用」是柔弱的；也不是柔弱是「道」的作用。

3.「生而不有」（五十一章）各家注解如下：

任繼愈說：生養了萬物而不據為己有。

張松如說：生長而不佔有。

陳鼓應說：生長萬物卻不據為己有。

古棣說：產生了它而不佔有它。

于永年說：「有」與「無」相對應。「有」字是肯定詞，「有」指事物的存在，「有」是存在的意思。「不」字是否定詞，表示否定的意思。「不有」是不存在的意思。「生」是指經過「抱一無離，獨立不改」的站樁練功，身體內部產生了「物」（內物）。如：酸麻脹痛的感覺。但是這個「內物」沒有固定的形體，是不存在的東西；是「無狀之狀，無物之象，是謂惚恍。迎之不見其首，隨之不見其後」（《老子》十四章）的東西。產生了沒有固定形體的「內物」叫做「生而不有」。

詳見拙著《站樁》（河北科技出版社出版）第八章，一、物的分類法。

（三）站樁為道六則

1. 站樁為道六則

一　為　道

為學日益，為道日損，損之又損，以至無為。

二　明　道

捨己無為，捨上固下，返本求源，以物為法。

三　知　道

物有本末，道有反正，知所先後，則近道矣。

四　非　道

上動下靜，捨因求果，本末倒置，非為道也。

五　正　道

拳三腳七，其根在腳，腳掌緊鬆，連內掛外。

六　得　道

獨立守神，肌肉若一，拳拳服膺，是謂得道。

2. 站樁為道六則今譯

一　為　道

為學日益，	求學問讀書（知識）一天比一天增加，
為道日損，	求鍛鍊身體之道（練習獨立不改、抱一無離功夫，酸麻脹痛的反應）一天比一天減少，
損之又損，	減少再減少，
以至無為。[1]	一直達到無法再減少（不痛了）之境地。

二　明　道

捨己[2]無為，	捨去自己以往的拙力[3]，換為智力才能達到無為的境地，
捨上固下，	捨去以上肢為主由上而下的鍛鍊方法，改為以鞏固下肢為主由下而上[4]

的鍛鍊方法，

返本求源，　　　這是返回根本、尋求根源，

以物為法。[5]　　以能求到「物」（內物）的方法來鍛
　　　　　　　　鍊自己。

三　知　道

物有本末，[6]　　事物有根本和末梢之別，

道有反正，[7]　　為道有反正、動靜之分，

知所先後，　　　知道鍛鍊它的先後次序，

則近道矣。　　　就可以接近道了。

四　非　道

上動下靜，　　　上肢運動，下肢不動，

捨因求果，[8]　　這是捨去研究產生運動的原因，只求
　　　　　　　　運動的結果，

本末倒置，　　　把事物的本質與枝節弄顛倒了，

非為道也，　　　這不是真正的求道之路。

五　正　道

拳三腳七，[9]　　拳打三分，腳打七分，

其根在腳，　　　人體爆發力的總根源在腳底，

腳掌緊鬆，[10]　訓練腳掌部的緊鬆內動活動，

連內掛外，[11]　使體內上下連接與體外牽掛起來。

六　得　道

獨立守神，[12]　獨自一個人，站立不動，守住根源
　　　　　　　　（腳掌）集中精神，進行跑跳蹬蹉、
　　　　　　　　抽拔遁放。靜因之道的研究，不要轉
　　　　　　　　移目標。[13]意守腳掌，能無離乎？

肌肉若一，	把全身的休息肌組織起來，由下而上成為一個整體，建立第二隨意運動[14]新體系。
拳拳服膺，	要把上述原則牢牢地記在心胸之中，勤而行之而不忘記。
是謂得道。	這才能得道。

注 解

(1)為學日益，為道日損，損之又損，以至無為。《老子》四十八章。

(2)捨己：捨己而以物為法。《管子》卷十三，心術上第三十六。

(3)拙力與智力的區別：詳見《站樁》第九章，五，站樁功的訓練次序。

(4)由上而下與由下而上，詳見「站樁」第三章，一、鍛練手好，還是鍛鍊腳好。

(5)以物為法：《管子》卷十三，心術上第三十六。捨己而以物為法。

(6)物有本末：物有本末，事有終始，知所先後，則近道矣。《禮記大學》。詳見《站樁》第七章，關於「物」的研究。

(7)道有反正：引自《老子》四十章，反者道之動。加入正者道之靜。

(8)捨因求果：引自《管子》心術上：靜因之道也，加入動果之道也。

(9)拳三腳七：中國武術界諺語：拳打三分，腳打七分。

(10) 腳掌緊鬆：詳見《武魂》1997年11期大成拳站樁功緊鬆活動訓練法。

(11) 連內掛外：詳見《站樁》第四章，站樁功的意念活動。

(12) 獨立守神，肌肉若一；《內經》。

(13) 不要轉移目標：詳見《站樁》第三章，一、鍛鍊手好，還是鍛鍊腳好。

(14) 第二隨意運動：詳見《站樁》第九章，物的學名——第二隨意運動。

（四）站樁實踐是檢驗「為道」的 唯一標準

恩格斯說：「質的變化只有由物質或運動的量的增加或減少，即沒有有關物體的量的變化，是不可能改變這個物體的質的（恩格斯，《自然辯證法》，第47頁）。因此，檢查「為道日損」的標準分為以下三種：

1. 主觀標準

即練功者的主觀感覺、自我感覺，也就是「無與有」的感覺。即「從無到有」的「痛」變為「從有到無」的「不痛」的感覺變化。例如，練功開始前機體內部沒有「無」任何愉快的或不舒適的疼痛感覺。練功開始後機體內部便會逐漸地感覺到「有」酸麻脹痛，以及其他種種與平日不同的感覺。這些感覺隨著練功時間的延長而有所變

化；「日損」或「損之又損」的變化。

詳見《站樁》第一章，站樁後身體的反應。

2. 客觀標準

就是客觀的生理變化。最簡單、最主要的，一般能測量到的是脈搏與呼吸的增加或減少的變化狀態。例如：開始練功時，脈搏與呼吸明顯地增多。如果每天堅持練功，脈搏與呼吸則會逐漸下降，以至於到不再增多的境地。詳見拙著《站樁》第五章，站樁功的生理特點。

3. 實踐標準

所謂實踐標準就是以自己的身體來親自體驗一下，證明在「為道」站樁練功過程當中，身體內部究竟產生了哪些變化，「為道日損」究竟減少了哪些東西。

這就是歡迎對研究「為道日損」有興趣者，其中包括反對者，以「視之不足見」（《老子》三十五章）的「聖人抱一」（《老子》二十二章）、「獨立不改」（《老子》二十五章），極簡單的「站樁」姿勢（見照片），獨自一個人，兩腳左右分開，約同肩寬，原地站立不動，雙膝微微彎曲。兩肘抬起，離開兩肋，屈肘環抱，兩手放在腹部兩側，手心向內，十指分開。不要改變這個姿勢，不意守，不調息，不入靜，只要求靜靜地站立20～30分鐘。

親自嘗試一下，站樁時身體內部怎樣產生「道生一、一生二、二生三、三生萬物」（《老子》四十二章）從無到有產生酸麻脹痛的規律。

所謂「萬物」是什麼？這個萬物就是「酸麻脹痛」的反應。細心地體認什麼是「常無，欲以觀其妙。常有，欲

以觀其徼」（《老子》第一章）。

什麼又是「致虛極，守靜篤，萬物並作，吾以觀其復」（《老子》十六章），以及「酸麻脹痛」各種反應從「無」到「有」，再「從有到無」的發生與發展，及其「日損」的變化規律。這就是「痛」、「不痛」、「再痛」、「再不痛」的量變、質變、再量變、再質變；「為道日損，損之又損，以至無為」（《老子》四十八章）的客觀生理變化規律。

以此，檢驗「為道日損」究竟是〔知識〕或〔情欲文飾〕一天比一天減少了呢？還是「酸麻脹痛」反應一天比一天減少了呢？真功夫不怕反覆重複試驗，真金不怕火煉，「站樁」實踐是檢驗真理「為道」的唯一標準。詳見《站樁》第五章，站樁功的作用機制。

四、弱者道之用應作何解

（一）誰是弱者

關於《老子》四十章，「反者道之動，弱者道之用」，究竟「道」是弱者，還是「人」是弱者？現摘錄各家注解，共同討論。

1. 任繼愈著《老子新譯》148頁注解如下：

反者道之動，	向相反方向變化，是「道」的運動，
弱者道之用。	柔弱是「道」的作用。
天下萬物生於有，	天下萬物生於〔看得見的〕具

體事物（有），

有生於無。 　　　　　而具體事物（有）由看不見的
　　　　　　　　　　道產生。

2. 張鬆如著《老子說解》263頁注譯如下：

反者道之動， 　　　　向著相反的方向變化，是「道」
　　　　　　　　　　的運動，

弱者道之用。 　　　　保持著柔弱的狀態，是「道」
　　　　　　　　　　的作用。

天下萬物生於有， 　　天下萬物生於可見的有，

有生於無。 　　　　　有生於不可見的無。

3. 陳鼓應著《老子注譯及評介》223頁注譯如下：

反者道之動， 　　　　向著相反的方向變化，是「道」
　　　　　　　　　　的運動，

弱者道之用。 　　　　保持著柔弱的狀態，是「道」
　　　　　　　　　　的作用。

天下萬物生於有， 　　天下萬物生於可見的有，

有生於無。 　　　　　有生於不可見的無。

4. 古棣著《老子通》627頁注譯如下：

反者道之動， 　　　　事物走向反面是道的動作，

弱者道之用。 　　　　柔弱勝剛強是道的作用。

天下萬物生於有， 　　天下所有的物，都是從有產生
　　　　　　　　　　出來的。

有生於無。 　　　　　有是從無產生出來的。

（二）于永年新譯

反者道之動，弱者道之用，這一章《老子》只說了半句話，還有另外半句話沒有講出來，那就是只說了「反」，沒有說「反」的對立面「正」；只說了「動」，沒有說「動」的對立面「靜」；只說了「弱」，沒有說由「弱」轉化為「強」道之用的運動變化規律。

反者道之動，是講「道」的對立關係問題。「反」的對立面是「正」。「道」是抽象的理論、方法。求道者正確的、具體的操作方法是堅持「抱一無離」，「獨立不改」的「靜止」狀態去練功，叫做「正者道之靜」。

在靜止不動的狀態下去觀察身體內部的奧妙變化，叫做「以觀其妙」（《老子》一章），即止而後能觀，就是現在的「站樁」練功。靜止不動狀態的相反是位置移動的活動狀態，叫做得道者「動」，如「孔德之容，其中有物」的「動」（《老子》二十一章）。動是靜的相反，動是靜的結果之「果」，叫做「動果之道也」。靜是動的相反，靜是尋找動的原因之「因」，叫做「靜因之道也」。動靜、正反、果因是道的對立關係。

反者道之動，還有另外一種解釋，那就是求「道」的目的是尋找「物」，即站樁求物。《老子》五十一章稱「道生之，德蓄之，物形之，勢成之」的「物」。這個物是由「道生一，一生二，二生三，三生萬物」，（《老子》四十二章）所產生的「物」（內物）。因此，道就是「物」，物即是道，得道就是得「物」。根據站樁練功多

年經驗證明，在動的狀態下是求不到這個「物」的。

因此，求道者在求到「物」之前不要進行位置移動活動，也就是要老老實實地苦練「站樁」的基本功。

王薌齋先生說：「欲知拳真髓，首由站樁起，從不動中求速動，從無力中求有力，從拙苯中求靈巧，從平常中求非常。」這是現代人的經驗（詳見第七章，關於「物」的研究）。

實際上《管子》心術上第三十六章中早就提出過「毋代馬走，毋代鳥飛，毋先物動」反對「動」的三毋學說；並且肯定地說「搖者不定，躁者不靜，動則失位，靜乃自得」的求「物」理論。

《老子》十六章也曾提出過「不知常，妄作凶」。「不知常」就是不知道長久的站立不動（抱一無離，獨立不改）的運動變化規律。「妄作」就是輕舉妄動的活動。「凶」是不好，不對，就是說輕舉妄動的活動者是求不到「物」的意思。

一般人的「動」是「空洞無物」之動，是人人都會的，生下來就會的，不需要學習就會的，單純性的屈伸肢體、移動體位的運動，生理學上屬於工作肌的屈肌與伸肌的屈伸交替收縮運動。我把它稱為第一隨意運動。

得道者的「動」是由於「弱者道之用，用者弱轉強，強者道生物」，經過長時間堅持「抱一無離」，「獨立不改」的專門訓練轉化而來的「其中有物」之動。這個「有物之動」是人類經過後天努力學習，機體高於力學領域，使形、意、力、氣、神達到完整統一高級境界的質變以

後，所表現出來的一種雄偉宏壯，氣宇軒昂，肌肉若一，動作非凡，連綿不斷，其中有「物」的神態。這種神態裝是裝不出來的，要描述它也很困難，但是只要你看上它一眼，比較一下就會感受到。

我把它稱為第二隨意運動，即休息肌的緊鬆內動運動。因此，真正的求道者，反對在「得物」之前進行身體的移動活動。《管子》稱為「毋先物動」。

「弱者道之用」，這句話我認為是《老子》生平講「道」的經驗總結。因為「道之出口，淡乎其無味，視之不足見，聽之不足聞，用之不足既」（《老子》三十五章）。而且「道」即物，「物」這個東西又是「視之不見，聽之不聞，博之不得，迎之不見其首，隨之不見其後」（《老子》十四章）的東西，所以不被一般人所重視。只有「弱者」身體衰弱的人，有病久治不癒的人，各種慢性疾病吃藥打針無效的人，在走投無路的情況下，抱著試試看的心理狀態，才肯「使用」它（道），即獨立不改，抱一無離，站樁練功。

這雖然是兩千多年前《老子》的寶貴經驗，但是它與現代一般人的思想情況完全一致。所以《老子》在四十一章中說「上士聞道，勤而行之。中士聞道，若存若亡。下士聞道，大而笑之，不笑不足以為道」。看來兩千多年來人們對接受「道」的教育認識水準沒有多大提高。

弱者道之用，是講「道」的轉化問題。弱者是指身體衰弱者，是指「人」說的，是指久病不癒的各種慢性疾病的患者為「弱者」。「道」不是弱者，「道」是抽象的理

論、道理、方法,「道」是鍛鍊身體的方法,「人」才是
弱者。弱者道之用的「用」字是使用的意思。只有弱者使
用「道」(抱一無離,獨立不改)才能對弱者產生作用。
是「道」(抱一無離,獨立不改)站樁練功對「弱者」產
生由弱變強的轉化問題,並不是「道」的作用是柔弱的,
也不是「柔弱是『道』的作用」。更不是「柔弱勝剛強是
道的作用」。

弱者使用「道」都能轉弱為強,那麼強者使用「道」
不是能更強嗎?可惜「天下莫能知,莫能行」(《老子》
七十章),一般人卻不能明白,不能實行。

毋先物動學說與弱者道之用的「抱一無離」,「獨立
不改」站樁練功方法,與自古以來中國拳學、中國養生
學、大成拳、意拳與現代競技體育運動、中國武術套路招
法演練根本不同。

它是關於動與靜,即運動與安靜的矛盾;形與意,即
形態與意念的矛盾;果與因,即結果與原因的矛盾等,體
育教育訓練以誰為主的主導思想的根本區別。

動與靜、形與意、果與因這三對矛盾,根據現代醫學
生理解剖學分析,實質上是大腦與肌肉之間的矛盾問題。
它是以單純地訓練發達的肌肉,從而提高其速度與力量為
好呢,還是由肌肉訓練大腦開發智力潛能為好?

這是開發體力與腦力教育的本質問題,也是不同層次
的健身養生問題,又是物固有形,形固有名的形與名的有
無問題,更是不修之此,焉能知彼的知與行的關係問題,
也是實踐(抱一無離,獨立不改)是檢驗真理(道)的唯

一標準問題。

根據以上注釋，結合《老子》其他章節及《管子》心術上，于永年新譯如下：

一

反者道之動，正者道之靜。動果之道也，靜因之道也。

二

弱者道之用，用者弱轉強。強者道生物，毋先物動之。

三

萬物生於有，有生於無。道生一二三，三生萬物。

四

物固有形，形固有名。不修之此，焉能知彼。

注　解 I

（一）

反者道之動[1]，	道（靜）的相反是動，
正者道之靜[2]，	正道是靜止不動，
動果之道也[3]，	動是道的結果，
靜因之道也[4]。	靜是研究動之原因之道。

（二）

弱者道之用[5]，	身體衰弱者使用道，
用者弱轉強[6]，	使用道者可由弱變強，
強者道生物[7]，	強者道可生物，
毋先物動之[8]。	〔但是〕，得物之前不要活動。

（三）

萬物生於有[9]，	萬物產生於有，
有生於無[10]，	有是由無產生的，

道生一二三[11]，	道生一，一生二，二生三，
三生萬物[12]。	三生萬物。

（四）

物固有形[13]，	物體固定之後有一定形狀，
形固有名[14]，	形狀固定之後才有名稱，
不修之此[15]，	練功夫沒有達到「物固有形」之境地，
焉能知彼[16]。	怎麼能夠知道它的名稱呢？

注　解 ‖

(1)《老子》四十章；(2)于永年；(3)于永年；(4)《管子》心術上；(5)《老子》四十章；(6)于永年；(7)于永年；(8)《管子　》心術上；(9)《老子》四十章；(10)《老子》四十章；(11)《老子》四十二章；(12)《老子》四十二章；(13)《管子》心術上；(14)《管子》心術上；(15)《管子》心術上；(16)《管子》心術上。

（三）抱一無離

「抱一無離」是老子（十章）「載營魄抱一，能無離乎？」的簡稱。

關於「載營魄抱一，能無離乎？」各家注解如下：

1. 任繼愈著《老子繹讀》21頁如下：

載營魄抱一，	神與形合一，
能無離乎？	能不離失嗎？

2. 陳鼓應著《老子今譯今注》108頁今譯如下：

載營魄抱一，	精神與形體合一
能無離乎？	能不分離嗎？

注　譯

抱一：合一。二十二章：是以聖人抱一為天下式，「抱一」作「抱道」解。

三十九章：「古之得一者」，「一」指「道」。本章的「抱一」，指魂和魄合而為一。

魂和魄合而為一，亦即合於「道」了（這個「道」含有融合統一的意思）。

3. 王蒙著《老子的說明》42頁如下：

載營魄抱一，能無離乎？

解說：你的靈魂、你的精神，能不能永遠與大道在一起，而不分離，不撒手呢？

第十章全部是用提問的形式來展示自己的論述的。這裏帶有一種不確定性與呼籲性、祈使性。這是一種理念，這是一個高標準，這是一個請求。這是如美國黑人領袖馬丁・路德金的說法：「我有一個夢。」能做得到嗎？能不能做到呢？你為什麼不這樣努力呢？何不更符合大道一點、更大氣和雍容一點呢？

抱著唯一的大道、不離不棄這樣的大道、堅守這樣的大道、忍受得住各種眼皮子底下的利益的誘惑與宵小的騷擾，經受得了歷史與人性的種種試練，這是第一位的要求與忠告。這就是說任你千變萬化，我有一定之規，這就是靜氣、定力、涵養、明辨，這是修身做人的功夫。

4. 傅佩榮著《細說老子》46頁如下：

載營魄抱一，能無離乎？

譯文：精神形體配合，持守住「道」，能夠不離開

嗎？

　　精神與形體合一即不離「道」。

　　「載營魄抱一，能無離乎？」意即精神形體配合、持守住道，能夠不離開嗎？「營」是指魂，「營魂」是指魂魄，就是精神與形體。「抱」是指保持，「載」至少有三個說法：第一，「載」是語首助詞，無意義；第二，「載」即抱，前後用兩個字表達同樣的意思，用不一樣的字來表示，這是文學上的表達方式；第三，「載」即承載，用車子來載人。「載營魄抱一」，意即要把魂魄安頓好，守住那個「一」。「一」即「道」，因為「道」就是整體。「一」可以指魂魄合一的狀態，也可以指「道」，「道」是究竟真實。「抱一」是守住整體，即持守住「道」。

　　「道」是一個整體，宇宙萬物都不離「道」。持守住「道」，從「道」來看一切，就有平等之心；把握住整體，就不會有偏差的想法及其他雜念。

　　「一」代表整體，如果從整體來考慮，每個人在生命中的不佳狀態，以及短暫的不利處境，就不會放在心上，得到就是失去，失去就是得到，哪里還有個人得失的問題呢？

　　5. 乾昌新著《破譯老子祖本》86頁如下：

　　72. 何謂「抱」《道德經第15章：抱一》

　　「抱一」是修道功法之一。

　　抱，古文「捊」作「抱」。《說文解字注》：「捊，引聚也。引聚者引使聚也。捊或從包。」本文以「抱」表

示用曳引做功的方法，將特殊能量引聚於人體腹腔之內。

如何使人體和生命得到「增益」？引聚特殊營養素是不可或缺的途徑。「引」是利用曳引做功的原理，將特殊營養素自體表穴位引入人體內，轉化成為特殊能量及其功能轉換；「聚」是將特殊能量聚攏在腹腔部位。只有這樣做，才能使人和生命得到「增益」。

6. 于永年說：

《道德經》第十章「載營魄抱一，能無離乎？」這句話是老子為道時上肢的具體練功方法，是老子「衛生之經」最具體、唯一的練功姿勢。老子曰：「衛生之經，能抱一乎？能無失乎？能無卜筮而知吉凶乎？能止乎？能已乎？能捨諸人、而求諸己乎？」（《莊子》雜篇庚桑楚）。

《管子》內業中也有「摶氣如神，萬物備存。能摶乎？能一乎？能無卜筮而知吉凶乎？能止乎？能已乎？能勿求諸人而得之己乎？」還有「其形安而不移，能守一而棄萬苛。」《白心》中有「一以無貳是謂知道，將欲服之，必一其端而固其所守。」還有「道者一人用之，不聞有餘，天下行之，不聞不足，此謂道矣。小取焉則小得福，大取焉則大得福。」老子還說：「少則得，多則惑，是以聖人抱一為天下式（二十二章）。」「昔之得一者，萬物得一以生。」（三十九章）等等。可見「抱一」、「守一」、「能一乎」、「一以無貳」、「必一其端」的「一」，這個為道練功姿勢的重要性。它的下肢的為道的方法是「獨立不改」（二十五章）。

　　于永年根據自己學習大成拳站樁求物練功多年經驗，試將「載營魄抱一，能無離乎？」這九個字反問句語言、疑問提示語，找出它的主要關鍵點，簡稱為四個字的為道專用名詞，肯定術語，就是「抱一無離」。

　　「抱」是形容人體上肢雙手平舉向內方屈肘，呈環抱狀的空間位置上的姿勢狀態。即用手臂圍住，如：二人擁抱的「抱」，一個人抱著孩子的「抱」。它與現在的站樁練功姿勢完全相同。

　　「一」是指在「抱」的姿勢狀態之下，只許保持這一個動作，不許做第二個動作而言。在動靜論的關係上，「一」是代表「靜」，「二」是代表「動」。因此「一」就是少則得的「少」，「二」就是多則惑的「多」。「抱一」就是「抱道」。

　　「無離」是加重語氣，強化形容「抱一」姿勢，必須保持隨時間的延長而不許變動，千萬不要離開「抱一」姿勢，所以稱為「抱一無離」。因為「抱一」容易，「無離」難。短時間的「抱一」非常簡單，非常容易。如：一、二分鐘的「抱一」非常容易，人人都能做到。但是二、三十分鐘的，甚至一小時較長時間，持續不停、不動、不變的「抱一無離」，則是非常困難的了。

　　在「抱一無離」不動、不變、不二姿勢的狀態下，如果雙手活動起來做第二個動作時，就變成「二」了。所謂的「二」，就是《管子》心術上篇所說的「鳥飛，馬走」。《管子》是從相反方向來敘述為道練功方法。他首先明確、肯定地提出「毋代鳥飛，毋代馬走，毋先物動」

三冊學說。

鳥飛與馬走都是「二」的屈伸外動活動的循環往復、連續交替、不停止的位置移動外動運動，不是「一」的靜止不動的安靜靜止狀態。在保持安靜不動的「抱一無離」狀態下，身體內部在最初的幾分鐘之內，並無任何明顯的生理變化。但是，隨著時間逐步延長，由於「抱一無離」不改、不動、不二，為維持四肢各關節角度的負重變化，相應的工作肌便會產生適當的持久性的收縮運動，因而便會必然地產生各種生理反應。

這就是身體某些部位會從無到有出現酸、麻、脹、痛的各種感覺，以及全身發熱，出汗，呼吸加快、加深，脈搏增多等等正常生理現象。這些現象俗稱為「氣」，或稱「氣惑」；老子稱為「物」（詳見：物的分類表、老子為道圖）；于永年稱為「內物」，以與「外物」相區別；王薌齋稱為「東西」，即「物」。他說：我身外無他「物」（指房屋土地、金銀財寶），我身內的「東西」多得很（指「物」）。它們出現得快與慢是與每個人的體質強弱有關係，即身體比較衰弱者出現得較快，而身體相對強壯者出現得較慢較晚。

（四）從無到有，從有到無

胡孚琛先生著《道學通論》，中國社會科學院哲學研究所葉秀山先生在序言中寫道：「我們哲學裏常討論「有」與「無」，非常抽象，非常難懂。一切『有限事物』都有兩個名字：一個叫『有』，一個叫『無』，就

其『形成』過程言為『有』，就其『消亡』過程而言為『無』。」

在老子思想中，不僅「從無到有」重要，而「從有到無」同樣重要。其重要性在於，既然「從無」才能「到有」，那麼只有讓那個「有」仍然回到「無」，才能有「新」一輪的「從無到有」。要有開始重新一輪「從無到有」的能力，必須有「從有到無」的功夫。「從無到有」在不同程度上，人人都在做，而「從有到無」的見識和修養，則遠非人人都具備。」

我認為葉秀山先生在這裏所講的「有」與「無」，實際上是量變與質變的問題。在《老子》五千言中，雖然沒有提出過量變與質變這個名詞，但是，我根據練習大成拳站樁求「物」（內物）的多年經驗，把《老子》攝生之道，有關對「物」的各章論述聯繫起來，進行重新分析研究，找出它文字之外的真正涵義，試作如下訓詁，請葉先生指教。

我認為葉秀山先生所說的「從無到有」就是《老子》四十二章所講的：「道生一，一生二，二生三，三生萬物」所產生的「物」（內物）「從無到有」的量變問題。這個「道生一」所產生的「內物」並不是「道」自己產生出來的。「道」是抽象的理論、方法，它是由「弱者道之用」（《老子》四十章）的「弱者」這個「人」，使用了「道」的方法，在練習「抱一無離，獨立不改」（《老子》十章、四十一章）的過程當中，身體內部所產生出來的「酸麻脹痛」正常生理反應，叫做「從無到有」。一般

稱之為「氣」或「氣感」；《老子》稱之為「物」；我稱
它為「內物」，以與「外物」相區別。

這是量變的初步表現，就是葉秀山先生所說的：就其
「形成」過程言為「有」的過程。「有」了什麼？有了
「痛」的感覺，叫做「從無到有」。

例如：在練習「抱一無離，獨立不改」站樁練功之
前，身體內部本來沒有任何「酸麻脹痛」的反應，叫做
「無」。站樁開始後由於四肢各關節的角度發生了變化，
從而迫使保持這個站樁姿勢的工作肌，隨著時間的延長，
逐漸地便會產生出來「酸麻脹痛」的正常生理反應，叫做
「有」，即「從無到有」了。這個反應開始時只有一種，
如四肢的某部會出現「酸」的感覺，叫做「道生一」。繼
而會出現「麻」的感覺，叫做「一生二」。再繼續練習
下去則會出現「脹」的感覺，叫做「二生三」。再繼續
堅持練習下去時，則會出現「痛」的感覺，以及涼、熱、
震、顫等等平時所沒有的各種感覺或現象，叫做「三生萬
物」。但是，所謂「萬物」並不是數量上的一萬種，而是
形容許多許多種的意思。

那麼，只有讓那個「有」仍然回到「無」，才能有
「新」一輪的「從無到有」，又是什麼意思呢？

我認為這就是《老子》四十八章所講的「為道日損」
的質變問題了。

關於「為道日損」，歷代各家學者都把它注解為與
「為學日益」相同的「知識、情欲文飾」一天比一天減
少。這是天大的錯誤。

　　我認為這是歷代的文人學者們沒有練習過「抱一無離」、「獨立不改」站樁求「物」的實踐經驗；不知道「為道」時身體內部的正常生理變化規律，即不知道「道生一，一生二，二生三，三生萬物」的量變變化規律；更不知道「生而不有」的「內物」是個什麼樣子所致。如果把「為道日損」繼續當成「知識、情欲文飾」一天比一天減少來解釋時，我想再過一萬年也弄不明白「為道日損」究竟「損」失了什麼東西。因此，首先要弄明白「為道日損」究竟「損」失了什麼？

　　《老子》四十章說：「反者道之動，弱者道之用」。我認為《老子》在這一章裏，只說了半句話，還有另外半句話沒有講出來。那就是只說了「反」，「反者道之動」，沒有說「反」的對立面「正」，「正者道之靜」；只說了「動」，「動果之道也」，沒有說「動」的對立面「靜」，「靜因之道也」；只說了「弱」，「弱者道之用」，沒有說由「弱」轉化為「強」，「用者弱轉強」道之用的運動變化規律。

　　「弱者道之用」的「弱者」是「人」，是身體衰弱的「人」，使用了「道」即「抱一無離」、「獨立不改」的站樁練功方法，「勤而行之」每天堅持站樁練功，結果，身體內部「酸麻脹痛」的主觀感覺便會逐漸地減少；「日損」一天比一天減少而消失了；由「痛」變為「不痛」了。這就是那個「有」仍然回到「無」的狀態了。因此，「為道日損」是因為「弱者道之用，用者弱轉強」的質變結果，「損」失了「痛」的感覺，增強了體質，達到了質

變的目的。

並不是「知識、情欲文飾」一天比一天減少，達到無知、無欲、不爭的狀態就得道了。

所謂「新一輪和重新一輪從無到有」，就是「損之又損，周行不殆」再有、再無的再量變、再質變，循環往復、優質遞增、逐步提高的發展過程，最高達到「以至無為」無法再損、無為而無不為、陵行不畏兕虎、無死地之境地。這就是葉秀山先生所說的：「要有開始重新一輪『從無到有』的能力，必須有『從有到無』的功夫」。這個功夫《管子》稱為：「心術」、「毋先物動」、「靜因之道也」；《老子》稱為：「道」、「為道」、「抱一無離，獨立不改，以觀其妙。周行不殆，以觀其徼。萬物並作，以觀其復」；《內徑》稱為：「獨立守神，肌肉若一」；我把它稱為站樁求「物」功夫。根據現代醫學解剖生理學稱為休息肌的緊鬆內動活動，學名叫做「第二隨意運動」。名雖異，實則一也。

葉秀山先生說：我覺得，老子的學術致力於「從有到無」者多多，因為「從無到有」在不同程度上，人人都在做，而「從有到無」的見識和修養，則遠非人人都具備的。千真萬確，的確如此。

單純的「視之不足見」的站樁練功人人都會，而「視之不見，無狀之狀，無物之象，迎之不見其首，隨之不見其後，複歸於無物，生而不有」，「從有到無」的「物」（內物）則並非人人都能求得到的。

根據以上分析繪製成《老子為道圖》如下：

（五）老子為道圖

老子為道圖

道
（道生之）

道之出口視之不　　　　　　足見用之不足既
上士聞道勤而行之　　　　　　上士聞道勤而行之
獨立不改周行不殆　　　　　　獨立不改周行不殆
吾言甚易知甚易行　　　　　　天下莫能知莫能行

有　　道可道　弱者　　　從無到有　**無**
天下萬物生於有　道之用　　　有生於無
　　　　　　　（德蓄之）
道生　　　　　　　　　　　　　一以無二是謂知道
痛　名可名　　　益　　　　益　　　　從有到無
　　　　三生　之　用者　強者　之　為　而　損
　　　生萬　而　弱轉強　道生物　　道　損
　　　物　損　　　　　　　　　　日

損之又損　　　物　　以至於無為　**損**
　　　　　　（物形之）
其形安而不移　　能守一而棄萬苛
自見者不明　　不自見故明
視之不見生而不有　無狀之狀無物之象
其中有物其中有象　迎之不見其首隨之不見其後
善建者不拔善抱者不脫　修之於身其德乃真以身觀身
物固有形形固有名　　不修之此焉能知彼

勢
（勢成之）

上離其道　　下失其事
毋代馬走毋代鳥飛　毋先物動靜因之道也
意守腳掌　　能無離乎
站樁不動腳掌動　　從不動中來速動
緊鬆連接掕筋牽掛　抽拔迅敏驚炸爆發
即：休息肌的緊鬆內動運動

非常道
學名：第二隨意運動
非常名

（六）老子為道圖解

道

《道德經》	（道生之）
五十一章	道生之，德蓄之，物形之，勢成之。
三十五章	道之出口視之不足見，用之不足既。
四十一章	上士聞道勤而行之。
二十二章	聖人抱一為天下式。
十　　章	抱一無離（「載營魄抱一，能無離乎？」的簡稱）。
一　　章	以觀其妙。
二十五章	獨立不改，周行不殆。
七　十　章	吾言甚易知甚易行，天下莫能知莫能行。

弱者道之用

（德蓄之）

于　永　年	無、有、痛、損。
四　十　章	弱者道之用。
于　永　年	用者弱轉強，強者道生物。
葉　秀　山	從無到有，從有到無。
四　十　章	天下萬物生於有，有生於無
四十二章	道生一二三（道生一、一生二、二生三的縮寫），三生萬物。
一　　章	道可道，名可名。

四十八章　　　　為道日損，損之又損，以至無為。
四十二章　　　　損之而益，益之而損。
《管子》內業　　其形安而不移，能守一而棄萬苛。
《管子》白心　　一以無貳是謂知道。

物

（物形之）

二十四章　　　　自見者不明。
二十二章　　　　不自見故明。
十 四 章　　　　視之不見。
五十一章　　　　生而不有。
十 四 章　　　　無狀之狀，無物之象。
二十一章　　　　其中有物，其中有象。
十 四 章　　　　迎之不見其首，隨之不見其後。
五十四章　　　　善建者不拔，善抱者不脫，修之於
　　　　　　　　身，其德乃真，以身觀身。
《管子》　　　　物固有形，形固有名，不修之此，爲
　　　　　　　　能知彼。

勢

（勢成之）

　　　　　　　　上離其道，下失其事。
心 術 上　　　　毋代馬走，毋代鳥飛，毋先物動，靜
　　　　　　　　因之道也。
于 永 年　　　　意守腳掌。

十 章	能無離乎。
王薌齋	從不動中求速動。
于永年	站樁不動腳掌動。
	緊鬆連接，挗筋牽掛，抽拔遒放，驚炸爆發。
	即休息肌的緊鬆內動運動，學名：第二隨意運動
一 章	非常道，非常名。

五、「非以民明，將以愚之」是愚民政策嗎

關於《老子》六十五章「非以民明，將以愚之」這段話究竟是不是愚民政策，現摘錄各家注解，共同討論。

1. 任繼愈先生著《老子新譯》六十五章

這一章集中表述了老子的愚民主張。老子認為人民的知識多了，就不好統治，他希望老百姓越無知越好。歷代剝削階級的統治者，對老子這一主張，基本上是照著辦的。

原 文	今 譯
古之善為道者，	從來貫徹「道」的原則的人，
非以明民，	不是用「道」來教人民聰明，
將以愚之。	而是用「道」來教人民愚昧。
民之難治，	人民所以難統治，
以其智多。	由於他們知識太多。
故以智治國，	所以用智治國，
國之賊；	是國家的災害；

不以智治國，	不用智治國，
國之福。	是國家的福氣。
知此兩者亦稽式。	認識這兩者（用智和不用智），
	也還是一個原則。
常知稽式，	永遠貫徹這一原則，
是謂玄德。	就叫做深遠的「德」。
玄德深矣，遠矣，	這深遠的「德」，又深，又遠。
與物反矣。	與具體的事物的性質相反。
然後乃至大順。	然後得到最大的通順。

2. 古棣先生著《老子通》第463頁

這一章基本思想「一言以蔽之」，明明白白，就是主張實行愚民政策。

原　文	今　譯
古之善為道者，	古代善於以道治國的，
非以明民，	不是用「道」使民眾聰明，
將以愚之。	而是要用「道」使民眾愚昧。
民之難治，	民眾所以難統治，
以其知之。	就是因為他們有了知識。
故以智治國，	所以用智慧治國，
國之賊；	是國家的災害；
不以智治國，	不以智慧治國，
國之福。	是國家的幸福。
此兩者，亦稽式也。	這兩者也是法則。
常知稽式，	經常記住法則，

是謂玄德。	這是根本的品德。
玄德深矣，遠矣，	根本的品德深沉呀，遠大呀，
與物反矣，	與普通的事物的相反，
乃至大順。	有了這種品德就可以暢通無阻。

3. 陳鼓應先生著《老子注譯及評介》六十五章

〔引述〕說：本章的立意，被後人普遍誤解，以為老子主張愚民政策。其實老子說的「愚」乃是真樸的意思。他不僅期望人民真樸，他更要求統治者首先應以真樸自礪，所以二十章有「我愚人之心也哉」的話，這說明真樸「愚」是理想治者的高度人格修養之境界，但這主張和提法，容易產生不良的誤導。

原　　文	今　　譯
古之善為道者，	從前善於行道的人，
非以明民，	不是教人民精巧，
將以愚之。	而是使人民淳樸。
民之難治，	人民所以難統治，
以其智多。	乃是因為他們使用太多的智巧心機。
故以智治國，	所以用智巧去治理國家，
國之賊；	是國家的災禍；
不以智治國，	不用智巧去治理國家，
國之福。	是國家的幸福。
知此兩者亦稽式。	瞭解這兩種治國方式的差別就是一個法則。

常知稽式，	經常認識這個法則，
是謂玄德。	就是玄德。
玄德深矣，遠矣，	玄德好深好遠啊！
與物反矣。	和事物復歸到真樸，
然後乃至大順。	然後順應於自然。

4. 于永年認為

「古之善為道者」這句話在《老子》書中出現過兩次，各有不同的意義。

十五章中的「古之善為道者」，是形容他的動作神態：若冬涉川，若畏四鄰，戰戰兢兢，小心謹慎，如履薄冰，如臨深淵。其中有物的描述。

六十五章的「古之善為道者」，是形容他在技擊實戰對敵戰鬥中取勝的方法。如《孫子兵法》所說「兵者，詭道也。兵以詐立。攻其無備，出其不意。此兵家之勝，不可先傳也。」因此叫做「非以民明」，不讓你明白他使用什麼方法來戰勝你，而是「將以愚之」，使用詭道、詐術、假動作誘使你上當受騙而取勝的意思。

任何一種競技性體育運動都需要使用「將以愚之」的假動作誘使你上當受騙，才能取勝。例如：在觀看電視足球比賽中的罰點球，守門員聚精會神觀察你的動作神態後，判斷你將向右側起腳射門而撲向右側救球時，高明的射手卻將球射向左側入門取勝了。這不是最明顯的利用假動作「將以愚之」而取勝的典型例子嗎？

《孫子兵法》稱為「近而示之遠」，明明要向近處進

攻，卻裝作要打遠處。「遠而示之近」，即將進攻遠處，卻裝作要進攻近處，聲東而擊西是也。

民之難治，以其多知：這句話是說人們對於健身強體難以提高之原因是，一般人都以為學習馬走、鳥飛等位置移動的套路、招式，方法越多越好，這是一般人對健身強體思想認識上的最大錯誤。古代人的思想如此，現代人的思想認識更是如此。這是從古及今幾千年來人們對「道」的認識水準沒有提高的原因，從而引發出《老子》曰：「以多知治國，國之賊；不以多知治國者，國之福」的正確結論。但是，這個正確結論卻被後人——不明真相的後人，沒有得到「物」的後人們，不懂「道」的後人們，不懂「知此兩者亦稽式」的後人們，誤認為是「愚民政策」了。

多知：多知與不多知是《老子》書中攝生練功的一個專用名詞。多知與不多知是根據對具體事物（攝生問題的民族風俗習慣）比較而言的，實質上就是「動與靜」的問題。《老子》以多知代表「動」，為貪多嚼不爛比喻學習或工作只追求數量，不講品質，結果適得其反，什麼也幹不好的意思。不多知代表「靜」，實質上就是《老子》所說「道」的問題。在這裏多知是指馬走、鳥飛等人為編造的這一招怎樣使、那一招怎樣用，固定的套路、招式、方法等位置移動活動，根據現代醫學科學生理解剖學的分類屬於第一信號系統支配下的工作肌的屈伸外動運動，學名：第一隨意運動。

不多知：實質上就是《老子》所說「為道」的具體操

作方法。《管子》把它稱為「毋先物動」；《老子》稱為
「抱一無離」，「獨立不改」；《內經》稱為「獨立守
神」；現在稱為「站樁求物」。由於它們都是要求練功者
在原地站立不動，只保持一個最簡單「抱一無離」的練功
姿勢不變，沒有馬走、鳥飛那樣多種活動花樣變化，即沒
有人造的固定套路、招式、方法，因此，相對地稱為「不
多知」。不多知的練功方法除具有第一信號系統支配下的
工作肌的屈伸外動收縮作用之外，還有第二信號系統支配
下的休息肌的緊鬆內動活動，即求「物」的作用，學名：
第二隨意運動。

　　可惜的是一般人只知道馬走、鳥飛等形式的套路、招
式、方法等「動態」的訓練，把它稱為傳統武術或某某
拳，卻不知道《老子》所謂之「為道」的「靜態」形式的
求「物」運動訓練，即「心術」。

　　「心術」一語實質上是訓練大腦、開發潛能、增長
智力的技術，是指人體形、意、力、氣、神五個層次求
「物」（內物）之道的修煉功夫。現代所稱武術、拳術、
氣功、導引術、內養功、靜功、內丹功等等，皆不如「心
術」一語更能概括出中華傳統文化修煉功夫的最高實質。
因此，《老子》說：知此兩者亦稽式。能夠認識到這兩者
的不同；多知與不多知的不同；武術與心術、運動體系的
不同，是一個基本原則問題。

　　那麼什麼是兩個運動體系呢？

　　一般人對強身健體運動稱之為拳術或某某拳。屈指蜷
握起來的手為拳，拳字的下部正好是一個手字。練習拳

術，打拳，從文字組成形態到套路、招式、方法等實際的操練，名正言順，都是訓練手的動作。然而這些練習方法正是《老子》稱之為「多知」加以反對的：「故以多知治國，國之賊。」「賊」：《辭海》注釋為：傷害，毀壞，指作亂叛國危害人民或外來侵犯的人，如：國賊、民賊、寇賊，盜竊者的通稱，亦指小竊。也形容不正派，如：賊頭賊腦。偷東西的人、盜匪、嚴重危害人民和國家的壞人，造成災害、不正派的人為賊。《老子》以「賊」字形容批評「多知治國者」教人以「動」為主的套路、招式、方法的人，可謂一針見血，入木三分，直言不諱，恨鐵不成鋼之肺腑之言。

相反，《老子》認為「不以多知治國者，國之福。」不以多知治國者，就是《老子》所說的「道」。道字是由「首」字和走之旁的「腳」組成。首是頭，是腦袋。那麼「為道」就是訓練頭和腳，現在稱為大腦和腳的問題了。

訓練大腦和腳的主要方法是以不動之「靜態」為主，《老子》稱之曰：「聖人抱一，抱一無離，獨立不改」，「道生一，一生二，二生三，三生萬物」；《通玄經》（即《文子》是老子弟子與孔子並時）曰：「道者，一立而萬物生矣。一為有名之始，抑為有形之始。故曰，一立而萬物生矣。」「抱一無離」簡稱「一」，「獨立不改」簡稱「立」，合為「一立」，就是現代之「站樁」。他還說：屈者，所以求伸也；枉者，所以求直也，屈寸而伸尺，小枉而大直。

四肢不活動的靜止狀態，《管子》稱之為「靜則能制

動矣」，「靜，因之道也」。（《管子》卷十三，心術上）這就是說只有保持四肢安靜不動，才能制止大腦皮層、高級神經興奮點的不斷轉移活動。靜止不動，是研究動之原因之道。這個古典的精明理論，完全符合現代醫學大腦皮層高級神經、興奮與抑制活動學說規律。但是，兩千多年來不但在中國乃至全世界的人類，真正能夠認識「知此兩者亦稽式」者卻寥寥無幾。

「知此兩者亦稽式」中的「兩者」是什麼？這「兩者」除上述「多知與不多知」武術與心術運動體系不同之外，還有對立的基本原則：(1) 動與靜，即運動與安靜；(2) 果與因，即結果與原因；(3) 形與意，即形態與意念；(4) 上與下，即上肢與下肢。

這些「兩者」都是中國道家文化自古以來，對攝生鍛鍊以誰為主的四大矛盾問題。對這四大矛盾，中國道家攝生之道主張：動靜關係，以靜為本，先靜後動，靜中求物；形意關係，以意為本，先意後形，意固形定；上下關係，由下向上，意守腳掌，能無離乎；因果關係，以因為本，由因及果，是乃正道。

自古以來中國道家功夫曾經強調「修身為次，修心為上。」修身與修心是一對基礎矛盾的「兩者」。你知道什麼是「修身」，什麼又是「修心」嗎？修身與修心有什麼區別？簡單具體地說，「練拳為修身，為道是修心」。練拳修身（練手）是捨因求果，本末倒置的行為，空洞無物，因此稱為「修身為次」。為道修心（練腦練腳）是重本抑末，返本求源的正道，其中有物，因此稱為「修心為

上」。

關於這「兩者」的矛盾問題，《管子》與《老子》在2,700多年前已經作過精闢詳細的專門論述；王薌齋先生一語道破了天機；于永年根據現代醫學生理解剖學提出了新的隨意運動分類法，詳見下表。

實質上就是知道有兩種運動體系，即武術與心術的區別。可惜的是一般人只知道「武術」，而不知道「心術」。能夠認識這兩者的不同，是一個基本原則問題。

一種是以「外動」為主的「練拳」：「馬走鳥飛「；「明之」；「多知」；「賊」；多則惑（《老子》二十二章）：不知常妄作凶（《老子》十六章）：增長體力的工作肌的屈伸外動運動，學名，第一隨意運動。另一種是以「靜」為主的「為道」；「毋先物動」；「愚之」；「不多知」；「福」；少則得（《老子》二十二章）：知常曰明（《老子》十六章）；「其中有物」（《老子》二十一章）；增長智力的休息肌的緊鬆內動活動，學名，第二隨意運動。

兩個運動體系各家分類簡表如下。

武術與心術兩個運動體系簡表

（外家與內家的區別）

武術（體育）　　心術（智育）

	外家練拳（修身為次）	內家為道（修心為上）
基本原則	套路　招式　體操　舞蹈	抱一無離　獨立不改 獨立守神　站樁求物
	動（反者道之動）	靜（正者道之靜）
	果（動果之道也）	因（靜因之道也）
	形（四肢外形）外動	意（大腦思維）內動
	上（鍛鍊上肢）上動	下（訓練下肢）下動
于永年分類法	工作肌的屈伸外動運動	休息肌的緊鬆內動運動
	屈伸外動增長體力（拙力）	緊鬆內動增長智力（腦力）
	學名：第一隨意運動	學名：第二隨意運動
	（速度＋力量）×時間＝位 移運動 位移運動的速度改變力量改 變運動體系不變	（角度＋意念）×時間＝位靜 運動 位靜運動的角度不變意念變 運動體系亦變
	位移運動只能鍛鍊工作肌不 能訓練休息肌，因此《管 子》說「毋先物動」	位靜運動除由角度鍛鍊工作 肌以外， 還能由意念訓練休息肌
王薌齋分類法	欲知拳真髓首由站樁起	從不動中求速動 從無力中求有力 從拙笨中求靈巧 從平常中求非常

文子分類法	道者　一立而萬物生矣	屈者所以求伸也
	一為有名之始	枉者所以求直也
	抑為有形之始	屈寸而伸尺小枉而大直
老子分類法	明之	愚之（非以民明將以愚之）
	多知（以多知治國者）	不多知（不以多知治國者）
	賊（國之賊）	福（國之福）
	多則惑	少則得
	不知常妄作凶	知常曰明
	空洞無物	其中有物
管子分類法	馬走　鳥飛	毋先物動
	動則失位	靜乃自得
	搖者不定	動之不可以觀也
	躁者不靜	靜則能制動矣

　　與物反矣：物是什麼？這是本章最重要、最關鍵的問題。

　　物：東西，凡有貌象聲色者皆物也。物是獨立存在於人們意識之外的客觀的東西。《管子》與《老子》共同稱之為物的這個東西，後世的中醫學界與氣功家們稱之為「氣」或「氣感」；武術家們則稱之為「勁」、「內勁」、「爆發力」；王薌齋先生稱之為「東西」，如說某人身上「有東西」，某人「沒有東西」。他說：「我身外無他物，身內之物多得很」等等；于永年稱之為「內

物」，以與「外物」相區別，學名：第二隨意運動，即休息肌的緊鬆內動運動。名雖異但本質相同。但是：它們之間具有層次、階段和造詣上的高低之分，如同小學、中學、大學、研究生、博士等等類別。

以每個人的身體為界限，「物」分為兩類：

一類是「外物」，即身體以外之「物」，是「生而有之」之物。如自然界中的日月星球，山川海洋，風雨雷電，動物植物，等等；還有人類創造之物如核子武器、飛機大炮、高樓大廈、金銀財寶，等等。

另一類是「內物」，即身體內部之物，是「生而不有」（自見1）之物。如酸麻脹痛、涼熱震顫、疲乏倦怠、輕鬆舒暢等等自我感覺之物，一般人稱之為「氣」或氣感；是視之不見，聽之不聞，搏之不得之物。

還有一種主動的客觀表現（不自見2）之物，如緊鬆活動、�筋活動、抽拔活動、遒放活動，若冬涉川，若畏四鄰，具體的、實在的、別人能看得見的肌肉若一，其中有物的動作表現神態符號，即休息肌的緊鬆內動活動，學名，第二隨意運動。「老子」所說的物是指「內物」而言的。一般人只知道「外物」，不知道「內物」。只有練功夫達到高級階段的「善為道者」才能表演出來「恍兮惚兮，其中有物」的動作神態。表演完畢「復歸於無物」。《管子》說：「物固有形，形固有名，不修之此，焉能知彼。」

根據以上分析：製作成老子大道哲學內物論——物的分類簡表如下：

老子大道哲學內物論

物的分類簡表

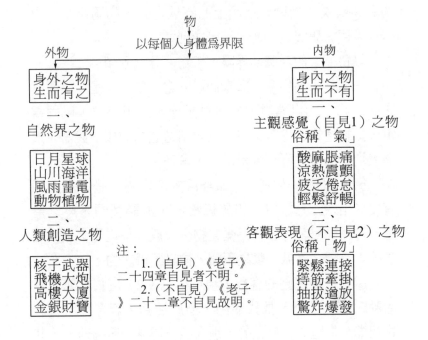

物
以每個人身體為界限

外物 — 內物

身外之物
生而有之

身內之物
生而不有

一、
自然界之物

一、
主觀感覺（自見1）之物
俗稱「氣」

日月星球
山川海洋
風雨雷電
動物植物

酸麻脹痛
涼熱震顫
疲乏倦怠
輕鬆舒暢

二、
人類創造之物

二、
客觀表現（不自見2）之物
俗稱「物」

注：
　　1.（自見）《老子》
二十四章自見者不明。
　　2.（不自見）《老子
》二十二章不自見故明。

核子武器
飛機大炮
高樓大廈
金銀財寶

緊鬆連接
掙筋牽掛
抽拔遒放
驚炸爆發

根據以上分析，于永年今譯如下：

原　文	今　譯
古之善為道者，	古代鍛鍊身體達到極高水準的人（在技擊實戰當中），
非以民明，	不讓你明白他使用什麼方法來戰勝你，
將以愚之。	而是使用詭道、詐術、假動作誘使你上當受騙。
民之難治，	人們對於強身健體難於提高的原因是，
以其多知。	一般人都認為學習套路招式方法越多越

好。

故，以多知治國，國之賊，　　所以，教人多學套路招式方法訓練身體者對人們是一種災害；

不以多知治國，國之福。　　相反，不教人學套路招式方法，只教人「抱一無離，獨立不改，站樁求『物』訓練身體者，對人們是幸福。

知此兩者亦稽式。　　能夠認識到這兩者的不同（多知與不多知、武術與心術運動體系之不同），是一個基本原則問題。

常知稽式，　　永遠貫徹這一基本原則，

是謂玄德。　　這叫做深遠的「德」。

玄德深矣，遠矣，　　這深遠的「德」之深，之遠，

與物反矣。　　什麼叫與「物」反矣？「物」是什麼？這是本章最重要、最關鍵的問題。用現代醫學科學生理解剖學的術語解釋就是：套路招式方法，即第一信號系統支配下的工作肌的屈伸外動運動為「明」、「多知」，學名：第一隨意運動。「抱一無離，獨立不改」即第二信號系統支配下的休息肌的緊鬆內動活動為「不明」、「不多知」，學名：第二隨意運動。這是完全相反的兩個運動體系。即馬走，鳥飛之動為「明」、「多知」，果之道也。「抱一無離，獨立不改」之靜為「不明」、「不多知」，因之道也。這是完全相

反的兩個運動體系。與「物」反矣實質上就是與「道」反矣。「道」是抽象的理論、道理、方法；而「物」則是代表「道」的客觀的、具體的動作表現神態符號。與「物」反矣是指「以多知治國者」永遠也求不到「物」的意思。

然後
乃至大順。

只有認識到了上述兩個運動體系之根本不同，才能得到最大的成功。即達到善為道者的目的。

六、陸行不遇兕虎與陵行不畏兕虎孰是孰非

根據古棣著《老子通》第399頁：

「蓋聞善攝生者，陵行不遇兕虎，入軍不被甲兵，兵無所容其刃，兕無所投其角，虎無所措其蚤。夫何故也？以其無死地焉。」

此文很難解，似很神秘，從來未得確詁。「入軍不被甲兵」是打開秘密的鑰匙，試先釋之。

「入軍不被甲兵」的意思，也就是七十三章所說「勇於不敢則活」，不敢即不與人鬥，有了這種勇氣就能活命。反之，「勇於敢則死」。古代戰爭，沒有飛機大炮，只是「短兵相接」。「勇於不敢」，有「不敢」勇氣，躲在一旁，不與敵鬥，就可保全生命。所以說「入軍不被甲兵」、「兵無所容其刃」，不為兵器所傷。不與敵鬥，再鋒利的兵器也不能殺傷。

準此，則「陵行不遇兕虎」，「兕無所投其角，虎無

所措其蚤」豁然而解。其意同「入軍」避開與敵搏鬥一樣，即走平坦大路則不遇兕虎。兕是以角為利器的犀牛，同老虎一樣，是吃人的猛獸。走平坦大路，不遇兕虎，自然「兕無所投其角，虎無所措其爪」了，兕的角，虎的爪再利害，也加害不到「我」身上。

「勇於不敢則活」，「入軍」採取「勇於不敢」的態度，不與敵鬥，可以「不被甲兵」，「兵無所容其刃」。遇見「兕虎」可不然，不管你「勇於敢」還是「勇於不敢」，兕虎都要「投其角」，「措其蚤」，所以關鍵是在「不遇」，行在平坦大路才能「不遇兕虎」。

《老子》此章，重點在於講人的社會行為，要長壽、盡其天年，最重要的是一個避字。避開人世禍患，避開傷生的是非之地。老子的基本意思並不在「陵行不遇兕虎」，這是一個比喻社會行為的雙關語。這裏透露了老子的人生觀，與有關各章，特別是與七十三章聯繫去考慮，就非常清楚了。

此外，在657頁《老子》校定文和今譯中對五十章「蓋聞善攝生者，陵行不遇兕虎，入軍不被甲兵，兵無所容其刃，兕無所投其角，虎無所措其蚤，夫何故？以其無死地焉。」的注解寫到：聽說善於養護生命的，在平坦大路上行走，避開叢山密林，就遇不見犀牛和老虎；在戰場上，以保存自己的生命為勇敢，不與敵人搏鬥，就受不著刀槍的傷害。刀槍用不上它的鋒刃，犀牛用不上它的銳角，老虎用不上它的利爪，這是什麼原因呢？因為它們沒有進入死亡的範圍。

　　以上的注釋可謂「非其能者，言所用也」典型地歪曲《老子》的本意。老子以及歷史上任何有名人物哪一位敢公開宣揚或曾經宣揚過教人在戰場上要有「不敢」的勇氣「躲在一旁，不與敵鬥」呢？這是老子的人生觀，還是著者個人的人生觀？值得討論研究。

　　我認為《老子》七十三章所說的「勇於敢則殺」說的是兩個人的事。「勇」是指一個有勇氣的人，他是殺人者，不是「遭殺者」。「殺」是指殺另外一個人，是被「勇者」所殺的人，他才是「遭殺者」。

　　「勇」是指人，「敢」是指勇者「人」的行動，「敢」與「不敢」是指人的思想活動。有勇氣的人，在大敵當前，決定殺或不殺之間的思想活動是十分複雜的。

　　例如：三國演義中關公斬顏良、誅文醜，過五關斬六將的故事，都屬於「勇於敢則殺」之例。因為，當時的關公沒有任何心理包袱，一心要找他的盟兄大哥劉皇叔，處在「勇於敢」沒有任何顧慮的心理狀態之中，所以把他們全殺了。

　　「勇於不敢則活」說的也是兩個人的問題，一個是「勇者」，另一個是「活者」。

　　如果勇者在決定「殺」的一瞬間思前想後，猶豫不決，或心慈手軟，或判斷錯誤等種種原因而不殺了，或不敢殺了，那麼，被殺者自然就活了，這種情況也是有的。例如：曹操敗走華容道，關羽本來可以不費吹灰之力就可將曹操殺之，但是，由於曹操苦苦哀求，關羽思念舊日曹操對他的恩情而放走了曹操。這是否可以算作「勇於不敢

則活」的一例呢？

如果說上述這個例子還不夠典型的話，那麼再舉一個《空城記》的故事吧。司馬懿帶領大軍突然攻到西城，孔明坐守空城，只以二十軍士掃門，而退司馬懿十五萬之眾。這是不是可以說由於司馬懿判斷錯誤，以為西城內有埋伏，恐怕上了孔明的當，雖「勇」而「不敢」殺進西城而孔明「則活」了呢？

再舉一個諸葛亮七擒孟獲的故事，孟獲被擒七次，諸葛亮都不殺他。這是否可以算作「勇於不敢則活」的又一例：「不爭而善勝，不召而自來」諸葛亮的「繟然而善謀」之「天之道」呢？

「無死地」有兩個解釋：

一是避開，遠離是非之地，不接近是非之地，這是消極的辦法。如「陸行」走平坦的大路，當然就遇不到兕牛或老虎了。因此，許多版本《老子》第五十章都寫成「陸行不遇兕虎」。這不是老子的人生觀。

二是「善攝生者」雖然知道「陵行」在山野小路上定會遇到犀牛或老虎，在戰場上也要與敵人搏鬥，但是，「善攝生者」不怕敵人，不畏兕虎，相信自己武藝高強，能夠戰勝對方，能將敵人或兕虎置之於死地，自己卻無死地。據此，我認為「陸行不遇兕虎」應為「陵行不畏兕虎」較為正確。詳見第七章「物」的最高用途注解。

根據古棣著《老子通》第399頁，對《老子》第五十章注解認為：「此文很難解，似很神秘，從來未得確詁」的原因。我認為這就是歷史上的學者們對《老子》原文只

能從文字上求解答，而缺乏文字之外高深的「體認」功夫：即「毋先物動」、「聖人抱一」、「抱一無離」、「獨立不改」、「獨立守神」、「站樁求物」等功夫，著者個人本身無「物」（內物），也沒見過「物」是什麼樣子，更不知「物」的用途是什麼，以及只知「外物」而不知「內物」是什麼所致。這恰恰與《管子》所說「故道貴因。因者，因其能者，言所用也」，相反，成為「非其能者，言所用也」第一例。因此，我認為要想正確理解《老子》五千文關於攝生之道某些章節專用術語的真正本義，首先必須從認識「內物」是什麼開始。詳見「物的分類法」。

七、道可道，還是不可道

道可道、非常道，名可名、非常名。各家注釋摘要如下：

任繼愈譯著《老子新譯》今譯為：「道」說得出來的，它就不是永恆的「道」；「名」叫得出來的，它就不是永恆的名。

張松如著《老子說解》今譯為：道，說得出的，就不是永恆的道；名，叫得出的，就不是永恆的名。

陳鼓應著《老子注譯及評介》今譯為：可以用言詞表達的道，就不是常「道」；可以說得出來的名，就不是常「名」。注釋為：第一個「道」字和第三個「道」字，是老子哲學上的專有名詞，在本章它意指構成宇宙的實體與動力。第二個「道」字，是指言說的意思。名可名、非常

名。第一個「名」字和第三個「名」字為老子特用術語，是稱「道」之名，文法上屬於名詞使用。第二個「名」字是稱謂的意思，作動詞使用。

古棣著《老子通》注釋為：道是可以說的（即可以講說、談論），但說出來的道就不是常道了；名字是可以起的，但是起出來的名字就不是常名了。所謂「常道」即永遠不變之道；「常名」即永遠不變、永遠不會被廢棄的名字。自然界和人世間的一切（即形而下的事物）都是有始有終、有成有毀、有生有死的，都是不常的。老子所要論說的道，不是普通的道，如道路的道、政治之道，而是永遠不變的「常道」。因此，他所要用的名字，不能是普通的、會消失的名字，而是永遠不會廢棄的「常名」。所以開宗明義先交代：說出來的道就不是常道了，起出來的名字就不是常名了。

以上各家都說「道」是不能說的，說出來的「道」就不是「常道」了。我認為《老子》所謂之「道」並非不可言說也。例如：「道之出口」（《老子》三十五章）、「上士聞道，中士聞道，下士聞道」（《老子》四十一章）、「吾言甚易知，甚易行」（《老子》七十章）等等，這些話不但證明「道」是可以言說的，而且還是可行的嗎？那麼，為什麼都把它解釋成為不可言了呢？我認為問題出在「道可道、非常道」這三個「道」字的結合方式不同與斷句之不同是造成不可言說的根源。因為「道」字本身在這裏代表二個意思：

(1) 當做《老子》哲學上專用名詞的「道」字解，即

指攝生之道、養生的方法解。

(2) 當做「說」字解，是指言說的意思。

如果把第一個「道」字與第三個「道」字結合起來，作為《老子》專用名詞的「道」字解時，就譯成了上述「道」為不可言了。

「道$^{1.3}$」，當做《老子》專用名詞的「道」字解。「道^2」當做說字解。

今　譯

「道^1」，說^{2}得出來的，它就不是永恆的「道^3」。

如果把第一個「道」字當做《老子》專用名詞的道字解，而把第二個道字與第三個道字結合起來當做「說」字解時，那就是「道」是可以說得出來的了。

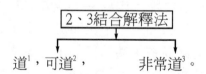

今　譯

「道^1」是可以說^{2}得出來的，但是，不是平常隨便對任何人都可以說^{3}的。

至於為什麼不是平常隨便對任何人都可以說呢？那是因為「上士聞道，勤而行之；中士聞道，若存若亡；下士

聞道，大而笑之，不笑不足以為道」（《老子》四十一章）的緣故。而且《老子》經過實踐證明「道之出口，淡乎其無味、視之不足見、聽之不足聞、用之不足既」。（《老子》三十五章）。所以，只能對能夠勤而行之的上士去講道，不能對下士去講道。因為下士無知，對他講道他不相信，不但不能勤而行之，反而卻大笑之，這豈不是對牛彈琴白費勁嗎？

　　另外從「道可道、非常道。名可名、非常名」這二句話十二個字的斷句不同，對「道可道、名可名」的今譯無異議，但對後六個字「非常道、非常名」這六個字可分作如下三種解釋。有引號的「道」字與「名」字代表《老子》專用名詞的「道」字解。無引號的道字、名字當做說字解。

　　　　(1)「道」，可道，非，「常道」。
　　　　　　「名」，可名，非，「常名」。

　　今　譯

　　「道」是可以說的，但說出來的「道」，就不是「常道」了。

　　「名字」是可以起的，但是起出來的「名字」就不是「常名」了。

　　　　(2)「道」，可道，非、常、道。
　　　　　　「名」，可名，非、常、名。

　　今　譯

　　「道」是可以說的，但是，不是平常隨便對任何人都可以說的。

　　「名字」是可以起的，但是，不能起平常所感覺到的名字。

　　　(3)「道」，可道，非常，道。
　　　　「名」，可名，非常，名。

今　譯

　　「道」是可以說的，但是，只能對非常之人「上士」講說。

　　「名字」是可以起的，但是，只能起非常的、異乎尋常的、自古至今其名不去的名字，不能起平常所感覺到的名字。

　　所謂平常所感覺到的名字，就是「抱一無離」、「獨立不改」練功初級階段以及練習所謂的「氣功」，人人都能感覺到的酸麻脹痛、涼熱振顫等等現象，一般稱之為「氣」或「氣感」的名稱。因此，以「氣」命名的「氣功」這一名稱不是《老子》攝生之道的最高境界。因為它還沒有達到「物固有形」的階段，所以不能以此為名。

　　《老子》攝生之道的最高境界是求「物」。物是道的體現，道是物的自然法則。道是萬物的本質。道即物，物即道。「有物混成，道之為物，其中有物。自古及今，其名不去」（《老子》二十一章）；「道生之，德蓄之，物形之，勢成之」（《老子》五十一章）；「道生一，一生二，二生三，三生萬物」（《老子》四十二章）；「物固有形，形固有名」（《管子》心術上）；等等，都證明了「道」與「德」以及「物」與「名」的關係問題。因此，物尚未固、形尚未成之前不能亂起名字。這才是「名，可

名，非常，名」的正確解釋吧！

　　所以，《老子》道德經五千言開頭第一句話，首先就交代：攝生之道是可以言說的，但不是平常隨便對任何人都能講的，是要選擇對象的，只能對非常之人「上士」講說，不要對「下士」講道。名字也是可以起的，但是，在物尚未固、形尚未成之前，不要亂起名字。必須在「物固有形，形固有名」，形固之後才能起名字。

　　根據以上分析，于永年今譯如下：

原　文	今　譯
道可道，	攝生之道是可以言說的，
非常道，	但不是隨便對任何人都能言說的，只能對非常之人「上士」講說。
名可名，	名字是可以起的，
非常名，	但不能起人人都能感覺到的平常的名字。只能起非常的、異乎尋常的，自古及今其名不去的名字。

　　以上的注解過於籠統，不具體，是我以前寫的。經過近年來不斷深入學習老子大道哲學內物論之「生而不有」（五十一章）、「自見與不自見、自見者不明」（二十四章）、「不自見者故明」（二十二章）、「道生一，一生二，二生三，三生萬物」，等等對物的進化分類精湛論述（詳見物的分類簡表），以及「反者道之動，弱者道之用」、「天下萬物生於有，有生於無」（四十章）、「道生之，德蓄之，物形之，勢成之」（五十一章）、「為學日益，為道日損，損之又損，以至於無為」（四十八

章）、「故物或損之而益，或益之而損」（四十二章），
等內物論的生理變化、量變質變、相對論的發展規律等
（詳見老子為道圖），自2009年1月起改注如下：

道可道，　　攝生之道，是可以言說的。道分為兩種：
　　　　　　一種是一般的、簡單的、平常的、初級的
　　　　　　可道之道。

非常道，　　一種是複雜的、高級的非常之道。

名可名，　　名字也是可以起的。名字也分為兩種，一
　　　　　　種是平常人人都能主觀感覺到「自見」的
　　　　　　「生而不有」的名字。如：酸、麻、脹、
　　　　　　痛的感覺，俗稱為「氣」。

非常名，　　一種是客觀表現「不自見」高級的、非常
　　　　　　的、科學學名，俗稱「物」，即東西，又
　　　　　　名：內物、內勁、內動，學名稱之為：
　　　　　　「第二隨意運動」，即休息肌的緊鬆內動
　　　　　　運動。

無名，　　　沒有名字（「抱一無離」、「獨立不改」
　　　　　　練功之前體內沒有任何反應，叫做無
　　　　　　名），

天地之始。　是創造新天地的開始（建立新的運動體系
　　　　　　的開始）。

有名，　　　有了名字（「抱一無離」、「獨立不改」
　　　　　　練功之後體內有了反應，叫做有名），

萬物之母，　是產生萬物（內物、內勁、內動）的根
　　　　　　本。

故，	所以，
常無，	平常沒有反應（名）時，
欲以觀其妙。	希望以「抱一無離」，「獨立不改」觀察體內的奧妙變化。
常有，	練功後有了（酸、麻、脹、痛）的反應時，
欲以觀其徼。	仍然希望以「抱一無離」，「獨立不改」觀察它的終級。
此兩者，	無名，沒有反應；有名，有反應，這兩者，
同出而異名，	同出於「抱一無離」，「獨立不改」一個來源，但名稱不同，
同謂之玄，	它們都是深遠的，
玄之又玄，	極遠極深，
眾妙之門，	「抱一無離」、「獨立不改」是研究攝生之道一切奧妙變化的總門。

八、站樁求「物」運動體系簡介

1. 王薌齋先生特殊拳學簡介

王薌齋先生在其所著《大成拳論》自志一節中說道：「拳道之大，實為民族精神之需要，學術之國本，人生哲學之基礎，社會教育之命脈。其使命要在修正人心，抒發感情，改造生理，發揮潛能，使學者神明體健，利國利民方面發揮作用，固不專重技擊一端也。

本四十餘年習拳之經驗，探其真義之所在，參以學

理，證以體認，袪其弊，發其秘，捨短取長，去偽存真，
融會貫通，以發揚而光大之，另成一種特殊拳學。而友人
多試之甜蜜，習之愉快，因僉以『大成』二字名吾拳，欲
卻之而無從也，隨聽之而已。」

2. 特殊拳學之定義

以上所述「另成一種特殊拳學」是什麼意思？它的特
殊性在哪裏？它與一般武術有什麼區別？

根據我個人多年研究與實踐結果，認為這個特殊拳學
就是古老東方以「靜」為主，以求「內物」、「內動」為
目的之「靜因之道也」（《管子》心術上第三十六），中
國道家文化獨特的、蓋世無雙的以靜為本、以因為源的返
本求源之主靜與主因學說的位靜運動新體系，以資區別以
「動」為主、「反者道之動」（《老子》四十章）、「動
果之道也」的位移運動，學名稱之為第二隨意運動，即休
息肌的緊鬆內動活動，以資區別於第一隨意運動即工作肌
的屈伸外動活動。

總結特殊拳學站樁求「物」休息肌的緊鬆內動活動即
第二隨意運動體系之具體經驗，可分為三段九對矛盾，即
拳與道的區別如下：

首先是動與靜，即運動與安靜的矛盾；其次是形與
意，即形態與意念的矛盾；再次是果與因，即結果與原因
的矛盾。

這三對矛盾屬於大腦與肌肉之間的矛盾，是特殊拳學
站樁求「物」第一階段需要首先認識的矛盾。上與下，即
上肢與下肢的矛盾。鬆與緊，即放鬆與緊縮的矛盾。根與

梢，即根節與梢節的矛盾。這三對矛盾屬於局部與身內的矛盾，是第二階段需要認識的矛盾。氣與物，即氣感與物象的矛盾。局與整，即局部與整體的矛盾。內與外，即身內與身外的矛盾。這三對矛盾屬於整體與身外的矛盾，是第三階段需要認識的矛盾。

以上這些矛盾統稱之為特殊拳學站樁求「物」三段九對矛盾，即練拳與為道的區別。實際上這三段九對矛盾正是研究體育教育「運動與安靜」體系的重大分歧，也是中國拳學「形與意」，以及中國養生學「果與因」等以誰為主，自古以來的根本區別。中國道家攝生之道認為：動靜關係：以靜為本，先靜後動，靜中求物。形意關係：以意為本，先意後形，意固形定。果因關係：以因為本，由因及果，是乃正道。

廣大青年學生及人民群眾對體育的需要絕不是單純的錦標與獎牌，他們所需要的是培養強健的體魄去開發潛能、增長智力和醫療保健，延年益壽。

古老的東方中國道家文化以「靜」為主養生的醫療體育，在治療中西醫藥無效的慢性疾病與增強體質保健養生方面取得了意想不到的良好效果，實現了「弱者道之用」的功效，真正的體育是健身教育過程，體育科學應是全民健身教育學。

我國最早的《管子》稱為「心術」，而不叫「武術」，也不叫「拳術」，更不叫某某拳或氣功等。《老子》稱之為「道」、「為道」，具體的操作方法是「抱一無離」、「獨立不改」。

古代稱心，現代是指大腦。「心術」一詞是由肌肉訓練大腦開發潛能，增長體育智力的方法。它與今天的第二隨意運動即休息肌的緊鬆內動活動學說是完全一致的。用大腦為自己治病強身是醫療與體育相結合的必然之路，也是今後體育教育的主要科研課題。

一般人只知道速度加力量之「外動」的方面，如「馬走」、「鳥飛」，及上肢與下肢各關節不斷地位置移動的戕生運動，缺乏或根本不知道「抱一無離」、「聖人抱一」、「獨立不改」，原地站立不動，上下肢體各關節並不發生位置移動，只用角度加意念的變化來尋求動之原因的「靜」的養生運動，即運用大腦為自己檢查疾病、治療疾病健身強體的規律及原理。

早在2,700多年前《管子》已經提出了「毋代馬走，毋代鳥飛，毋先物動」、「靜因之道也」。《老子》也提出過「抱一無離」、「聖人抱一」、「獨立不改，周行不殆」。《內經》還提出過「獨立守神，肌肉若一」等等東方古老的道家文化與近代西方競技體育運動及中國現代武術套路演練完全不同的，以「抱一無離」、「聖人抱一」、「獨立不改」、站樁求「物」為最高境界的攝生之道。

3. 特殊拳學簡表

王薌齋先生特殊拳學站樁求「物」三段九對矛盾簡表如下。

王薌齋先生特殊拳學站樁求「物」三段九對矛盾簡表
（拳與道的區別）

三段	拳與道	九對矛盾	答案：參閱《大成拳站樁與求物》
一段 （大腦與肌肉的矛盾）	動與靜	1. 運動與安靜的矛盾	第二章　動與靜的標準 第九章　（七）靜止也能運動
	形與意	2. 形態與意念的矛盾	第三章　站樁的各種姿勢 第五章　站樁的意念活動
	果與因	3. 結果與原因的矛盾	第八章　《管子》求物論　靜因之道也
二段 （局部與身內的矛盾）	上與下	4. 上肢與下肢的矛盾	第四章　鍛鍊手好還是鍛鍊腳好
	鬆與緊	5. 放鬆與緊縮的矛盾	第五章　緊鬆運動
	根與梢	6. 根節與梢節的矛盾	第五章　不動之動腳掌動
三段 （整體與身外的矛盾）	氣與物	7. 氣感與物象的矛盾	第六章　關於「氣」的研究 第七章　關於「物」的研究、「物」的分類法
	局與整	8. 局部與整體的矛盾	第九章　「物」的學名第二隨意運動

三段	整體與身外的矛盾	內與外	9.身內與身外的矛盾	離開己身，無物可求，執著己身，永無是處 見性明理後，反向身外尋 莫被法理拘，更無終學人 提挈天地，把握陰陽，呼吸精氣 獨立守神，肌肉若一，此其道生

《老子》功夫境界分類索引

一、道可道，還是不可道。

二、為道的具體操作方法

式。

三十九章　萬物得一以生。

二十五章　有物混成，先天地生。獨立不改，周行
　　　　　不殆。

一　　章　常無，欲以觀其妙。常有，欲以觀其
　　　　　徼。

十　六　章　萬物並作，吾以觀其復。知常曰明，不
　　　　　知常，妄作凶。

三十五章　視之不足見，聽之不足聞，用之不足
　　　　　既。

四　十　章　反者道之動，弱者道之用。應做何解。
　　　　　天下萬物生於有，有生於無。

四十八章　為學日益，為道日損，損之又損，以至
　　　　　無為。

三、道與物（內物）的關係

十　四　章　視之不見，聽之不聞，搏之不得，無狀
　　　　　之狀，無物之象。

十　五　章　古之善為道者，若冬涉川，若畏四鄰。

二十一章　孔德之容，惟道是從，道之為物，其中
　　　　　有象，其中有物。

二十二章　不自見故明。

二十四章　自見者不明。

四十二章　道生一，一生二，二生三，三生萬物。
　　　　　故物或損之而益，或益之而損。你生過
　　　　　「物」嗎？你損過「物」嗎？

第 九 章

物固有形
形固有名
不修之此
焉能知彼

「物」的學名──第二隨意運動

一、隨意運動分類法

站樁，顧名思義就是擺好一個姿勢，站在那裏猶如樹椿，巍然屹立。《內經・素問》上稱為「獨立守神」。

中國武術講「勁」、「內勁」或「拳勁」。中國武術與其他體育運動之不同點就在於此。所謂的「勁」與「力」不同。「力」一般是指「拙力」而言，它與武術中所要求的「勁」、「內勁」不同。武術中要求「寸勁」即「爆發力」，我把它稱為「智力」，以與「拙力」相區別。各項體育運動都需要各自不同的「爆發力」。對於「勁」與「力」有各種解釋。

例如，陳炎林認為：「力為有形，勁則無形。力方而

勁圓，力澀而勁暢。力遲而勁速，力散而勁聚。力浮而勁沉，力鈍而勁銳。此力與勁不同也。」施榮華認為：「力純者謂之勁。」嚴天放認為：「由全身的有關肌肉協調一致所產生的衝力，在武術中就稱為勁。僅身體的某些局部肌肉的肌運動所產生的衝力在武術中稱為力。」王薌齋先生稱之為「物」，即「東西」。如「離開己身，無物可求；執著己身，永無是處。」

另據《老子》第二十一章，對「物」亦有比較詳細的記載。如「恍兮惚兮，其中有物。」那麼用什麼方法來檢驗「物」的戰鬥實用價值呢？在《老子》第五十章中也有明確的記載，如「無死地」，等等。

以上各種解釋，雖能說明部分問題，但過於抽象，初學者不易理解。所謂的「勁」或「物」，既是客觀存在，就必定有某種特定的物質表現。因此，我們能否從現代解剖生理學方面找到一個既具體而又有實踐證明的理論根據，從而給它起一個現代醫學上的學名，以便初學者系統學習呢？

本文從這方面進行了初探，並對其生理變化與訓練順序作了初步試驗與總結，提出了休息肌的緊鬆內動運動——第二隨意運動新學說，以此作為中國武術「勁」、「內勁」或「物」的解剖生理學的學名。

根據人體組織結構的不同，解剖學上把人體的肌肉分為三種：平滑肌、心肌和橫紋肌。

內臟器官的胃、腸、膀胱、子宮和血管壁的肌肉層由平滑肌構成，其收縮緩慢而且持久；心肌是構成心臟的肌

肉，其收縮比平滑肌快，而且有顯著的節律性。平滑肌與心肌都不能隨人的意志而收縮，所以，叫做不隨意運動。

橫紋肌的絕大部分附著於骨骼，又叫做骨骼肌。如頭、面、軀幹和四肢的肌肉，其收縮迅速而有力，但容易疲勞，可隨人的意志而收縮，所以叫做隨意運動。

骨骼肌的分佈規律，是在一個運動軸的相對側分佈有兩組作用相反的肌肉，一組排列在關節的屈面，為關節的屈肌；另一組排列在關節的伸面，為關節的伸肌。這兩組肌肉在作用上是相互對抗，而又是相互依存的。

一般的體育運動需要三個條件，即在一定的速度、力量和時間內使屈肌與伸肌發生交替收縮，以關節為樞紐引起骨骼的槓桿作用，牽動體形或體位在空間發生位置移動，從而引起脈搏較安靜時增多，這一過程叫做體育運動。

位移運動論者認為：速度等於零時是靜止狀態，力量等於零時也不能運動。沒有無速度的運動，也沒有無力量的運動。這個定理對於說明非生物界的物質運動是正確的，但是它對於解釋人類的體育運動形式則是不夠全面的，尤其對於解釋中國武術大成拳的站樁功更是錯誤的。

一屈一伸的位置移動是運動，這是公認的。那麼，機體保持著只屈不伸或只伸不屈固定不動的靜止狀態是不是運動呢？一般認為靜止不動不是運動。但是，「靜止是運動的特殊情形」。恩格斯說：「如果一個被舉起的重物停在高處不動，那麼在靜止的時候它的位能也是一種運動形式嗎？肯定是的。」他還說：「運動不僅僅是位置移動，

在高於力學的領域中它也是質變。」「一切運動都是和某種位置移動相聯繫的。運動形式愈高級，這種位置移動就愈微小。」究竟微小到什麼程度呢？他說：「從單純的位置移動起直到思維」都是運動。

那麼，什麼是「思維的體育運動」呢？我經過多年來的反覆試驗研究提出：「第二隨意運動」就是一種思維的體育運動，即休息肌的鬆緊內動活動。

這個理論是根據動物在單位時間內一屈一伸的位置移動，每一動作只有一部分應該工作的肌肉發生收縮，我把它稱為「工作肌」；其他大部分肌肉是處於相對的休息狀態，我把它稱為「休息肌」。例如，關節彎曲時，屈肌是工作肌，伸肌便是休息肌；反之，關節伸直時，伸肌變為工作肌，而屈肌變成了休息肌。屈肌與伸肌必須交替收縮，不能同時收縮，這是動物的位移運動規律。當然，人類經過特殊訓練者除外。

根據以上原理，我提出以下人體運動的標準、運動的體系、運動的過程、運動的機制作為條件，制定出新的隨意運動分類法如下：

1. 運動的標準

運動的標準分為兩種：一種是日常習慣上的主觀標準；另一種是科學的客觀生理標準。

人們的日常習慣總是把機體一屈一伸的位置移動當做運動，而把固定不動作為相對的靜止狀態，認為不是運動。這是人們以機體外形發生位置移動與否為根據而區分的習慣上的主觀標準；但是，運動能使脈搏增多，這是人

體各種運動的共同點。那麼就可以根據這個共同點即脈搏增加多少，來作為衡量運動量大小的客觀生理標準，而不以肢體在外形上發生位置移動與否來作為運動的標準更為科學。因為位置不移動的靜止狀態的站樁姿勢同樣能使脈搏增多。

2. 運動的體系

根據人體的每一動作，可以把肌肉的運動體系分為兩種：一種是以在這一動作中人人都會的、先天遺傳下來的應該收縮的工作肌的收縮為一運動體系，叫做第一隨意運動；另外一種是以在這一姿勢中本來不應該收縮的，但是，經過後天學習與專門訓練而能掌握的休息肌的收縮作為另一運動體系，叫做第二隨意運動。它們可以根據運動的過程區別出來。

3. 運動的過程

機體在完成某一動作的隨意運動時，按每一肢體的屈肌與伸肌的收縮運動形勢可分為三種類型：交替收縮、單獨收縮、同時收縮。

(1) 交替收縮

一般的位移運動，例如走路、跑步、體操等等肢體活動的運動，都是由屈肌與伸肌的交替收縮而完成的。

圖 9 - 1

(2) 單獨收縮

單獨收縮，分為持久性單獨收縮與快速性單獨性收縮兩種。

① 持久性單獨收縮。機體保持一定姿勢靜止不動時，是由於屈肌或伸肌的持久性單獨收縮所完成的。例如，站樁練功時四肢的各關節必須保持一定的姿勢角度而不動，這時各肢體的工作肌是堅持持久性的單獨收縮運動。

持久性單獨收縮示意圖如圖9－2。

----▶ 工作肌

圖9－2

② 快速性單獨收縮。這是在站樁練功過程中發現的獨特的單獨性快速收縮運動現象。即站樁時由於兩腿保持一定的彎曲角度，隨著持續時間的延長達到一定程度時，一般在二三十分鐘以後，可摸到或看到大腿部的股直肌或其他肌群產生自動性、高頻率、波浪式的快速單獨收縮運動。王薌齋先生形容為「肌肉似驚蛇」。

快速性單獨收縮示意圖如圖9－3。

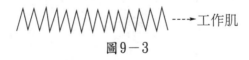

----▶ 工作肌

圖9－3

以上兩種收縮運動不需要用腦去指揮便能自動地產生出來，由於其運動體系未變，因此，它們都屬於工作肌的隨意運動，即第一隨意運動。

(3) 同時收縮

同時收縮是在工作肌收縮運動的同時，由於加入了緊鬆動作的意念活動後所產生的休息肌的收縮運動。同時收縮必須用腦去指揮休息肌才能產生出來。它是運動體系的改變。由於其發生機制不同，因此，它屬於第二隨意運動。分為以下三種形式。

① 工作肌的持久收縮與休息肌的快速收縮同時進行（圖9-4）。

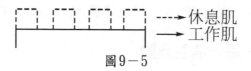

----► 休息肌
——► 工作肌

圖9-4

② 工作肌的持久收縮與休息肌的緩慢收縮同時進行（圖9-5）。

----► 休息肌
——► 工作肌

圖9-5

③ 工作肌的持久收縮與休息肌的持久收縮同時進行

（圖9－6）。

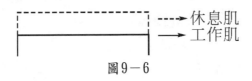

圖9－6

以上三種形式的收縮，站樁時可用手摸到或用眼看到，並且可以根據脈搏變化而區別出來。

(4) 產生運動的機制

由於大腦皮層高級神經系統產生上述三種收縮運動的機制不同，所以，一系列生理變化與作用效果也不同。例如，工作肌的隨意運動是先天遺傳下來的，是人人都會的，也可不需要用腦去支配它就能完成。但是，休息肌的隨意運動必須經過後天學習才能掌握。

初學時思想必須高度集中，必須用意念去支配，即用腦去想它、指揮它才能完成收縮的目的。開始時它不聽指揮，更用不上勁，顧上顧不了下，顧左顧不了右，產生顧此失彼的現象。必須有計劃、有目的地由局部到整體，由初級到高級，堅持不懈地刻苦訓練，循序漸進，才能達到得心應手、隨心所欲的境地。因此，我把人類骨骼肌的隨意運動分為兩大類：第一隨意運動與第二隨意運動。

二、第一隨意運動

凡是由現實的、具體的信號，即第一信號系統，直接作用於各種感覺器官，使工作肌產生必然的、被動的交替

收縮運動或單獨收縮運動，使關節的角度發生改變，從而引起肢體的位置移動，並使循環、呼吸、代謝機能改變，達到一定程度後，脈搏較安靜時增多，叫做第一隨意運動。這是動物與人類所共有的工作肌的隨意運動，是先天遺傳下來人人都會的隨意運動。

例如，走路、跑步、體操、舉重、各種球類及一般的武術套路動作等等都屬於這一類型。

機體在進行上述各項工作肌的位移運動過程中，不論其速度與力量如何改變，其運動體系是不變的。因此，工作肌的收縮運動是第一隨意運動，即單純的位移運動。單純的位移運動是鍛鍊工作肌增長體力的體育運動。示意式是：

（速度＋力量）×時間＝位移運動

反之，不必改變各關節的角度，只改變意念活動（思維活動）而能引起運動體系的變化者，屬於休息肌的收縮運動。休息肌的收縮運動是第二隨意運動，即位靜運動。位靜運動的角度不變，意念變（思維變），運動體系亦變。因此，位靜運動是訓練休息肌增長體育智力的運動。示意式是：

（角度＋意念）×時間＝位靜運動

三、第二隨意運動

肢體在保持各關節的角度不變時，在外形上不發生位置移動的狀態下，這時除固有的應該收縮的工作肌產生一定的單獨收縮運動（第一隨意運動）來維持這個姿勢外，

透過語言、文字或思維活動，即第二信號系統的作用，還能動員本來不需要收縮的休息肌也產生一定的收縮運動，也就是使休息肌與工作肌產生同時收縮運動，從而使代謝機能及脈搏更加增多者，叫做第二隨意運動。

第二隨意運動是大腦皮層高級神經系統主動的、自由的、高度的興奮作用所引起的休息肌的收縮運動。它是由休息肌訓練中樞神經系統建立新的運動體系，開發人體潛能，增長活體力學知識的體育運動。它必須經過後天的努力學習才能掌握，它與第一隨意運動有本質上的不同。

站樁時，單純地保持一定姿勢，不加入緊鬆動作的意念活動而使脈搏增加，是由於工作肌對於本身的重力變化產生了抵抗力而引起收縮運動所致，屬於第一隨意運動。在保持同樣姿勢的狀態下，由於加入了緊鬆動作的意念活動，使休息肌也產生收縮運動而使脈搏更加增多者，屬於第二隨意運動。

這就是說，站樁時肢體各關節的角度不變，只改變意念活動（思維活動），就能引起運動體系之改變。因此，站樁運動是既能增長體力（第一隨意運動）、又能增長智力（第二隨意運動）的體育和智育相結合的運動。

四、第二隨意運動的脈搏變化情況

1. 坐位第二隨意運動的脈搏變化情況

為了觀察坐位第二隨意運動的脈搏變化情況，選一位元熟練掌握第二隨意運動者（男性，45歲），使受試者保持正常安靜位坐在椅子上，腳掌、腳跟不許離開地面，大

腿與小腿保持90°角，膝關節不許上下左右移動，雙手自然下垂，軀幹保持正直，不作任何練功姿勢。靜坐10分鐘後只練1分鐘腿部肌肉的鬆緊動作——第二隨意運動。

前後連續檢查4分鐘的脈搏情況見下表。

表9-1 坐位第二隨意運動脈搏變化情況

項　　　別	秒	脈搏	1分鐘共計	差別
練前坐位	10	11	66	
	20	11		
	30	11		
	40	11		
	50	11		
	60	11		
坐位腿部第二隨意運動	70	14	98	+32
	80	15		
	90	16		
	100	17		
	110	18		
	120	18		
停後坐位	130	18	93	+27
	140	17		
	150	16		
	160	15		
	170	14		
	180	13		

停後坐位	190	13	69	+3
	200	12		
	210	11		
	220	11		
	230	11		
	240	11		

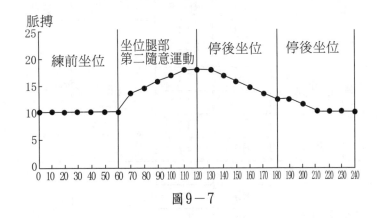

圖9－7

根據圖9－7可以看出，靜坐10分鐘的脈搏每10秒為11次，1分鐘共計66次。從第70秒開始保持原來坐位不動，只用意念支配兩腿休息肌進行緊鬆動作——第二隨意運動，其脈搏立即開始增多。

到120秒時增加到18次，1分鐘共計98次，較練功前增加32次。從130秒時停止第二隨意運動，仍保持原來坐位不動，其脈搏便逐步下降，至210秒時已恢復到原來水準的每10秒11次。停止後第1分鐘的脈搏降為93次，第2分鐘時已基本上恢復到原來水準。

2. 站位第二隨意運動的脈搏變化情況

為了觀察站樁練功時不加入緊鬆動作與加入緊鬆動作對脈搏的變化情況，即觀察第一隨意運動與第二隨意運動的區別，使受試者練習小步樁站樁姿勢（圖9－8），連續檢查第二隨意運動前後的脈搏變化情況（圖9－9）。

圖9－8

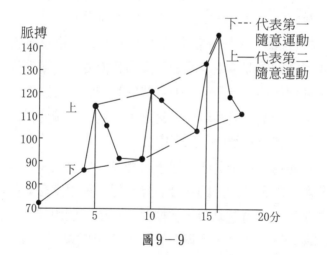

圖9－9

　　根據圖9－9 可以看出，站樁練功前每分鐘的脈搏為74次，練到4分鐘時脈搏增加到86次，較站樁前增加12次。從第 5 分鐘開始進行緊鬆活動——第二隨意運動1分

鐘，脈搏立即增加到113次，較前一分鐘增加27次，較站樁前增加39次。從第6分鐘開始停止第二隨意運動，脈搏下降為105次，第7分鐘又下降為91次，直至第 9 分鐘仍保持91次。這已經可以證明第一隨意運動與第二隨意運動顯著的不同變化了。

從第10分鐘開始再進行第二次第二隨意運動，時間仍為 1 分鐘，脈搏立刻增加到119次，較前一分鐘增加28次，較運動前增加45次。第11分鐘停止時脈搏下降為115次，到第14分鐘時脈搏維持103次。

從第15分鐘開始連續進行兩分鐘第二隨意運動，這時脈搏立刻增加到132次，而第16分鐘時脈搏繼續增加到144次，較前一分鐘又增加12次，較運動前增加70次。

根據圖9－9 檢查結果可以看出，第一隨意運動與第二隨意運動之間產生了明顯不同的脈搏變化。這就是站樁時單純地保持一定姿勢不加入緊鬆動作時，其脈搏頻率是隨時間的延長而逐漸增加。這是工作肌的單獨持久性的收縮運動，表現在圖9－9的下虛線。

在保持同樣姿勢的狀態下，身體外形上並沒有發生位置移動，亦即各關節的角度並無改變，只用意念支配休息肌產生第二隨意運動時，脈搏便明顯地突然增多，停止後又明顯地突然下降，表現在圖9－9 的上虛線。

這就證明了機體在任何一種姿勢的狀態下都是只有一部分固有的應該工作的肌肉發生收縮運動，另外還有許多不應該收縮的肌肉在休息。第二隨意運動就是動員那些不需要收縮的休息肌與工作肌產生同時收縮運動的訓練，從

而提高機體運動的品質。

　　根據圖9－9 結果可以看出，站樁時進行 1 分鐘的第二隨意運動，較前一分鐘可增加脈搏27次－29次，較運動前可增加36次－58次。如果連續進行 2 分鐘第二隨意運動時，可較運動前增加70次。這說明進行第二隨意運動的時間越長，運動量就越大，因此脈搏增加就越多。但是，注意不可能持續過長時間。

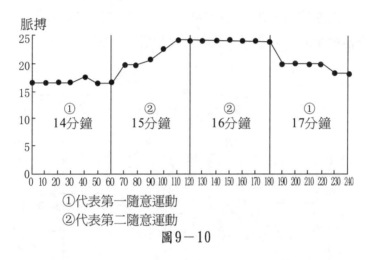

①代表第一隨意運動
②代表第二隨意運動

圖9－10

　　圖9－10是從第14分鐘開始按每10秒計算一次脈搏變化情況。

　　從圖9－10可以看出，站樁進行到第14分鐘時，機體是維持工作肌的隨意運動——第一隨意運動。這時除第 4 個10秒的脈搏是18次之外，其他各次都是17次，總計 1 分鐘的脈搏是103次。從第15分鐘開始連續進行 2 分鐘的第二隨意運動。第15分鐘的脈搏呈直線上升的形式，由原

來的17次逐漸上升到20次、21次、23次，到第 5 個10秒即110秒時升高到24次，這時的運動量似乎已經達到極點。因此，其後一段時間內的脈搏一直維持24次，到180秒停止第二隨意運動時，脈搏立即直接下降為20次，直到230秒時始降為19次。

五、站樁功的訓練順序

根據站樁練功的三項條件，即角度、意念、時間為三個軸繪製成站樁順序示意圖，逐步說明（圖9－11）。

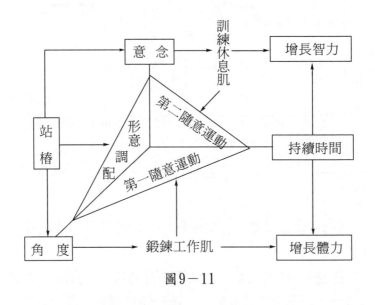

圖9－11

圖9－11表示站樁是以角度、意念、時間為三個軸所組成的無外速、無外力的體育智育運動訓練圖。

角度與意念二軸表示，站樁是由角度（形）即姿勢和

意念活動（意）所組成的「練想結合」運動。

站樁時，全身各個關節一方面需要保持一定的角度，即站樁姿勢的「形」。所謂的「形」是產生被動性、強迫性的鍛鍊工作肌的外因條件，簡稱為「練」。另一方面還需要一定的意念活動，簡稱為「意」，也就是「想」。「想」是主動地、自由地訓練休息肌的內因根據。二者結合起來叫做形意調配。

形意調配分為：①去意輕形；②去意重形；③輕意輕形；④輕意重形；⑤重意輕形；⑥重意重形等6種訓練形式。其中①、②屬於第一隨意運動，③～⑥屬於第二隨意運動。

1. 第一隨意運動的站樁要求

站樁時只保持一定的姿勢，即圖9－11角度與時間二軸所組成的第一隨意運動面所示，這種站樁方法是鍛鍊工作肌的運動，其他肌肉儘量放鬆，以達到鬆而不懈、緊而不僵、輕鬆舒暢的目的。

換言之，這種站樁法由於四肢外形並沒有位置移動的活動變化，因此，便減少或消滅了機體為保持自己的安全而引起興奮作用，因而可使大腦皮層進入相對抑制狀態。也就是工作肌的收縮運動能與大腦皮層的積極性休息同時並進，因此，這種練功方法具有一定的醫療保健作用。

角度與時間的延長可以增強體質，增長體力。

2. 第二隨意運動的站樁要求

站樁時在保持一定姿勢的基礎上加入緊鬆動作的意念活動，即圖9－11意念與時間二軸所組成的第二隨意運動

面所示。

這是站樁練功所特有的訓練休息肌與工作肌同時收縮運動的方法。它是由休息肌訓練中樞神經系統，建立新的運動體系的體育智育運動，叫做第二隨意運動。

第二隨意運動的意念活動分為：①緊鬆活動訓練休息肌；②連接活動訓練神經；③挎筋活動訓練肌腱；④牽掛活動訓練精神。

意念活動與時間的延長，除具有第一隨意運動增長體力即「拙力」的作用外，還具有增長「智力」的作用。

這裏所說的「智力」，是指人體活動時的力學知識而言，即活體力學知識。

例如，肌肉的緊鬆問題。其中包括如何蓄積力量增長勁的作用，如何運用彈力、爭力、開合力、纏綿力、撐抱力、惰性力、三角力、挺拔力、螺旋力、槓桿力、輪軸力、滑車力等等，以及有關力的佈局問題。

如什麼地方應該用力，什麼地方不要用力；力的方向，力的長短距離，力的單重與雙重，力的重心位置與力的變化速度，間斷力與連續力，作用力與反作用力，平面力與斜面力，工作肌的力學與休息肌的力學，局部的力學與整體的力學，等等。

這些力學知識的總和表現出來的一種動作神態稱之為「勁」或「拳勁」，王薌齋將其稱之為「物」，即「東西」。它屬於「智力」的範圍，學名為第二隨意運動。它與所謂之「拙力」或「體力」，即第一隨意運動有本質上的區別。中國大成拳與一般體育運動之不同點就在於此。

大成拳站樁求「物」概要如表9－2。

表9－2　大成拳站樁求「物」概要表

一	臥式練法	適合身體衰弱和失眠者臥床練習
二	坐式練法	適合身體較弱者作站式練法的輔助
三	站式練法	1.站式輔助功姿勢：適合身體較弱者練習 2.站式基本功姿勢：適合一般人或慢性病人及減肥者練習 3.站式四肢功姿勢：適合身體強壯者及運動健將掌握休息肌的緊鬆內動活動，從而提高專項運動成績者練習
四	行走練法	以摩擦步為主是為活動打基礎的訓練方法
五	求物法 （緊鬆法）	1.局部緊鬆法　2.持筋緊鬆法　3.抽拔緊鬆法 4.道放緊鬆法　5.驚炸緊鬆法
六	試力法	1.局部試力法　2.整體試力法　3.爆發試力法 4.固定位試力法　5.活動位試力法
七	試聲法	1.試聲須與試力相結合 2.試聲所發出來的聲音與平常發音不同
八	推手法	1.單推手法　　2雙推手法 3.固定位推手　4.活動位推手法
九	實戰法	1.徒手戰法　　2.器械站法

六、站樁功的應用範圍

1. 體育運動方面

站樁功作為一種體育運動，它能運用醫學、運動醫學、運動生理學、運動生物力學、運動生物化學、老年醫學、康復醫學、非藥物治療學為開發人體潛能、增長智力的研究工作提供與一般位置移動的體育運動不同的生理、生化變化。

2. 醫療保健方面

站樁療法在醫療保健方面，已被實踐證明可以有效地防治各種醫藥無效的多種常見病、多發病及慢性疾病。長期堅持站樁療法可以逐步增強體質，提高工作效率，預防早衰，延年益壽。

3. 運動訓練方面

站樁功應用在體育運動訓練方面，可以彌補競技體育位移運動訓練之不足。掌握第二隨意運動者，有助於迅速增強運動員的身體素質、體力和智力，從而能進一步提高他們的專業運動成績。

4. 低負荷工作的反應速度方面

練習站樁功可以大大提高「低負荷」工作人員的反應速度，尤其在宇宙航行中更有實用價值。根據試驗人在正常高負荷的情況下，對於弱的燈光信號的反應時間平均只有1秒～3秒。但是，在低負荷下對於同樣信號察覺（做出反應）的時間，竟長達20秒以上，有的甚至在信號出現15分鐘後還未察覺。

　　但是，我在1963年與中國科學院心理研究所合作檢查了練習站樁功者11人，他們在低負荷下對信號的反應時間平均只有4秒。

5. 恢復體力方面

　　身體健康強壯的青年人，學習站樁，掌握放鬆活動的意念活動時，對於運動後即刻消除疲勞、迅速恢復體力有一定的作用。掌握第二隨意運動後，有助於迅速增強智力，即活體力學知識，從而為自衛防身和技擊實戰準備條件。

6. 提高效率方面

　　身體衰弱多病的青年學生，堅持站樁練功者不但病情好轉，而且學習成績也有所提高。掌握站樁方法及科學的理論知識將成為青年學生終身保健養生和開發智力潛能，提高學習成績與工作效率的有效手段。

七、結　論

1. 靜止也能運動

　　一般人認為人體靜止不動時不是運動，只有人體在外形上發生位置移動才是運動。

　　筆者提出了人體靜止不動時也能運動。靜止是運動的特殊情形。體育運動分為兩類：一類是位移運動；另一類是位靜運動。示意式是：

　　（速度+力量）×時間＝位移運動

　　位移運動的速度改變，力量改變，運動體系不改變。

　　（角度+意念）×時間＝位靜運動

位靜運動的角度不變，意念變，運動體系亦變。

2. 新的隨意運動分類法

根據人體運動的標準、運動體系、運動過程、運動機制，提出了新的隨意運動分類法。分為工作肌的屈伸外動運動與休息肌的緊鬆內動運動，即第一隨意運動與第二隨意運動新學說。

3. 意念活動

根據脈搏變化證明了人體靜止不動時，由於本身的重力變化而產生了抵抗力，引起人人都會的先天遺傳下來的工作肌發生收縮運動，使脈搏增多者，稱為第一隨意運動；在這個基礎之上由於加入了意念活動（思維活動）而引起運動體系之改變，使休息肌產生了緊鬆運動，從而使脈搏進一步增多，稱為第二隨意運動。

4. 思維的體育運動

根據脈搏變化證明了「思維的體育運動」的存在，建立了新的運動體系，即第二隨意運動新學說。以此作為我國武術追求的「勁」或「物」（內物）的生理解剖學的學名。

5. 高級運動位移小

恩格斯在《自然辯證法》中指出：「運動不僅僅是位置移動，在高於力學的領域中它也是質變。」「一切運動都是和某種位置移動相聯繫的，運動形式愈高級，這種位置移動就愈微小。」站樁不要求機體外形上的位置移動，而是要求機體內部的質變。

掌握站樁功的緊鬆活動、連接活動、挦筋活動、牽

掛活動是機體的質變過程。站樁練功時測量身高以公分計算，測量重心位置變化則需以毫米計算，而意念活動即使以微米也無法測量出來，它證明了運動形式愈高級，位置移動愈微小的原理。

6. 不動之動

我的老師王薌齋先生根據中國拳學的精髓提出：「大動不如小動，小動不如蠕動，不動之動乃是生生不已之動。」

這一論述為發展、推廣、研究靜止不動的運動——「站樁功」，創立了科學訓練的理論基礎。

7. 脈搏與呼吸的協調

我根據運動生理學證明，「快動不如慢動，慢動不如不動，不動之動，乃是脈搏與呼吸同時提高，不憋氣、不缺氧的正常的充氧運動」。解決了位移運動過程中脈搏增多而呼吸卻發生困難的反常生理現象這個重大的生理矛盾問題。

第 十 章

　　弱者道之用
　　用者弱轉強
　　強者道生物
　　毋先物動之

站椿功的適應症及典型病例

一、站椿功的適應症

站樁功主要適於治療下列疾病：

(1) 呼吸系統疾病：慢性支氣管炎、慢性支氣管哮喘、肺氣腫、肺結核。

(2) 消化系統疾病：慢性胃炎、胃下垂、慢性胃潰瘍、慢性十二指腸潰瘍、慢性便秘、慢性腸炎、胃腸神經官能症、慢性肝炎、肝硬化。

(3) 循環系統疾病：高血壓病、低血壓病、心臟病、動脈硬化症、慢性風濕症、貧血、營養不良症、半身不遂症。

(4) 神經系統疾病：神經官能症、神經衰弱症、周圍

神經炎、腦震盪後遺症、精神分裂症、癔症、脊椎炎、脊髓空洞症。

(5) 運動系統疾病：慢性風濕性關節炎、慢性類風濕性關節炎、腰酸背痛、慢性勞損、椎間盤突出症、凍結肩、彈撥指，以及外科及骨科手術後的恢復期運用。

(6) 新陳代謝及內分泌疾病：糖尿病、肥胖病、全身性脂肪瘤、甲狀腺腫大症。

(7) 婦科疾病：慢性盆腔炎、月經病。

(8) 泌尿系統疾病：遺尿症、夜間尿頻症、老年性尿失禁。

(9) 癌症的康復。

二、典型病例介紹

1. 站樁對呼吸系統疾病的療效

站樁練功對於消除呼吸器官局部瘀血現象，增加肺活量，以及調整全身的血液循環有很大作用。

站樁練功對喘息病人的呼吸急促困難現象有一定的抑制作用。例如，喘息患者，劉某，男，46歲。站樁前每分鐘呼吸19次，脈搏88次，站樁當中脈搏雖然增加到90次～120次，但呼吸卻降至 6 次～12次。自我感覺胸部舒暢，呼吸緩慢均勻，不憋不急，泰然自若。

站樁練功還有止咳化痰的作用。例如，張某，女，63歲。患支氣管喘息20多年，每年冬季發作，每夜咳痰不止，多年來不能仰臥睡覺，經中西醫治療效果不明顯。經站樁練功1個多星期後，自我感覺胸部呼吸暢通，憋氣現

象大為減輕。站樁練功 1 個多月後，咳嗽、咳痰現象完全消失，並能仰臥睡覺。

站樁練功對兒童的支氣管喘息效果更為顯著。例如，患兒荊某，9 歲，女。兩歲時患支氣管喘息病，咳嗽、氣喘、身體衰弱。7 年來，經常不斷地來醫院急診並住院治療，服藥後症狀可以緩解，但不鞏固。每遇寒冷即復發。夏季不敢穿短裙，不敢吃冰棒。

經過站樁治療兩個月後，咳嗽、氣喘現象完全消失，口唇紅潤，體力顯著增加。當年的夏天既能吃冰棒又穿上短裙，均未引起喘息發作。

有些患者因為鼻子不通氣，嗅覺不靈敏，或因受涼引起急性鼻炎，經過站樁練功20分鐘～30分鐘後，便感到鼻呼吸通暢，嗅覺立即恢復靈敏。這主要是由於經由站樁練功運動鍛鍊後，全身的血液循環狀態和鼻腔黏膜局部瘀血現象得到改善，鼻腔口徑變寬的緣故。

有人多年來睡覺打鼾，因其他疾病參加站樁練功三四個月後停止打鼾了。

2. 站樁對消化系統疾病的療效

消化系統是機體的一部分，它與機體各系統的關係非常密切。消化系統的機能障礙會引起其他系統的疾病。如消化不良時常常引起機體的營養不良和各系統的機能減弱。另一方面，機體其他系統的活動對消化系統影響也很大。如全身性循環障礙有時可引起胃腸道瘀血，進而引起消化不良。

此外，精神因素對食物的消化也有很大影響。

　　機體需要不斷地從外界環境中攝取營養物質，作為能量的來源。並作為機體生長、發育以及新陳代謝的原料。消化器官的主要機能，是對食物進行物理性和化學性消化，吸收其中的營養物質，並將殘渣排出體外。

　　站樁練功時，由於雙手提抱舉起，兩肩及胸廓上部肌肉為了保持這一姿勢固定不動，對肋間肌提升肋骨進行胸式呼吸的作用就受到一定程度的限制。當胸式呼吸受到限制時，為了彌補胸式呼吸的不足，膈肌自然要加大活動範圍，這樣就自然而然地促進了腹式呼吸的加深與增大。這種自然形成的強而有力的腹式呼吸，一方面對胃腸直接進行機械性的壓迫按摩作用；另一方面又可使腹壓發生變化，促進胃腸的蠕動。因此，對增強消化器官的功能有一定的作用。

　　多數患者的症狀在臨床上也有明顯的改變，如參加站樁練功一二週後，食慾普遍增加，消化機能良好。有胃腸疾病的人，飯後腹部發脹、發飽、吐酸、燒心、疼痛等症狀可逐漸消失。大便乾燥的人，或經常排泄稀便、軟便者，經過站樁練功後，都可逐漸變為大便正常。

　　在站樁練功時，多數人發生打嗝、放屁，也有腸鳴現象，這就證明是胃腸的蠕動機能增強所致。出現這些現象之後，就會感到腹部特別輕快舒暢。

3. 站樁對高血壓的療效

　　高血壓病的主要原因，是由於長久的、反覆的精神過度緊張與疲勞，或強烈的情緒激動，引起高級神經活動的障礙，從而產生血管系統神經調解的紊亂，使全身小動脈

長期痙攣，周圍循環阻力增加所引起的。

站樁練功除對神經系統具有鎮靜的作用外，還能使全身大量的毛細血管擴張，使小血管口徑變粗，使血流外周阻力大大減　小，因而可使血壓下降。

根據試驗，站樁練功 1 小時，收縮壓可較站樁前降低1.33kPa～4kPa。舒張壓的變化不大。

站樁練功對血壓病的作用有以下幾點：

(1)站樁療法對高血壓病具有逐步降低血壓的作用，而對低血壓也有調整血壓逐步恢復正常的作用。

(2)長期服用降壓藥血壓不下降者，站樁練功後，可使血壓逐步下降。練功的日期越長，效果越鞏固。

(3)經過站樁練功後，有的患者頭痛、頭暈、頭脹等症狀很快就消失，血壓也同時下降，恢復正常。有的人症狀雖然顯著減輕或基本消失，但在短期內血壓並不下降。反之，也有血壓明顯下降，但症狀當時並不減輕。這類患者經過 1 個～ 3 個月的站樁練功，雖然無顯著變化，但是，只要能夠長時期地、認真不懈地堅持站樁練功，半年至 1 年以上的長期療效肯定是好的。

4. 站樁對神經系統疾病的療效

根據過去幾年來的臨床觀察，站樁對神經系統疾病有良好的調解作用。

曾經有 4 位患者在站樁時，一側頭部汗流成行，另側頭部一點汗都不出。其中 2 例站樁兩周後開始出汗，另外 2 例經過 1 個多月的站樁後開始出汗。由此可見，站樁對植物性神經失調現象能起到良好的調整作用。

　　站樁對神經衰弱的療效，從表10－1的分析可以看出：對入睡困難和精神不振等症作用最大，有效率達到100％；全身無力、失眠、氣短、頭暈等症狀有效率達90％以上；易醒、早醒、頭脹、心悸、頭痛、急躁等症狀的有效率達80％以上；多夢的有效率為79％；對記憶減退的有效率很低，僅有20％的患者有進步，這是因為站樁練功時間較短的緣故。

　　根據未收集在本統計內，堅持練功半年以上的患者反映，多數人的記憶都有好轉，這可用站樁療法的長期效果比較近期效果來解釋。

表10－1　35名神經衰弱患者站樁兩個月後症狀減輕情況分析

症狀類別	有效率 (%)	症狀類別	有效率 (%)
入睡困難	100	頭脹	88.2
精神不振	100	早醒	87.5
全身無力	94.7	心悸	84.6
失眠	93.3	頭痛	84.2
氣短	92.3	急躁	83.3
頭暈	90	多夢	79
易醒	88.9	記憶減退	20

5. 站樁對關節炎的療效

　　利用站樁療法治療風濕性關節炎，有意想不到的效果。許多患者經過站樁後，關節不痛了，血沉下降，甚至

走遠路也不覺勞累。膝關節有積水者，由於站樁時雙膝保持一定的彎曲姿勢，使下肢肌肉產生持續不斷的收縮作用，促進積液的加速吸收而好轉。

有人未練站樁到每年夏季都要用皮革、棉花包裹患部，經過站樁練功兩三個月後，不用包裹也不痛了。

其中有一例關節炎患者，雙膝關節都痛，他為了比較站樁療法的功效，一方面進行站樁練功，另一方面配合理療。在進行理療時，他只做一側膝關節的紅外線治療，經過一段時間後，未配合理療的膝關節，只用站樁功就達到了止痛的目的，而配合理療側的膝關節並不比單純站樁治療的效果明顯。

關節炎患者經站樁治療3週後，除自我感覺症狀減輕之外，血沉檢查結果也有明顯的降低，如表10－2。

表10－2　關節炎患者站樁3週後血沉變化情況表

前後 時間 姓名	站樁前		站樁 3 週	
	第一小時 （mm）	第二小時 （mm）	第一小時 （mm）	第二小時 （mm）
朱某	19	72	8	20
葛某	32	57	15	32
馬某	20	41	6	15
王某	26	50	5	17
陳某	30	60	10	26

6. 站樁治療脂肪瘤兩例

脂肪瘤是一種良性腫瘤，多發生在皮下組織內，其構成成分為脂肪組織，手術摘除後效果良好。但是對於全身多發性脂肪瘤，由於瘤子過多，部位分散過廣，則無法進行手術摘除。

站樁療法能使多年的、無法進行手術摘除的全身多發性脂肪瘤顯著地變軟、縮小、止痛，以至吸收消失。關於這一作用的機制與理論問題，現在雖然不明，但是實踐證明了核桃般大小的脂肪瘤，未經手術摘除，未服任何藥物，只憑擺好一個站樁練功的不動姿勢，每天站一次，5個月後硬的變軟，大的變小，小的消失了。

詳情如下：

第一例，劉某，女，42歲，家庭婦女，因全身關節痛、失眠、頭痛而來參加站樁，經過1個多月的站樁練功治療後，偶然發現，10多年來生長在肘關節上部，有拇指般大的脂肪瘤顯著地縮小到玉米粒大了，而且軟化多了，舉手抬肘，持重物時也不痛了。本例患者在站樁練功期間，未配合理療，也未配合藥物治療。

第二例，劉某，男，32歲。患者於1950年發現兩前臂有3個花生米般大的腫物，診斷為脂肪瘤。至1957年，脂肪瘤逐漸增多、變大、變硬。除兩臂外，脊柱兩側、腹部、大腿等處也都相繼發現脂肪瘤，大的如核桃，小的如玉米粒，僅兩臂就有150多個。左臂、腿部、腰部開始有不舒適的感覺，逐漸變為疼痛，不能持重物。

1959年暑假來北京就醫，外科醫生給他摘除了兩個脂

肪瘤進行病理檢驗，診斷為良性脂肪瘤。1960年10月症狀更加嚴重，第三次來北京就醫，又經手術摘除兩個進行病理檢驗，結果仍然是良性脂肪瘤。但因全身上下、前後、左右共有260多個大小不同的脂肪瘤，數目過多，分佈面積過廣，無法進行手術摘除。轉內科、中醫科、理療科治療無效，最後介紹來參加站樁療法。

當時患者認為：「這樣簡單地站立著一動也不動，怎能治好我這樣複雜的病呢？」並認為：「站樁也不過是一種運動，我過去雖然不是運動健將，但是排球、籃球、乒乓球等球類運動都能打一陣。一度也曾經堅持過3,000公尺長跑鍛鍊，運動量可以說並不算小。但是脂肪瘤不但沒有治好，反而越來越多起來了。」因此，對站樁療法的信心不足，勁頭不大，三天打魚，兩天曬網，沒有重視。1個多月的時間過去了，沒有收到什麼效果。

當他聽到上例劉某介紹她的脂肪瘤經過站樁後變小、變軟的情況後，出於好奇，天天認真地堅持站樁練功，兩腿的彎度由 2 公分逐漸增加到10公分。運動量增大了，站樁練功的時間也延長到每次能站 1 小時。大量出汗，站樁後有舒服的感覺，日積月累，左臂的疼痛現象減輕，逐漸地也可以彎腰了。5 個月後再次檢查，果然大的變小了，小的摸不著了。

本例患者在進行站樁療法的同時，除配合蒸氣浴療法外，並未配合進行其他治療。

7. 站樁對視覺器官的作用

眼睛是人體感覺器官中最敏銳、最重要的視覺器官。

人類借視覺來感受外在世界。眼睛能反應物體的光、色、形象、大小、距離、運動等現象，在人腦中形成概念。在人類從事勞動或工藝的過程中，眼睛更為重要。

站樁練功中，經常有流眼淚的現象，這說明淚腺的分泌增多。例如，站樁前，兩眼乾燥，看東西模糊不清。經過20分鐘～30分鐘站樁練功後，兩眼不覺乾燥了，看東西比較清楚，而且能看得遠些。根據這些臨床效果，請眼科醫師協助檢查了４名不同疾病患者的眼底毛細血管，結果證明站樁練功以後比站樁練功以前擴張變粗，容易數，平均增加１枝～２枝。

8. 站樁對甲狀腺腫大的療效

基礎代謝也稱基礎代謝率。這是指人體在清醒而極端安靜的狀態中，不受神經緊張、肌肉活動、食物及環境溫度等影響時的能量消耗率。在這種基礎情況下，各種生理活動都比較恆定，代謝率也同樣恆定。

在各種疾病中，甲狀腺機能的改變，總是伴有基礎代謝異常變化。甲狀腺機能不足時，基礎代謝比正常標準低20%～40%。甲狀腺機能亢進時，基礎代謝比正常標準高25%～80%。因此，基礎代謝的測量成為臨床上診斷甲狀腺疾病的重要方法。

在我們觀察的病人中，有4名甲狀腺腫大患者，皆因其他疾病參加站樁療法。其中兩人過去未經任何治療，亦無測量過基礎代謝。另外兩個參加站樁療法前，曾經中醫、西醫、針灸等專門治療甲狀腺腫大症１年多，效果均不明顯。

4 人都在站椿練功1週後，自覺頸部發生緊迫不適的針刺樣感覺，兩週後完全消失。從此發覺頸部腫脹逐漸縮小，頸部運作比以前靈活自如，1 個多月以後過去扣不上領扣的舊衣服全能扣上領扣了。基礎代謝檢查結果，一個完全恢復正常，一個比前降低。

9. 站椿對聽覺器官的作用

聽覺感受器是感覺和區分聲音刺激的一個複雜神經結構。人和高等動物都具有判定聲音方向，即音源所在的能力。

耳鳴是由於聽覺裝置或傳入通路異常興奮所引起的一種聲音感覺。耳鳴的原因很多，在醫療上對耳鳴的治療，不能使人滿意。

站椿練功對神經性耳聾、耳鳴有一定的療效。例如，某患者右耳神經性耳聾 3 年，經醫藥治療無好轉，因其他疾病參加站椿練功，3 個月後能聽到手錶的聲音了。無意中治好了神經性耳聾的疾病。

另一例也是因為其他疾病參加站椿練功，經過1個多月之後，久治不癒的耳鳴現象完全消失了。

10. 站椿對增強體質的作用

一般患者參加站椿練功三四週後，便可感到全身有力，走起路來兩腿有勁，情緒精神穩定、飽滿。站椿3個月後，四肢肌肉可逐漸變得結實緊張，充實有力；有的人臉色由焦黃灰暗轉變為紅潤發光。

身體肥胖的人，經過站椿練功後，皮下脂肪逐漸減少變瘦。身體衰弱者，經過站椿鍛鍊後，由於消化系統吸收

功能的好轉而增加了體重。

例如，有一例胖患者，胡某，男，38歲。因關節炎參加站樁練功1個月，體重增加 1 公斤，腰圍卻減少了10公分。另一例瘦患者，站樁練功20多日，體重增加10公斤，平均每日增加0.5公斤。

站樁練功對於老年人的運動遲緩，走路時雙腿抬不高，雙腳拖地現象也能起到一定療效。

多數病人反映，站樁練功有抗寒作用。站樁後不患感冒了。有人腰腿疼怕風吹，經過站樁鍛鍊後不怕風吹了。還有人多年來不敢穿短褲，站樁練功後穿上短褲腿也不疼了。

站樁療法對治療骨折後，增加握力的作用更明顯。例如，有一例右手尺骨骨折患者，田某，男，經骨科用石膏固定治療兩個多月以後，又經理療科進行蠟療兩個療程，單槽浴治療1個療程，這時的握力只有 2 公斤。但是經過改用單槽浴配合站樁練功姿勢僅僅治療10次，握力就增加到 7 公斤。過去拿不動的東西，如暖水瓶、枕頭等物都能輕易地拿起來了。

諸如此類的例子，不勝枚舉，這都說明站樁練功可以恢復機體的生理機能，增強體質。

11. 站樁對下肢靜脈怒張的療效

下肢靜脈怒張多發生在男性中年人。下肢尤其小腿部靜脈呈現顯著擴張、隆起和彎曲，站立時更明顯易見，患者常感下肢沉重發脹，酸軟無力，小腿隱痛，容易疲倦，踝部和足背部可有輕度浮腫。晚期小腿皮膚常有萎縮、色

素沉著、脫屑等營養性障礙現象，甚至引起靜脈炎和小腿潰瘍，潰瘍不易癒合，即使癒合亦易復發。

本病的主要原因是先天性靜脈壁薄弱。長時間的站立亦為下肢靜脈怒張發生的重要因素。人在直立時，由於重力作用，心臟水平以上的靜脈回流容易，而在心臟水平以下的靜脈回流較為困難。因此，以長時間站立的體位從事勞動的職業，容易患下肢靜脈怒張，如廚師、店員、民警、理髮員、外科醫生等。

四肢的靜脈中有瓣膜，呈半月形伸出管腔，其單向性僅允許血流從外圍向心臟回流，而阻止其倒流。

當人體正常站立時，下肢主要靠骨骼支持身體，這時大部分骨骼肌呈弛緩狀態。因此，肌肉對靜脈的壓擠作用消失，對靜脈壓力低落，但由於瓣膜的阻擋，血液不能由於重力而倒流，只能由末梢血管流來的血液充滿。

站樁練功雖然也是站立，但它不但不會引起或加重下肢靜脈怒張，反而能醫治下肢靜脈怒張。其原因是站樁練功時，雙腿必須保持一定的彎曲狀態，這一彎曲狀態與兩腿直立時有顯著的生理機能上的變化。這時下肢的骨骼肌便不得不開始進行持續不斷的收縮運動，收縮作用可以擠壓其中靜脈血流，把血液從一端吸入，從另一端推出。這一作用叫做「肌肉唧筒作用」，它對促進血液循環治療下肢靜脈怒張起著主導作用。

例如，患者齊某，男，69歲。年輕時在商店學徒，天天站櫃臺，20多歲時發現不嚴重的下肢靜脈怒張，40多歲後病情逐漸嚴重，多年來不能走遠路，不能負重物，雖經

治療但未好轉。

1963年因陪同妻子來醫院治病，無意中參加站樁練功3個多月，發現下肢靜脈怒張現象顯著好轉，雙腿沉重緊張、酸軟無力、疲倦疼痛等症狀基本消失。他說：「站樁練功後雙腿好像去掉了10多公斤重量似的輕快。」

夜間臥床後下肢靜脈基本上無怒張現象，白天站立時雖然仍有怒張現象，但疼痛基本消失，走遠路也無痛苦，還能身背20多公斤糧食走路回家也不覺腿痛。

12. 站樁治療彈撥指四例

從事一種手指用力的勞動，使腱鞘勞損，發生病理改變，肥厚或狹窄，因而妨礙了肌腱的正常活動。手指由屈曲狀態向外伸展時，在一定角度上突然停頓，必須忍痛用力或用另外一隻手幫助，才能伸張，伸展時發生彈響。這就是彈撥指、彈指症、腱鞘炎。

我們在開展站樁療法當中，曾經遇到4例彈撥指患者，皆因其他疾病參加站樁療法。其中1例已在外科預約1個月後進行手術，但經站樁練功後，竟在不知不覺中治好了彈撥指。病例如下：

第一例，禹某，男，62歲。因高血壓病症參加站樁療法。左手第四指8個多月以來，握拳後不能自動伸開，必須用右手搬動一下才能伸指。曾經進行過蠟療、電療兩個療程無效。自從參加站樁練功後，未配合任何理療，第三日自覺手指輕鬆；一週後手指伸屈自如，但仍有響聲；兩週後手指伸屈時已無響聲，完全治癒。

第二例，張某，女，32歲。因關節炎參加站樁療法，

左手小指因彈撥在外科預約1個月後進行手術。但經 3 週站樁練功後，左小指伸屈自如，完全治癒。本例並未配合其他治療。

第三例，陸某，男，63歲。因慢性支氣管哮喘參加站樁練功，兩年來左手中指握拳後不能伸直。參加站樁練功1個多月後，手指伸屈完全恢復正常。未配合其他治療。

第四例，劉某，男，40歲。左手第四指握拳後不能伸直，已有 1 年多。曾理療、針灸治療無效。因關節炎參加站樁療法，1 個多月左手第四指握拳後能自動伸張，不痛不響，完全治癒。本例未配合其他治療。

13. 站樁療法治癒結節性紅斑一例

劉某，女，36歲。因高血壓病參加站樁療法。開始時她認為：「這樣的治療簡直是浪費時間。那樣傻站著能解決什麼問題？既然大夫叫做就試試看吧！」經過站樁療法治療 1 個月後，不但血壓下降，恢復正常，頭暈、眼花、耳鳴等症狀完全消失，而且多年來的風濕性關節炎也治好了。過去夏天怕風吹，見風則腹痛，腰和四肢關節都痛，站樁練功後就沒有這種現象了。而且還敢坐在石頭臺階上，夜間開窗睡覺或躺在涼席上腿也不痛了。腿腳的動作比以前靈活多了，蹲下去站起來都很方便。

除此之外，她的雙腿患結節性紅斑已經 4 年多，曾經過藥物、針灸、理療等治療，效果不明顯。站樁練功 1 個多月後，紅斑逐漸消失，內側踝關節部的腫脹也逐漸消退，已經形成潰瘍而久治不癒的紅斑瘢痕，在治療高血壓站樁期間，並未配合其他治療，也逐漸癒合，顏色由暗紫

色變成粉色。患者很滿意。

14. 站樁治癒末梢神經炎、遺尿症一例

末梢神經炎又名多發性神經炎，或周圍神經炎，是四肢遠端部手指或足趾發生對稱性的感覺、運動和營養機能障礙，造成肌力減退和弛緩性癱瘓，多由全身性感染、代謝障礙等原因所產生。

患者袁某，男，32歲。1954年開始覺腿部痛、麻木，至1956年病情逐漸加重，下肢無知覺，疼痛麻木，嚴重時不能走路，特別是冬季天冷時形成癱瘓狀態。診斷為末梢神經炎。1959年又發生遺尿症，每天需要更換數次內褲，經多種治療無效。

1958年、1959年曾兩次去興城某療養院進行礦泉水療亦無效。1959年 8 月轉來北京某大醫院神經科、理療科治療兩個月未好轉。同年10月 5 日轉來我院，首先在理療科進行單純的鬆節浴水療，至10月27日無明顯改變。於10月28日開始先練站樁，後做水療。

當時患者認為：「我的病從關外治到關裏，經過許多大醫院都沒治好，站樁和水療能管什麼用？但是，除此之外，又無其他有效療法，只好試試看吧。」至11月 9 日，站樁後僅僅11天的時間，遺尿現象顯著減少，站樁30天後，遺尿現象基本消失。

由此他便信心百倍地認真站樁練功了。每當站樁練功到20多分鐘以後，便感到全身發熱出汗，雙腿開始恢復知覺。最初只能堅持練10分鐘，逐漸增加到30分鐘，最高達36分鐘，至1960年 1 月27日，在 3 個月當中共計站樁67

次，收到了出乎意料的良好效果。多年來麻木的雙腿完全恢復了知覺，麻木現象逐漸減輕消失，走路時感覺輕快有勁，而且自己可以用意識來支配大腳趾活動了。

15. 站樁對其他疾病的療效

站樁療法對肺結核低燒症狀的療效很顯著。例如，關某，男，32歲。患肺結核每日下午體溫37.9℃。經過站樁練功兩週後，體溫降至36.8℃，完全恢復正常。而且夜間盜汗現象也完全消失了。

遺精病通過站樁練功可以完全治癒。

此外，對治療婦女病，如白帶過多、月經不調、痛經、盆腔炎等也有良好的作用。

站樁練功對於老年人小便失禁及夜間尿頻的治療作用也很明顯。例如，樂某，男，64歲。4 年來小便失禁，稍有尿意，不等走到廁所就控制不住地遺尿。他因高血壓病參加站樁練功僅 1 個月，小便失禁現象完全消失了。過去每夜要起床小便 3 次～ 4 次，站樁練功1個多月後，基本上可以全夜不小便。

站樁對神經性皮炎也有意想不到的療效。例如，胡某，女，63歲。後頸部患神經性皮炎20多年，久治不癒。因高血壓病參加站樁療法，1 個多月後發現後頸部不癢不痛了，兩個多月後皮膚顏色完全恢復正常。

16. 站樁對防止臏骨勞損的作用

據國家體育科學研究所1974年 2 月《體育科技資料》第16期福州排球集訓隊醫務組《排球運動員膝關節勞損的分析及防止》一文中「臏骨勞損的防治」一節介紹：

　　站樁對增強膝關節的力量及小腿的力量均有很好的作用，也是治療臏骨勞損的一個有效手段。

　　膝關節有傷的或腿部肌肉力量差的，初練時往往站上3分鐘～5分鐘就站不住了。經過大約1星期的鍛鍊，就可以站20分鐘以上，並且感到很輕鬆。做這種姿勢的站立時，開始幾分鐘可出現大腿前部中段肌肉以及小腿後部肌肉群有酸、麻、脹、痛的現象，過後則逐漸感到酸脹轉移至膝關節附近，同時，工作著的肌肉群會發生程度不同的微細顫動。

　　這種微細顫動，並不能引起全身的顫抖，仔細觀察腿部肌肉或用手撫摸才能感覺出來。用手撫摸膝關節臏骨表面時，可感覺到膝關節裏面及臏骨的上下緣「吱吱」作響。繼續站下去則顫抖明顯，大腿肌肉呈現有節奏的抖動，整個身體也隨之有節奏地上下抖動。

　　出現這種情況時，在沒有進行過站樁練功的人來看，總認為練習者是非常使勁咬牙堅持，實際上練習者卻有一種「舒適感」。經過一段時間的跳動，由於肌肉耐勞能力和神經系統控制能力的增強，跳動又漸漸變為顫動或不動，如再站下去又可出現跳動，週而復始。練習完後慢慢站起來靜立2分鐘～3分鐘，這時感到血液下沖，隨後可做些簡單的放鬆腿部肌肉的活動。這時腿並不感到非常酸脹，相反有一種輕鬆感。出現這種感覺，需要經過1週～2週訓練後才能體會到。

　　我們在練習站樁的同時，用皮膚溫度計觀察股四頭肌的表面皮膚溫度的變化情況。測試結果證明，站樁開始後

5 分鐘皮膚溫度逐漸升高，站到20分鐘左右腿股四頭肌內側靠近膝關節處的皮膚溫度比站樁前升高 4 度～ 5 度，而大腿中段的股四頭肌的皮膚溫度雖也升高，但不如靠近膝關節處明顯，僅升高 2 度左右。

這種關節局部溫度升高，對治療髕骨區域的慢性勞損（包括慢性滑膜炎）有良好的作用，溫度的提高起碼說明了局部有了舒筋活血的作用。

站樁時，股髕關節間以及髕骨上下緣發出的吱吱響聲，可能是股四頭肌的顫動帶動了髕骨，使其造成髕骨和股骨之間的微細研磨所致。這現象不正是我們過去研究按摩治療髕骨勞損的手法之一嗎？而這種高頻率自動的微細研磨的作用，要比手法按摩的效果更好，這種自動產生出來的高頻率的微細研磨也不是用按摩手法所能做出來的。

站樁時所產生的顫抖現象，是由於參加工作的所有肌肉的肌纖維處於不斷的緊張→放鬆→緊張→放鬆的狀態，而不是始終處於緊張狀態。因此，經過站樁訓練的人顯得特別靈巧，並有爆發力，絕不會把肌肉練僵。

17. 站樁對「低負荷」的作用

人的工作過於繁忙，比如飛行員在著陸過程的最後 5 分鐘內要做出300多個感知→判斷→動作，這對人來說是一種資訊傳遞負荷偏高的情況。如果操縱的複雜性和速度要求超過了人有機體的資訊傳遞能力。這就是一種「超負荷」的情況。

人視覺——動作反應的資訊傳遞率為5.5位／秒（2.5位／秒～7.5位／秒）。如視覺操作的要求超過這個限度

較大時，往往出現錯誤增多、脫漏、部分操作停頓等現象，最後甚至完全喪失了控制能力。人難於耐受「超負荷」，也難於耐受「低負荷」。

「低負荷」並不意味著「工作不緊張」。它是指屬於監視或監管一類的工作。在這類工作中，雖然有時存在各種各樣不需要作反應的刺激和信號（這些不需要作反應或處理的信號叫做「非有效信號」），但是需要人作反應的信號出現率則是非常低的，而且它的出現也是極不規則的。比如自動化企業中央控制臺的值班人員，任務是監視有無故障發生，儘管中央控制臺的儀錶信號（非有效信號）很多，可是需要他進行處理的故障信號（有效信號）則極少出現，而且也是無法預計的。

雷達監視工作也是如此。工作部門反應在「低負荷」下出現的主要問題是：對有效信號的察覺時間極大地延長了（即所謂「反應過慢」），甚至發生信號脫漏（未察覺）的現象，從而造成事故。

據研究：人對弱的燈光信號的選擇反應時間在正常情況下平均只有 1 秒～ 3 秒（視選擇數的多少而異），但是在低負荷下，對於同樣的信號察覺（做出反應）的時間，有時竟長達20秒以上，有的甚至在信號呈現15分鐘後還未察覺。

我在1963年曾與中國科學院心理研究所合作進行了對站樁練功者的低負荷試驗。共計測試了10人，平均反應時間為 4 秒。較正常情況下的平均值 1 秒～ 3 秒只多 1 秒鐘，比上文低負荷下20秒的反應時間（未練站樁者）要快

5 倍。這是出乎意料、使人難以相信的優異成績。

站樁練功者與未站樁者相比，在低負荷狀態下的反應時間為什麼會相差這樣懸殊，需要今後進一步研究。

我個人初步認為，經過站樁訓練者在低負荷的狀態下，能使機體內部保持一個興奮灶，主要是四肢的骨骼肌產生一種微弱的、持久的收縮而作用於大腦皮層，也就是自己會在機體內部製造一條資訊傳遞的通路，即建立一個條件反射弧，從而可使大腦皮層保持一定程度的興奮狀態，所以對有效信號的察覺時間可以大大地縮短，基本上可以做到比正常情況僅多1秒的正常值，而與未經站樁訓練者相比，則相差頗為懸殊。

18. 由重病號到金牌獲得者

這是《人民鐵道》報1981年 6 月11日刊載的和1982年 1 月12日中央人民廣播電臺在體育運動節目中廣播的一則報導。全文如下：

去年和今年兩屆全國武術觀摩交流大會上，郭貴志先後代表山西省和火車頭體協表演了大成拳，動作嫻熟，技藝高超，兩次都被大會評為優秀獎，獲得了金質獎章。

老郭今年49歲，在北京鐵路局大同分局裝卸作業所工作。他並不是科班出身的武術家，也不是專業運動員，而是個靠體育療法治好重病的普通職工。郭貴志1949年開始在大同車站當裝卸工，那會兒裝卸工作很勞累。四五十公斤，甚至200公斤重的東西，都要靠人背、抬、扛，工作量很大，再加生活不規律，吃飯沒有準時間，不少人患有職業病。

1956年的一天，老郭吃飽飯去扛棉花包，一下傷力吐了血，並得了胃潰瘍，他不能上班工作了。黨組織和車站領導照顧他養病，讓他進了文化補習班，邊學習，邊治病，到1957年4月，工會又送老郭到北戴河工人療養院療養。在療養期間，他練氣功、打太極拳，還用藥物治療，病情有所好轉，但由於潰瘍嚴重，還是吃不下飯，胃也時而有病，療養院建議他進醫院動手術。

這時，同住療養院的北京鐵路醫院于永年大夫，教他學練大成拳，從站樁開始，到整套拳術，他都學會了。從此，老郭迷上了大成拳，天天堅持鍛鍊，一年半以後，他的病徹底好了，每頓飯吃300克，精神飽滿，身體健康。1959年他興高采烈地重返工作崗位。

從那以後，郭貴志更加喜愛大成拳，甭管工作多忙，每天他都堅持半小時體育鍛鍊，而且逢人就講練大成拳的好處，有時間他還到附近公園、大同煤礦或在家裏，向一些慢性病患者和青年職工傳授大成拳。有不少人練了大成拳後，恢復了健康，增強了體質。郭貴志的名字也在大同市傳開了。1979年、1980年，他兩次代表山西省出席全國武術觀摩交流大會。1980年香港電影製片廠在山西拍攝《雲岡石窟》，還邀他擔任武打演員。

19. 奇巧妙法——「站樁」功

余永楨，今年76年，原是工人，家住朝陽區高碑店村。下面是他的自述。

我自1984年9月起，到「八一湖」向于永年老師學大成拳站樁功。3年多來，經刻苦練功，治好了身上不少疾

病，本人感到越活越精神。在這裏把體會說出來，讓更多的老夥伴們也來學站樁功，以減少病痛，安享幸福晚年。

過去，一到晚上七八點鐘就坐不住了，渾身沒勁，身子骨軟得就像「一攤泥」，非躺下睡覺不行。跟于老師學站樁功的第一天，于老師擺動了我的手和臂，糾正了我的姿勢，提醒了一些要領。當天上午我在「八一湖」站過後，下午回家又站了一次。當晚周身感到舒暢，一直坐著看完了電視才睡。3 年多來，過去那種一到晚上身子骨軟得就像「一攤泥」似的現象，一次也沒有出現過，且精力充沛。

1982年春，我受了些衝擊，左耳突然聽不見聲音了，右耳也嗡嗡作響。在好幾個大醫院治了 1 年多，也不見好。練站樁功不到兩年，我的耳聾病好了。開始，左耳有幾次脹痛感，我想可能耳朵要通了。沒過幾天，正在站樁練了20多分鐘光景時，覺著耳朵又鼓動起來，忽感一陣輕鬆，聽見聲音啦！右耳也不嗡嗡響了。當時，我那份高興勁就甭提了。

原先，我生活負擔重，體重不到50公斤。以後，生活好了，體重也增加了，但老年病也跟著多起來了，關節炎、肝腫大、氣管炎、高血壓、心臟病等等，經常頭昏、腦脹、胸悶，稍受點刺激就會暈倒，甚至休克。有一年，先後休克過 6 次。有幾次，曾暈倒在廁所裏，話說不出，更動不了，多虧別人相救。鍛鍊站樁後，再沒有暈倒過。

過去，我有混合痔瘡。1981年動過手術，但還是常犯，行動艱難，疼痛難忍。1984年，為了到「八一湖」練

站樁，我忍疼騎自行車去。起初，騎車後痔瘡就要發炎，2 天～3 天才能恢復，我咬咬牙不去理會它，照樣騎車去，堅持練站樁。

從1986年上半年起，痔核消了，騎車再也不發愁了。想不到我犯了50多年的痔瘡，也「站」消了。

站樁功還治好了我20多年的腳病——腳雞眼和腳墊。過去，每隔幾天就要用小刀子修修，還上過不少種藥，走路時，痛得鑽心。

1986年上半年有一天，我正準備修腳。發現兩腳的雞眼和腳墊有不少處已整塊脫落，輕輕一掀就掉下來了，這是我做夢也未曾想到的。現在，就像換了兩隻腳，走起路來，輕鬆多了。也是在這一年，我能夠扔掉戴了20多年的老花鏡看報紙了。牙痛病也好多了。過去，大夫都說我牙齦全部萎縮，滿口牙都要拔掉，現在，我的牙疼好多了，還能吃花生豆哩！

還有一件奇事——1986年上半年的一天晚上，我值完夜班騎車回家。路上，有個小夥子騎車猛拐，正好和我的自行車相撞，把我自行車的前叉子和車圈都撞壞了，他也在離我 3 公尺多遠的地方摔倒了，而我卻靠在自己車座子旁邊站著沒事。小夥子感到很吃驚，我也感到意外。事後，我想可能由於我練站樁功後，使我能在偶然遇到的事故中，產生一種想像不到的力量——自身防衛力量，使我未受傷害。

站樁功，真是奇功妙法，治好了我身上的不少疾病，使我感到無比歡快，感到越活越健壯。有幾次，我從早上

5 點多鐘騎車到「八一湖」鍛鍊後，再騎車到香山爬「鬼見愁」，晚上 6 點多鐘騎車回到家，周身不覺勞累。我深深體會到：站樁功真是健身良法，它的奇特功能，在我這76歲的老人身上充分體現了出來。

20. 站樁功治療糖尿病的效果

下面是一位糖尿病患者的自述。

我叫劉某，女，24歲。患有嚴重的糖尿病、心肌炎以及胃腸功能紊亂症。經過站樁練功，療效顯著。現將站樁功對我的初步效果整理如下，供參考。

1975年，當我13歲時，患了糖尿病。10年來到處求醫問藥，不僅沒有效果，病反而更重了。醫院只好用胰島素來維持我的生命，每日注射300單位～500單位。由於長期對糖尿病控制不住，併發症越來越多。到1982年夏天又患了心肌炎和胃腸功能紊亂症。在水利局醫院住院時，由於血糖高低不穩，多次酸中毒，經常昏迷。醫院無法治療，已通知我父母，要做後事準備。

後又經海軍總醫院和水利局醫院聯合搶救方保住了命。可是糖尿病和心肌炎這兩種病用藥有矛盾，結果無法用藥，從此病更重了，心率140次／分，大便一天 3 次～5 次，全身無力，出虛汗，低燒，頭暈，腹脹，吃不下、睡不著，嚴重時出現酮體，體質虛弱極了。到了夏天，格外難熬，真是天天與死神搏鬥，一口飯也吃不下去，不得已又求人住院治療。

1984年 8 月，我剛剛能下地走動，就請人介紹跟于永年老師學站樁功。開始時，體弱力不從心。從家到公園不

到兩站地遠，路上要休息好幾次。練站樁時只能站 5 分鐘～10分鐘。1 個月後，可連續站到30分鐘。過了一段，就堅持早晚共站 1 個小時，在家中一有了空，就多站幾分鐘。近兩年來，我一直堅持站樁，療效顯著，從以下三個方面可以看出來：

（1）病情明顯好轉

心率從每分鐘140次降到90次～100次；血糖從300～500降175（1985年練功1年後化驗結果）；尿糖從「＋＋＋＋」號降到「＋」號或陰性。可以說指標已基本接近正常，且穩定。腸胃功能也恢復正常，大便每日最多兩次。過去，我皮膚上碰破個口子老長不好，現在很快就癒合。今年夏天不但沒犯病，而且精神很好，還能從事家務勞動。現在胰島素用量由42單位減到每天28單位。

（2）體質增強

體重已由站樁前30公斤增加到40公斤，臉色由黃轉紅。過去不用人碰，風一刮就能倒，走路抬不起腳；現在身上有勁，走較長的路也不疲乏。有一次，我和一起練站樁的同志練推手，想不到竟能把比我高大的對手推出去。以前認識我的人都驚喜地問我：「你吃了什麼好藥，效果這麼好！」我告訴她們，就是站樁的結果。我母親也高興地對人說：「我又揀了個閨女。」

（3）生理變化

我從13歲起就得了重病，發育不良，身高150公分，22歲還沒來月經。堅持站樁 1 年後，身體好了，月經也來了，經婦科醫檢查一切正常。

今年 5 月起我已開始工作，在工廠糊紙盒。3 個月來，我沒有休息過 1 天，身體更感到有勁了。因為工作臺子高，我個子矮，糊盒的時候我多半得站著幹，活有定額，一幹就是 8 個小時。下班後，我還能幹些家務。身體好了，心裏高興。現在每天能吃350克飯，西瓜、桃子也常吃。

近兩年來的實踐證明：站樁功對我起到起死回生的效果。感受到由站樁放鬆、入靜、調整呼吸，促進了血液循環加速，調節大腦神經系統，從而促進新陳代謝，使自身體質增強，起到治病的作用。站樁功既安全又可靠，無副作用，是治病強身的好方法。我用言語表達不盡站樁功帶給我的好處。我一定要堅持練下去，堅信我的身體一定更會健壯起來。

21. 從自己身上找靈丹妙藥

新華社老幹部局編的《離休生活》1987年第 7 期登載了周秀文的文章：

「治病健身的靈丹妙藥要向自己身上找。」這是于永年大夫在教站樁功時對我們說的話。于永年大夫是中國氣功科學研究會名譽理事，是老幹部局為離休幹部鍛鍊身體請來的教站樁功的老師。他還說，什麼人練功最有效？就是那些中西醫都治不好的久病之人。因為他對自己的病需吃哪些藥，不用大夫說，自己都熟悉了，但是吃了多少藥也治不好自己的病，只有求助於氣功這一條路了，這樣的人練功最堅決，也最有效。

于老師說的話給我印象很深，我也有切身體會。我從

年輕時對氣功就有興趣，1963年學了太極拳、太極功等。因為工作忙，每天只練太極功10分鐘活動身體，雖說這對身體也有好處，但沒解決大問題。我一過55歲，各種病就一個一個地找上門來，治好一病又來一病。我感到我雖然堅持了練太極功，但正如站樁功老師所講：沒練出「物」來，練得「空而無物」是沒有用處的。

這裏說的「物」，就是老子《道德經》中所說：「恍兮惚兮，其中有物，窈兮冥兮，其中有精。」根據道家的解釋，「物」就是「真氣」。王薌齋先生按照武術的解釋，「物」就是「勁」，不管是「真氣」，還是「勁」，他們都認為這是客觀物質。

于永年老師為了讓初學者更容易學習，解釋得更加科學，他經過多年研究和試驗，提出了休息肌的收縮運動——第二隨意運動的新學說，以此作為中國武術「勁」或「物」的解剖生理學的學名。我過去練的太極功就是沒練出這方面的「東西」來。

據氣功學中說：一般人體內的真氣久滯易病，練功人的真氣經常運動，氣為血之帥，氣充沛則血行旺，氣血通則百病除。氣功可使血行，神充，脈旺，延年祛病。否則，氣滯就會血瘀、神衰、多病；氣不通則痛，通則不痛。人們生病，一般靠打針、吃藥，但打針、吃藥是被動的，是迫不得已而借用的外部力量。雖然病除，但身體也要受到一定損失。如果調動自己體內真氣的物質力量，增強自身的抵抗力，不但可治病，還能防病。所以說靈丹妙藥要從自己身上找。

從今年 4 月隨于老師練站樁功以來，感到受益不淺。真是有老師教與沒有老師教大不一樣，而老師認真教與不認真教也大不一樣。于老師為了治病救人，他把意拳的基本功——站樁，研究成為治病防病的「站樁療法」。

這個站樁功一步一步由淺入深，共分八個階段，按每人身體健康情況，逐步增加運動量，添新東西，使人感到永無止境，越練越有興趣，遠期治病效果比近期治病效果更好。因為于老師熱心教功，不保守，向他學習的許多人都收到了治病健身的效果。尤其是對治療老年人常見病如高血壓、關節炎、心臟病、糖尿病、耳聾、老人斑等都有特效。

最近幾位60多歲至80歲的老先生向我們介紹了練站樁功的效果，都是驚人的。他們大都已練了三五年了，個個都是紅光滿面，他們原有的心臟病、高血壓、氣管炎、哮喘病、靜脈曲張等等慢性病全都治癒，甚至老年斑都沒有了。尤其80歲的王老，腰板挺直，天天早上 6 點鐘騎著白行車到玉淵潭公園一站就是一個小時。

于老師說：「王老是我們的活標本。」聽了他們練功的經驗之談，更增加了大家的信心和興趣。我們更是感謝老幹部局的人為我們離休幹部請來了好老師，讓我們找到了治病健身、延年益壽之路。

從 4 月26日開始，每天清晨從 6 點多到 8 點多，不少人陸陸續續來到了玉淵潭公園「八一湖」北岸練站樁功。這裏是一大片茂密的槐樹林，依山傍水。站在林中或山前，面對著綠樹濃蔭和晨霧彌漫的湖水，吸納著林中散發

的槐香氣息，頓覺神清志爽。

在這裏練站樁有很大好處，大家在一起練，可以互相學習促進，每天都有老師為每個人糾正姿勢（姿勢正確，效果才好），解答練功中的問題。

所以，有些人寧願早起花上一兩小時的路程也要趕來這裏練功。3 個月來，人們練站樁多已找到了一些門路，嘗到了一些甜頭。有的人血壓不高了；有些人精神倍增，走路輕快，飯量增加，晚上睡覺很香；有的長期便秘，練功後也正常了。離休老人程光裕本來患有高血壓症，練站樁後，血壓一直平穩正常。他不光自己堅持練站樁，還勸老伴也練。

他老伴向來不信氣功，說「那是跳大神兒的」，可是這次看到老程練功有了效果，自己也練起來。她在家有空就練，連看電視時也練，越練越有興趣，有時站著站著腳好像插到地裏去了，手好像沒有了，頭頂還冒氣兒。現在，老程的老伴練得身體好多了。

我練站樁功至今已有5個多月了，我每天早上練站樁40分鐘，平時有空就練，並且和日常生活結合起來練，如排隊買東西，在家中做飯、洗衣、看電視、中午休息時都可練站或坐式。

練功 5 個多月來，我感到明顯見效的是腳掌、腳趾不痛了。近兩年來走路、騎車時，腳掌、腳趾痛得鑽心，站樁後，痛得更凶，我忍痛每天強站三四十分鐘。1 個多月後，腳心突然發熱，從那天以後，不管何時，兩腳心處總有個熱氣團在不停地轉動，不但腳不痛了，走路、上下樓

也都有勁了，就連腳氣也好了。

最有趣的是練站椿後，有兩天腸鳴的聲音很大，一連瀉了幾天肚，有一次好像把肚子裏什麼東西都給瀉出去了，心裏很痛快，我常年的胃病吐酸水等現象就這樣不知不覺地好了。與此同時，犯了多年的頸後部的神經性皮炎也不知何時不見了。

在 4 月底，練站椿功後，覺得頭部、後頸部發脹發麻，以為血壓又高了，到醫務所量了血壓是正常的，大約過了10天，這種感覺消失了，我的血壓在前幾年，常是18.6kPa／13.3ka，站椿後，一直正常（17.3kPa／10.7ka～12kPa）。一波已平一波又起，腰忽然疼得厲害，坐下、站起來都疼。

我的第二節腰椎骨1979年摔成壓縮性骨折，經常腰疼，並且不能坐小板凳。聽于老師說過練功會使舊病灶疼，我繼續練站椿到現在，腰逐漸不疼了。有天晚上，給小孫女洗腳，她拿了小板凳給我坐，我輕鬆地坐下來，這是幾年來第一次能坐小板凳了，我心裏暗自高興，這是站椿治好的呀！

還有一個奇怪現象，是我在1984年患足跟骨刺已治好 3 年。在 5 月裏練站椿時，忽然又疼起來，我問于老師，他說這是正常反應。我半信半疑地繼續練功。因為足跟痛，我就意念「腳踩棉花，厚厚的，軟軟的，非常舒服」。這樣又練了20多天，足跟果然一天天好起來了。

據氣功書上說，初練功時，病症加重，是向癒之徵，因為初練功時氣血運行得到了改善，但病變部位卻是欲通

而不能，使經絡運行受到了障礙，從而症狀加重。繼續練功後，一旦經絡運行通暢後，病症會隨之大減。

目前，我的眼病（高度近視800度，白內障）還未見效，我還要再接再厲練下去。我感到，練站樁功治病，首先要有信心，相信它能治好病，其次是堅持不懈地練，但練要練得得法，不要過火也不要欠火，要掌握火候，不要心急。同時，要心情舒暢，遇有不愉快的事要想得開，要樂觀，才能祛病健身。

22. 我家兩代練站樁

兩年前一個偶然的機會讓我遇見《大成拳站樁求物》一書，因我父親早年曾經練過站樁，所以憑藉著一點認知閱讀了此書，書中的指導理論和科學論證雖然我還不能夠深刻理解，但書中介紹的治療疾病實例讓我非常有興趣。

長期以來我與先生一直尋找一種簡便易行的健體強身方法，雖然我們屬於健康人，但一般規律50歲以後隨著年齡的增長體質必定會逐漸下降，為了防範未然，我們十分關心養生的問題，也時常進行爬山運動，可是受時間限制不能經常去，健體效果受到影響。大家都知道要行之有效，持之以恆非常重要，而站樁恰到好處地體現出在沒有時間、場地、受條件限制的情況下，人人都可參與，還有「靜中取動」的理論非常新穎，於是我們開始嘗試。

初期站樁時感覺很奇特，兩手抬舉成「抱一」狀態就有血流在手指間突突的動感，10分鐘以後彎曲的兩腿開始打顫，頭上冒汗還有通氣的現象，收功後渾身輕鬆，有股疲乏後的舒服愜意。

　　為了能證明站樁的健身作用，我先生對我練功前及練功中的脈搏作了一次測量，練功前的脈搏76次，練功中升到90次，所以充氧運動自然帶給人靜態運動的感覺。因我們每天安排在晚上臨睡前站樁，練完以後我就立刻昏昏欲睡，洗漱完上床馬上就能入睡，睡眠非常好。特別說一句，睡眠對我是個大問題，從上中學開始我就有睡眠不好的問題，看過醫生，說我有點神經衰弱，每逢考試、工作緊張、心情不好、生活作息被打亂時都會有難以入寢的問題。雖然沒什麼大礙，但前一天睡眠不好必然影響次日的精神狀態。

　　有人說：人是鐵飯是鋼，我就補充說：睡眠是靈魂，要知道睡眠不好的時候，頭疼頭暈心裏煩悶，腳下如同踩了棉花，身體飄浮著沒了重心，什麼事情也幹不下去，有時只好用安定藥解決問題，可又擔心長期用藥有副作用，沒有好的辦法就只能靠自我調節。站樁可以改變睡眠真是我的意外收穫，從而感覺心情特好，做事有濃厚的興趣，每天早上如同陽光照進心房。

　　我家先生體會也很深刻，他是從事科研工作的，平時看書、寫作多，頸椎疼、視力模糊都逐漸反映出來，自從練站樁以後，感覺視力好了許多，特別是頭腦疲勞時做10分鐘的站樁，頭腦逐漸清晰了許多。體檢時意外發現，一年多時間視力從0.8調整到1.2，視力模糊沒有了，現在看書、看報紙仍不帶眼鏡，讓同事們都非常羨慕。

　　工作上他出差多，往往臨時任務佈置下來說走就走，而且經常幾個地方循環移動，生活極其不規律。如果出差

是辦事還好些，假如是講課任務就更累了，途中考慮講課教案內容，到達目的地來不及休息就馬上講課，雖然長期的工作狀況已經基本習慣，但還是有疲勞狀態，自從練站樁以後，他以站樁作為調節疲勞方法，上課前作 5～10 分鐘深度站樁，精神立刻恢復，堅持 2 小時課堂講課始終良好。

另外我先生講過身邊的一件事，一次有個同事喝多了酒，次日出現急性胃炎症狀，時常乾嘔，於是讓他做了10分鐘的站樁，站完後立刻乾嘔消失了，精神好轉面帶笑容重新回到工作中。這說明站樁可以起到機體調節的作用，緩解疲勞使機體重新達到平衡。

他將站樁中繃緊運動可以緩解疲勞的作用，作為講課的一部分內容，向被授課者講解，半年後遇到一部分人，經打聽有些人已開始了站樁。

嘗到站樁的好處後，我們一直堅持不懈。去年參加單位組織的旅遊，我們在火車上仍然堅持，同事們有些不解，但每次無論爬山還是參觀活動我們倆都精力旺盛跑在前面，身體沒有任何不適。相反有些年輕的同事見到山高就發怵，下山時腿打哆嗦，晚上渾身酸疼影響了第二天的活動。眼見為實的榜樣作用使得幾個同事當時就向我們請教學習站樁。

有個女同事膝關節有毛病，拄著拐棍跟在隊伍裏，非常羨慕身體健康的狀態，回來後堅持站樁，兩個月來腿好了，逢人便說站樁的好處，又引起周圍同事的興趣。大家邀請我先生做教練，他們利用中午休息時間一起做，效果

也非常好。這種傳遞健康的資訊要大家分享。

我有個好朋友幾年前做了乳腺癌手術，後來又因房顫，出現腦梗塞，做了疏通手術，身體不好，心情更不好，50歲剛過，工作、家務都做不了，被病折磨得整個人都變了樣。我教她做站樁以後，她每天都做三次，一共 2 個小時，一個來月頭暈減輕，心情也好多了，每次我倆聯繫時她都感謝我，她說：不是身體好起來，心情好起來，恐怕我早就變成骨灰了。

遠的不再說，在我家受益最多的其實是我婆婆。我婆婆80多歲，與所有老人一樣病痛纏身，心臟不好，血壓不穩，胃潰瘍，骨刺關節炎，頭痛腦熱是常事。兩年前她看到我們練功，也模仿著做。我婆婆練功意志特別強，每天早晚兩次從不間斷。

開始練時只能站 3 分鐘，因為她有關節炎，腿都已經變形，平時站立走路都很困難，做 3 分鐘就是她的極限耐力。只見她臉通紅汗流滿面，但是她咬牙堅持，沒多久她體會身上有力氣了，走路也沒有那麼累了，各種疾病的感覺減輕了不少。於是她循序漸進，站站、坐坐，一次持續到半個小時。

現在身體很棒，已經連續服用幾年的胃病藥基本停服了，原來手不離的拐棍和推車，可以基本離開了，自己可以慢慢行走。但為了安全起見，我們仍叫她平時推車行走。剛練站樁時她與我們共同生活，有些地方需要我們管，現在她完全獨立自己生活，家務事自理得很好，堅持站樁已經成為她生活中不可缺少的一部分。

　　我們家兩代人練站樁個個有收穫，因此認為它有強體健身的益處。《大成拳站樁求物》的作者于永年老先生有句話：「早練早受益，誰練誰健康。」是的，生命屬於自己，身體是一切動力之本，生活品質依靠自己去創造，有誰不希望自己有個幸福的生活呢？那麼讓我們大家都來站樁吧！

（兩年站樁習練者：郭爽　2010年元旦）

附　錄

拳道中樞

王薌齋　遺著
于永年　校對

一、拳學總綱

（一）

拳本服膺，推名大成，平易近人，理趣橫生。

（二）

站樁站樁，體認功能，收視聽內，訓練神經。

（三）

力任自然，遍體輕靈，鬆而不懈，緊而不僵。

（四）

形鬆意緊，發揮潛能，持環得樞，機變無形。

（五）

提挈天地，把握陰陽。獨立守神，肌肉若一。

（六）

動似山飛，靜如海溢，神猶霧豹，氣若騰蛟。

（七）

鬆緊變質，陶冶性情，虛靈守默，應感無窮。

（八）

拳本無法，有法也空，一法不立，無法不容。

（九）

離開己身，無物可求，執著己身，永無是處。

（十）

信義仁勇，悉在其中，拳拳服膺，是謂之拳。

二、習拳述要

拳學一道，不是一拳一腳謂之拳，也不是打三攜兩謂之拳，更不是一套一套謂之拳，乃是拳拳服膺謂之拳。

按拳道之由來，原係採禽獸搏鬥之長，像其形，會其意，合乎精神假借之法則，逐漸演變，始匯成斯技。

余本四十餘年習拳之經驗深信，拳學一道，除鍛鍊肢體，增強體質之外，更適於腦神經之訓練，可因而益智，並促進人體力學知識之發展，可使潛能之力亦隨之而漸長，實現一觸即爆發之功能，誠養生與技擊並存之學，不專重技擊一端。然亦有用力則滯，用意則靈之說。用力則筋肉滯而百骸不靈，且不衛生，此固然矣。

然在技擊方面言之，用力則是力窮，用法即是法罄，凡有方法便是局部，便是片面，非整體之學也。而且精神更不能統一，用力亦不篤實，更不能假借宇宙力之呼應，其神經已受其範圍所限，動作似裹足不前矣。且用力乃是抵抗之變象，抵抗是由畏敵擊出而起，如此豈非接受對方

之擊，則又安得不為人擊中乎？用力之害甚大。

　　用力用意乃同出於一氣之源，用意即是用力，意即力也。然非筋肉凝緊，僵硬死板，局部之力謂之力，若非用意支配全體筋肉，鬆和自如，永不能得伸縮迫放，整體致用之活力也。既不能有整體之活力，其養生與應用，吾不知其由何可以得。

　　要知意自神生，力隨意轉，意為力之帥，力為意之軍。所謂意緊力鬆，筋肉空靈，毛髮飛漲，力生鋒棱，非此不能得意中力之自然天趣。

　　本拳在20年代，曾有一度稱為「意拳」，舉一「意」字以概精神，蓋即本拳重意感與精神之義也。

三、練習步驟

　　本拳之基本練習即為站樁。其效用在能通暢血液，鍛鍊筋肉，訓練神經，改造生理，發揮潛能，防治疾病，預防早衰，延年益壽，誠養生、強身、益智之學。其次為試力、試聲，並利用假想之意念活動，體認筋肉的鬆緊虛實與大氣之呼應。再次為自衛。

　　茲將各階段之練習綱要分述於後。

　　站樁即立穩平均之站立。初習為基本樁，亦稱養生樁。習時須將全體之肩架安排妥當，內清虛、外脫換、鬆和自然。頭直、目正、身端、項豎、神莊、力均、氣靜、息平、髮挺、肩鬆、意思遠望。具體關節，似有微屈之意。掃除萬慮，默對長空。內念不外遊，外緣不內侵。以神光朗照巔頂，虛靈獨存，渾身毛髮有長伸直豎之勢。周

身內外，激蕩迴旋，猶如雲端寶樹，上有繩吊繫，下有木支撐。其悠揚相依之神情，喻曰空氣游泳殊為近似。然後，再體會各部筋肉動盪之情態。鍛鍊有得，自知為正常運動。所謂正常運動是運動中能使心臟之搏動增加而呼吸卻不失常態，即不憋氣，不缺氧。在精神方面，須視此身如大冶烘爐，無物不在陶熔體認中。同時須覺察周身器官，均在自然工作，不得有絲毫勉強，更不許有幻想。

如依上述原則去鍛鍊，則全身筋肉不鍛自練，神經不養自養，周身舒暢，氣質亦隨之而改變，潛能之力由內而外，自不難漸漸發達。然而切忌憋氣用力，否則稍有注血，便失鬆和，肩胸不鬆則氣滯而力板，意停而神斷，全體皆非矣。

總之，不論站樁與試力或技擊，只要肩背過緊，胸部憋氣，呼吸一失常，便是錯誤，願學習者萬勿忽視。

養生樁歌

（一）

養生樁，極容易，深追求，頭萬緒。

站樁時，莫發急，應找個適宜的場地，利用大樹的吸碳呼氧和紫外線的殺菌力，再凝神靜氣地去站立。

（二）

身體要直，兩足分開與肩齊，雙膝微微彎曲，臀下坐，頭上提，周身關節都含著似曲非直意。

（三）

內空洞，外清虛，兩手要慢慢地輕鬆抬起，高不過眉，低不過臍，臂半圓，腋半虛。

（四）

左手不往鼻右來，右手不往鼻左去。往懷抱，不粘身，向外推，不越尺，雙手變化在這範圍裏。

（五）

不計姿勢之好壞，更不重姿勢之繁簡與先後次序，須體察全身內外得力不得力。守平庸，莫好奇，非常都是極平易。

（六）

站樁運動真稀奇，不用腦，不費力，並不消磨好時日，行、站、坐、臥都可來練習。

（七）

世人多不知，這裏邊蘊藏著精金美玉和無限的神思，鑽研起來生天趣，有誰能體會到這自娛，能支配虛空宇宙力。

（八）

站樁的愉快難比喻，飄飄蕩蕩隨他去。精力充沛神不疲，注意頂心如線繫，慧眼默察細胞系，遍體輕鬆力如泥。墜肢體，黜聰明，離形去知，是謂站忘。

（九）

虛靈獨存，悠揚相依，海闊天空滌萬慮，哪管它，日月星球都轉移，只要你肯恒心去站立，自有你想不到的舒適和甜蜜，這就是古人不傳的訣秘。

站樁歌要

（一）

拳道極微細，　勿以小道視，

開闢首重武，　　學術始於此。
拳道基服膺，　　無長不匯集，
當代多失傳，　　荒唐無邊際。
切志倡拳學，　　欲復故原始，
銘記究理性，　　技擊乃其次。

（二）

欲知拳真髓，　　首由站樁起，
意在懸空間，　　體認學試力。
百骸撐均衡，　　曲折有面積，
彷彿起雲端，　　呼吸靜長細。
舒適更悠揚，　　形象若醉迷，
絕緣摒雜念，　　斂神聽微雨。

（三）

滿身空靈意，　　不容粘毫羽，
有形似流水，　　無形如大氣。
神眠覺如醉，　　悠然水中宿，
默對向天空，　　虛靈須定意。
烘爐大冶身，　　陶熔物不計，
靈機自內轉，　　呼吸任靜噓。

（四）

頂上力空靈，　　身如繩吊繫，
兩目神凝斂，　　聽內耳外閉。
小腹應常圓，　　胸間微含蓄，
指端力透電，　　骨節鋒棱起。
筋肉似驚蛇，　　足腕如蹙泥，

力鬆意須緊，　毛髮勢如戟。

（五）

如或論應戰，　拳道微末技，
首先力均整，　樞紐不偏倚。
動靜互為根，　精神多暗示，
路線踏重心，　履步風捲席。
旋轉謹穩準，　鉤銼互用宜，
劈纏躦裹橫，　接觸揣時機。

（六）

筋肉道欲放，　支點力滾絲。
螺旋力無形，　遍體似彈簧。
關節若機輪，　揣摩意中力，
神活逾猿捷，　足踏貓踽蹐。
守靜如處女，　動似蜇龍迷，
縱橫起巨浪，　若鯨游旋勢。

（七）

蓄力如滿弓，　著敵似電急，
鷹瞻虎視威，　鬆緊不滑滯。
鶻落似龍潛，　渾身盡爭力，
蓄意肯忍狠，　膽大心要細。
神動似山飛，　運力如海溢，
一觸即爆發，　炸力無斷續。

（八）

學者莫好奇，　平易生天趣，
反嬰尋天籟，　軀柔似童浴。

變化形無形，　周旋意無意，

隨曲忽就伸，　虛實自轉移。

勿忘勿助長，　升堂漸入室，

習之要久恒，　不期自然至。

（九）

若從跡象比，　老[1]莊[2]與佛[3]釋[4]

班馬[5]古文章，　右軍[6]鍾[7]張[8]字。

大李[9]王維[10]畫，　玄妙頗相似，

叱咤走風雲，　包羅小天地。

造詣何能爾，　善養吾浩氣，

總之多抽象，　精神須切實。

四、技擊樁法

技擊樁與養生樁神形稍異，步如八字形，亦名丁八樁，又為半丁半八之弓箭步。兩足重量，前三後七；兩臂撐抱之力，內七外三。何時發力，力始平均，平均之後，仍須還原，如槍炮之彈簧，伸縮不斷之意。兩手足應變之距離，長不過尺，短不逾寸，前後左右，互換無窮，操之愈熟，愈感其妙。

至於鬆緊沉實之利用，柔靜驚彈之揣摩，路程之遠近，肩架之配備，發力之虛實，宇宙之力波，以及時間的機會，拳學之整個問題也，都須逐步研討。在平時，須假定虎豹當前，蓄勢對搏，力爭生存之境況。此技擊入手之初，不二法門，亦為最初法則。

技擊樁歌

（一）

站樁時，既愉快，又甜蜜，省力、得力、增力而舒適。繼續再把技擊談幾句，最便利就是軍士操的稍息，要內外均整力合一，由虛空中尋求真實力。

（二）

拳學要道，一大半在抽象中求實際。內外渾噩息自調，神經支配一切力，毛髮直豎意如戟。用力要輕鬆，含意如鐵石，高則揚其身，筋肉宜道放，低則縮其身，整體含著躦、捉、撐、裹待發的時機。

（三）

肩架配備要合適，節段曲折面積存虛實，點力鬆緊均衡無偏倚。無形變化，縱橫高低，體察周身有無乘隙。

（四）

種種假借力，言之繁難已極，略舉一二簡單式，空中旗，浪中魚，都是借鑒之良師。他如：動似山飛，靜如海溢，神猶霧豹，氣若靈犀，語雖抽象，神意要切實。

（五）

想起來真是無邊際，做起來反覺得容易，只要處處留點意並沒有什麼奇難事。不過聰明學識有關係。

神意之運用

（一）

技擊之站樁，要求全身空靈均整，精神飽滿，神如霧豹，氣若靈犀，具有烈馬奔放、神龍嘶噬之勢。

（二）

上下樞紐，曲折百繞，垂線自乘，撐裏豎漲。其抽拔之力，要與天地相爭。

（三）

肩撐肘橫，推抱互為，上兜下墜，撥旋不已。裏捲回環之力，永不失平衡均整。

（四）

毛髮森立，背豎腰直，小腹常圓，胸窩微收。指端斜插，左右勾撐，外翻內裏，撐擺橫搖。推銼兜捲橫滾之力，有摧動山嶽地球之感。

（五）

足蹠踏地，足跟微起，雙膝撐拔，力向上提。頭頂項豎，腰腹暗縮，周身鼓舞，四外牽連。有如颶風捲樹，拔地欲飛之勢。

（六）

筋肉含力，骨節生棱，具體收斂，躍躍思動。含蓄吞吐，運力縱橫，兩臂開合，撐裏直前。動則有怒虎出林，搜山欲崩之狀。

（七）

全身有靈蛇驚變之態，亦猶熾火燒身之急，更有蜇龍震電直起欲飛之勢。尤感筋肉激蕩，力如火藥手如彈，神機微動雀難飛。凡遇之物，神意一交，如同張網天羅，無物能逃。

（八）

又如雷霆之鼓舞鱗甲，霜雪之肅殺草木，其發動之神

速，無物可以喻之，是以餘對此種「神速」運動，命名之曰「超速運動」，言其速度之快也。

（九）

以上所言，多係抽象，而精神方面，必須切實為之，以免流入幻象。

力之運用

神意之外，力之運用更為重要。但須潛能之力，非片面局部之蠻力也。

此力須於試力上求之，習時先由節段面積之偏倚而求力量之均整。繼由點力之均整揣摩虛實之偏倚。復由偏倚之鬆緊以試整體發力之適當。更由適當之發力，利用神光離合之旋繞與波浪彈力之鋒棱，再以渾身毛髮具有出尋問路之狀，以期實現一觸即發之功能。且須時時準備技擊之攻守，亦須時刻運用似在和大敵之周旋。尤須注意發力所擊之要點，不可無的放矢。

> 見虛不擊擊實處，　要知實處正是虛。
> 虛實轉移樞紐處，　若非久曆永不知。
> 混打蠻擊亦有益，　須看對方他是誰。
> 正面微轉即斜面，　斜面迎擊正可摧。
> 勤習勿懈力搜求，　敬謹意切靜揣思。

技擊在性命相搏方面言之，則為決鬥。決鬥則無道義，更要抱定肯、忍、狠、謹、穩、準六字要訣。且須抱定同死決心，若擊之不中自不能擊。動則便能致其死地方可擊之。如對方技能稍遜不妨讓之。若在同道相訪較試身手方面言之，則為較量。

較量為友誼研討性質，與決鬥不同，首須重道義，尤須觀察對方之能力如何，倘相差甚遠，則須完全讓之，使其畏威懷德為要。較量之前須以禮讓當先，言詞應和藹，舉動要有禮度，萬不可驕橫狂躁有傷和雅。

五、試　力

站樁練習有相當基礎之後，潛能之發展當日益增強，繼續則應學習試力，體認各項力量之神情，以期真實之效用。此項練習為拳中最重要、最困難的一項。

試力為得力之由，力由試而得知，更由知始能得其用。習時須使全身均整，筋肉空靈，思念全身毛孔無一不有穿堂風往返鼓蕩之感。骨骼毛髮都要支撐遒放，爭斂互為，動愈微，而神愈全，慢優於快，緩勝於急，欲行而又止，欲止而又行，更有行乎不得不止，止乎不得不行之意。以體認全身之意力圓滿否，其意力，能隨時隨地應感而出否。全身上下能與宇宙之力起應感否，假借之力果能成為事實否。

欲與宇宙力起應合，須先與大氣發生感覺，感覺之後，漸漸呼應，再試氣波之鬆緊與地心爭力之作用。習時須體會空氣之阻力如何，我即用與阻力相等之力量與之應合，於是所用之力，自然無過亦無不及。

初試以手行之，逐漸以全身行之。能認識此力，潛能漸發，操之有恆，自有不可思議之妙，而各項力量亦不難入手而得。至於意不使斷，靈不使散，渾噩一體，動微處牽全身，上下左右，內外前後，不忘不失，非達到舒適得

力，奇趣橫生之境，不能得拳之妙。

所試各力之名稱甚繁，如蓄力、彈力、驚力、爭力、開合力、纏綿力、撐抱力、墮性力、挺拔力、三角力、螺旋力、槓桿力、輪軸力、滑車力、斜面力等等，自然由試而得。全體關節無不微含屈勢，同時亦無處不含放縱與開展，所謂道放互為。故無節不成鈍形三角，且無平面積，尤無固定之三角，不過與機械之名雖同而法異。

拳中之力，都是由精神方面體會而得，站樁練功時表面觀之，形似不動，而三角之螺旋，實自輪轉不停，錯綜不已。要知有形則力散，無形則神聚，非自身領略之後不能知也。螺旋力以余之體認觀之，非由三角力不得產生，而所有一切力量，都是筋肉動盪與精神假想參互為用，密切關聯。若分而言之，又走入方法之門，成為片面耳。所以非口傳心授，未易有得，更非毫端所能形容。

總之，一切力量都是精神意念之集結緊密，內外含蓄一致而為用。若單獨而論，則成為有形破體機械之拳道，非精神意念之拳也。各項力量都是由渾圓空洞無我產生而來。然渾圓空洞都是由細微之棱角形成，漸漸體會方能有得。是以吾又感天地間之一切學術，無一不感矛盾，同時亦感無一不是圓融。然而須得打破圓融，統一矛盾，始能融會貫通，方可利用其分工合作，否則不易明理。

至於用力之法，渾噩之要，絕不在形式之好壞，尤不在姿勢之繁簡，要在神經支配和意念領導之下全身內外之工作如何。動作時，形式方面，不論單出雙回，齊出獨進，橫走豎撞，正斜互爭，渾身之節、點、面、線，無微

不有先後、輕重、鬆緊之別。但須形不外露，力不出尖，亦無斷續。不論試力或發力，皆須保持鬆和自如，發力含蓄，而有聽力，以待其發。神宜內斂，骨宜藏棱，要設想身外三尺以內，似有一層羅網包護之感。而包羅之內，盡為刀叉勾銼，並蓄有萬弩待發之勢，毛髮筋肉，伸縮撥轉，全身內外，無微不有滾珠起棱之感。

以上各力如果身得之後，切莫以為習拳之道已畢，此不過僅得些資本而已，始有習拳之可能性。若動則即能鬆緊緊鬆勿過正，實虛虛實得中平之樞中要訣，則又非久經大敵，實作通家，不易得也。

然則須要絕頂天資，過人氣度，尤須功力篤純，方可逐漸不假思索，不期然而然，莫知其為而為，潛能觸覺之活力也。

總之，具體極細微之點力，亦須切忌無的放矢，然而又非做到全體無的放矢而不可，否則難得其中之妙。

試力歌

（一）

試力時慢思量，內外安排須妥當，變轉輕移不慌忙，遍體筋撐骨棱尖而放。

（二）

態似書生若女郎，偉大猶比楚項王，一聲叱咤風雷響，神情豪放雄且壯。

（三）

遇敵接觸似虎狼，舉步輕重如履溝壑深千丈，一面鼓，一面蕩，周身無點不彈簧。

（四）

齒叩足抓毛髮似金槍，根根無不放光芒，神光離合旋繞在身旁，譬如水之有波浪，迴旋不已，縱橫在汪洋。

（五）

無形如天地，充實如太倉，悠悠揚揚舒且暢，一經觸覺立時緊即張，如同火藥爆發狀，炸力發出意不亡。

（六）

閃展進退謹提防，打顧正側絲毫不需讓，勢均力敵須看對手方，猶如鷹鷂下雞場，翻江倒海不需忙，單風朝陽勢占強，撥蹚拔撐斷飛蝗，勾銼刀叉同互上。

（七）

腳足提縮似螳螂，揣敵力量有方向。察來勢之機會，度己身之短長。勢如龍駒扭絲韁，谷應山搖一齊撞。

試　聲

試聲的效力在於運用聲波鼓蕩振動之作用，以補助試力之細微所不及。其原意不在威嚇，而聞之者，則起卒然驚恐之感。實則起到聲、力併發之功能，與徒做喊聲，意在威嚇者不同。試聲時，口內之氣不得外吐，乃運用聲由內轉功夫。初試求有聲，漸有聲變無聲。

人之聲各異，唯試聲之聲，世人皆同。其聲與幽谷撞鐘之聲相似。故老輩云：「試聲如黃鐘[11]大呂[12]之本」，非書墨毫端所能形容。學者須觀其神，度其理，聞其聲，揣其意，然後以試其聲力情態，方能有得。

五字訣

習拳既入門，　首要尊師親，

　尚友須重義，　　武德更謹遵。

　動則如龍虎，　　靜猶古佛心，

　舉止宜恭慎，　　如同會大賓。

　恭則神不散，　　慎如深淵臨，

　假借無窮意，　　精滿混元身。

　虛無求切實，　　不失中和均，

　力感如透電，　　所學與日深。

　運聲由內轉，　　音韻如龍吟，

　恭慎意切和，　　五字秘訣兮。

　見性明理後，　　反向身外尋，

　莫被法理拘，　　更勿終學人。

論單雙重與不著象

　　以拳道之原則及理論，無論平日練習或在技擊之中，都須保持全身均整，使之毫不偏倚。凡有些微不平衡，即為形著象，力破體。神、形、意、力皆不許著象，一著象便是片面，即不衛生，且易為人所乘，學者宜謹記之。均衡非呆板，稍板，則易犯雙重之病。然亦不許過靈，過靈，則易趨於華而不實。需要具體舒放，屈折含蓄，發力時亦不許斷續，所謂力不亡也。

　　雙重非指兩足步位而言，頭、手、身、足、肩、肘、膝、胯以及大小關節，即或一點細微之力，都有雙重、鬆緊、虛實、輕重之別。

　　拳家往往由片面之單重，走入絕對之雙重，更由絕對之雙重，而趨於僵死之途。不著象常成死板，一著象則散

亂無章，縱然再遇單重之妙，因不能領略，此亦無異於雙重。非弄到不舒服，不自然，百骸失正而後止。因而不得不走入刻板方法之途徑，永無隨機而動，變化無方，更無法發揮潛能。至於神意之不著象，非應用觸覺潛能之活力，不足以證明。

比如雙方決鬥，厲害當前，間不容髮，已接未觸之時，尚不知應用者為何。解決之後，復不知邇間所用者為何，所謂不期然而然，莫知至而至，此謂潛能自動之活力。

抽象虛實有無體認

習拳入手之法非只一端，而其結晶之妙全在神、形、意、力之運用，互為一致。此種運用，視之無形、聽之無聲、無體亦無象。就以有形而論，其勢如空中之旗，飄擺無定，唯風力是應，即所謂與大氣相應合。又如浪中之魚，起伏無方，縱橫往返，以聽其觸，只有一片相機而動，應感而發和虛靈守默之含蓄精神，以虛無而度其有，亦以有處而揣其無。

誠與老莊佛釋無為而有為，萬法皆空即為實象，一切學理多稱謹似。又如倪[13]黃[14]作畫，各以峭逸之筆，孤行天壞，堪並論也。其機、其趣完全在於無形神似之間，度其意向以求之。所以習時有對鏡操作之戒，恐求形似，則內虛而神敗矣。

習時須假定一公尺以外，二三公尺以內，四面八方，如有大刀闊斧之巨敵與毒蛇猛獸蜿蜒而來，其共爭生存之情景，當以大無畏之精神而應付之，以求虛中之實也。如

一旦大敵林立，在我若入無人之境以周旋之，則為實中求虛。要在平日操作體認，含蓄修養。總之，都是從抽象中得來，所謂神意足不求形骸似，更不許存有對象，而解脫一切者是也。

習時要慢，而神宜速，手不空出，意不空回。即些微細小之點力動作，亦須具體無微而不應。內外相連，虛實相依，而為一貫，須要無時無處不含有應付技擊之潛能，倘一求速，則一切經過之路徑，滑然而過，再由何得其體認之作用乎？故初習時，須以站樁為本，漸漸體會而後行之。

總之，需要神、形、意、力成為一貫，亦須六心相合（頂心、本心、手心、足心），神經統一，一動無不動，無微而不合，四肢百骸，悉在其中。不執著，不停斷，與大氣相呼應，點力之鬆緊，互以為用，庶乎可矣。離開己身，無物可求；執著己身，永無是處。必須細心體會。

六、自 衛

自衛即技擊。大動不如小動，小動不如不動，不動之動，乃是生生不已之動。比如機械之輪或兒童玩具之捻轉，快到極處形似不動，如觀其已動，則將不動，無力之表現矣。

所謂不動之動速於動，極動之動猶不動，一動一靜互根為用，其運用之妙，在於神經支配，意念領導，呼吸之彈力，樞紐之穩定，路線之轉移，重心之變換。

以上諸法若能用之得機適當，則技擊之基礎備矣。須

在平日養成隨時隨地一舉手一投足，皆含有應機而發之準備，要在虛靈含蓄中意感無窮方是貴也。

至於打法亦應研討，如對方呆板緊滯，且時刻表現其重心、路線、部位之所在，則不足論。倘動作迅速，身無定位，而活若猿捷，更不必曰各項力之具備者，就以其運動之速，亦非一般所能應付。

故習時首先鍛鍊下肢充實，腿部力穩。頭、手、肩、肘、胯、膝、足各有打法。如提打、鉤打、按打、掛打、鋸打、搓打、拂打、疊打、銼打、裹打、踐打、截打、堵打、摧打、撥打、滾力打、支力打、滑力打、粘力打、圈步打、行步打、進步打、退步打、順步打、橫步打、整步打、半步打、斜面正打、正面斜打、具體之片面打、局部之整個打、上下捲打、左右領打、前後旋打，其力斷意不斷、意斷神猶連，動靜已發未發之時機，和一切暗示打法，雖係局部，若非實地練習，亦不易得。

七、習拳一得

習拳主要目的首先是衛生，其次為尋求理趣，再次是自衛。

習拳能使醫藥無效的多種慢性疾病患者很快地恢復健康，使勞動者勞而晚衰，使失去勞動能力者能夠恢復勞動能力。這樣才是真正的拳學。正常的運動能使全身各個器官發生高度均勻的新陳代謝作用，促進血液循環，增加體內的「燃燒」作用，從而增強體力與健康水準。運動不當必致相反結果，運動過激不但損害健康，甚者戕害身體，

運動不足又是發生疾病的誘因。

激烈的位置移動之運動，在筋肉發生疲勞以前，心臟已因呼吸困難缺氧而呈急性心臟擴張，因此不得不停止運動使心臟得以休息，減輕呼吸困難程度，恢復正常的生理狀態，這是激烈運動的生理規律。

而大成拳站樁是以完全與此相反的生理規律來鍛鍊身體。這種運動要求全身各個系統平均發展為原則，這就是站樁時全身肌肉雖然已呈疲勞，但心臟的搏動與呼吸運動並不失常態，即脈搏增多而呼吸並無困難，不缺氧。相反在這種運動中尚能感到比運動以前的呼吸更加輕鬆舒暢。因為站樁是以每個人的心臟所能負擔的能力，要求其脈搏與呼吸的共同提高。

站樁運動不限年齡，不限性別，更沒有任何招式和套路，所以在這種運動中腦神經不過度興奮，不強烈緊張。因此，可以說它是運動中的休息，休息中的運動。這是它與一般位移運動不同點之一。

站樁雖然只是站立不動，實則由於其四肢關節的角度變化，促使肌肉纖維開始了不停止的牽拉運動。它完全在於求得身體內部的肌肉纖維的收縮運動，而非要求其四肢外形之屈伸活動與位置移動；要知中國拳學的精髓是大動不如小動，小動不如蠕動，不動之動乃是生生不已之動。

這種運動知識體系可以說是我中華民族所獨有的特殊學術，但從未被一般人士所注意。同時也絕不是一般人士只憑主觀印象所能瞭解的。若主觀地認為以很簡單的姿勢站住一動也不動，如何能長力氣？如何能練好身體？這是

根本沒有認識這種運動的特殊性。要知研究學術，不貴墨
守成規，更忌抱殘守缺，重在體認和創造。凡能均勻地提
高人體各項生理功能的運動必能發揮，它與讀書足以增
長知識，而能致用之理並無兩樣。所以養生的運動，無論
如何不能過激。至於60歲以後的人，若求技擊深造似不太
易，欲求身心健康實非難事。

　　站樁能使身心健康，進一步就要講自衛。自衛與衛生
有不可分離的連帶關係。首先要身體健康強壯，繼而要身
手敏捷，力量過人，方法巧妙，才能適宜而行。可是要想
增長力量，站樁練功時，切不可用力，一用力反而沒有增
長力量的希望。要求身手敏捷、動作迅速，站樁時以不動
為最好。

　　若是覺得枯燥無味或煩累難支，也不妨稍事動作。可
是要知道，動時要有動乎不得不止，止乎不得不動之意。
亦即只許有動之因，不許有動之果，意思就是精神意念要
深切，不需要形式上做出來。形式上一做出來，就如所謂
有形則力散，無形則神聚，破體而力散，所以愈慢愈好。
這樣方可能逐漸地體會到四肢百骸各個部位的工作如何，
不致使體驗漠然滑過，這是學動的最基本條件。

　　倘若追求速度變化與外形美觀以表示靈敏，不僅毫無
所得，反而根本消失了得拳之妙的希望。如用方法巧妙以
制敵，那更要闡明任何方法不許有，若是有了人造的方法
摻雜其間，可就把萬變無窮的潛能妙用完全丟失了。

　　這種運動的外形極簡單，可以一目了然，收效也極
快，不過需要不用腦、不用力、不單獨消磨好時日，要養

成與生活打成一片的好習慣方可奏效，而有益於身心。如
若想耍花招示強威，必將終無所成。這種運動雖簡單，然
而有絕頂聰明的人愈學愈感其難，竟有終身習行，苦心鍛
鍊一生是非不能辨者。要知道宇宙間平常才是非常，若捨
平常而學非常，就無疑走入了歧途。

這種運動的理趣是無窮的。千頭萬緒一時無從談起，
略舉一二原理供愛好者參加研討。

例如：動靜、虛實、快慢、鬆緊、進退、反側、縱
橫、高低、爭斂、遒放、鼓蕩、開合、伸縮、仰揚、提
頓、吞吐、陰陽、斜正、長短、大小、剛柔等等，都是矛
盾的，相互錯綜而為用，要做到元融的元融，還要返回頭
來學初步，這一切一切都是不能分開的，要分開可就不能
認識這種運動的真諦了。

在這種運動中，鬆極就緊，緊極就鬆，鬆緊緊鬆勿過
正。實極就虛，虛極就實，要實虛虛實得中平，橫豎撐抱
互為根，打顧鑽閃同時用。以上是為初學求力的人所說
的。若不依照這種規律來學習，終身鍛鍊不能識，遵循這
種規律來學習，一生學之不能盡。

至於試力運動，蓄力發力，以至有形無形種種假借的
力量，若非逐漸地搜求鑽研，深造力追，非輕易可得，而
一經入手便感平凡無奇，非常容易。因為這是一種平易近
人，一法不立，無法不備，虛靈守默，而應萬物的既平凡
又非常的運動。

自衛是技擊的變象，學技擊不是一般人士所想像的這
手這麼用，那手那麼使。所謂技擊既不那樣複雜，但也不

是如此簡單。而是首重修養，再按身心鍛鍊、試力及發力等步驟學習，才可以逐漸地進行研討技擊。修養先由信條及四容八要方面做起。

信條：尊長護幼，信義仁愛，智勇深厚，果決堅忍。

四容：頭直，目正，神莊，聲靜。

八要：靜、敬、虛、切、恭、慎、意、和。

有了以上沉實的基礎才能說到身心的鍛鍊。身心的鍛鍊，首重樁法，同時研究各關節的角度變化和意念活動對肌肉的控制能力，以及單雙重的鬆緊變化。單雙重不是專指兩手兩足的重量而言。頭、手、足、肩、肘、膝、胯以及大小關節，四體百骸的些微點力都含有單雙、鬆緊、虛實、輕重之別。至於撐三抱七，前四後六，顛倒互用，則不是簡單筆墨所能形容。總之，都要由抽象做到實際，這不過是僅僅略述其皮毛而已。

試力，力之名稱甚繁，力由試而得知，更由知而始能得其所以用。無論做何力的練習也要形不破體，意不著象，力不出尖（力有方向就是出尖）。有形的、局部的、片面的動作便呆板而減低力量的效能，並且斷續散亂茫無所從，較技如牛鬥而趨於死僵之途。

站樁的試力，要從假想方面去作。假想是無窮的，是精神的，是永存而不斷的，也是無往而不「浪」的。拳學這門學術都是由空洞中得來，精神意念要實足，不求形骸似。

發力，站樁的發力動作，須在試力的基礎上，有了各種力學知識，然後與大氣的阻力發生呼應之後，才能利用

肌肉鬆緊作用來練習發力。要知發力動作不是注意擊出沒有擊出，將對方擊中沒有擊中的問題，而是要看自己本身發出的力量，是不是有了前後、左右、上下的平衡均正；螺旋錯綜的力量和「無往不浪」的力量，是不是輕鬆準確慢中含快的墮性力量，是不是潛能發動的不期然而然，莫知至而至的活力量。

有了以上的條件與力量，始有學拳的希望，至於能否學成，則又當別論。

注　釋

① 老子：相傳春秋時思想家，道家的創始人。一說即老聃，姓李名耳，字伯陽，楚國苦縣（今河南鹿邑東）厲鄉曲仁里人，做過周朝「守藏室之史」（管理藏書的史官）。孔子曾向他問禮，後退隱，著《老子》。一說老子即太史儋，或老萊子。《老子》一書是否為老子所作，歷來有爭論。《老子》書中用「道」來說明宇宙萬物的演變，提出了「道生一，一生二，二生三，三生萬物」的觀點，認為「道」是「夫莫之命（命令）而常自然」的，所以說：「人法地，地法天，天法道，道法自然。」「道」可以解釋為客觀自然規律，同時又有著「獨立不改，周行而不殆」的絕對永恆的本體的意義。

《老子》書中包含著某些樸素辯證法因素。它提出「反者道之動」的命題，猜測到一切事物都有正反兩面的對立；並意識到對立面的轉化，如說：「正復為奇，善復為妖」，「禍兮福所倚，福兮禍所伏」。認為一切事物的生成變化都是有和無的統一（「有無相生」），強

調「無」是更基本的，說：「天下萬物生於有，有生於無。」又抨擊當時統治者說：「天之道，損有餘而補不足，人之道則不然，損不足以奉有餘」；「民之饑，以其上食稅之多」；「民之輕死，以其上求生之厚」；「民不畏死，奈何以死懼之？」但忽視了在對立轉化中的必要條件，也沒有把事物向反面轉化看做上升的發展，卻看成是循環往復。在物質生活上強調「知足」與「寡慾」，憎惡工藝技巧，並歸結到「絕聖棄智」，「無為而治」，甚至幻想人類社會回復到「小國寡民」的原始狀態去。

老子學說對中國哲學的發展有很大影響，後來唯物、唯心兩大派都從不同的角度吸收了他的思想。

② 莊子（約前369—前286）：戰國時哲學家。名周，宋國蒙（今河南商丘縣東北）人。做過蒙地方的漆園吏。家貧，曾借粟于監河侯（官名），但拒絕了楚威王的厚幣禮聘。

他繼承和發展老子「道法自然」的觀點，認為「道」是無限的，「自本自根」、「無所不在」的，強調事物的自生自化，否認有神的主宰。

他的思想包含著樸素的辯證法因素。但他認為「道」是「先天地生」的，從「道未始有封」（即「道」是無界限差別的），達到「萬物皆一也」（即萬物也應該是齊一的，無差別的）的見解。他看到一切都處在「無動而不變，無時而不移」中，卻忽視了事物質的穩定性和差別性，認為「天下莫大於秋毫之末，而泰山為小；莫壽乎殤子，而彭祖為夭」（《莊子·齊物論》）。

主張齊物我，齊是非，齊大小，齊生死，齊貴賤，幻想一種「天地與我並生，萬物與我為一」的主觀精神境界，安時處順，逍遙自得，倒向了相對主義的宿命論。著作有《莊子》一書。

③ 佛：梵文Buddha（佛陀）音譯的簡稱，也作「浮屠」、「浮圖」、「沒馱」、「勃馱」等，意譯「覺者」。佛經說：凡是能「自覺」、「覺他」、「覺行圓滿」者皆名為「佛」。佛教徒即以此作為對其教主釋迦牟尼的尊稱。後來也泛指佛經中所說的一切佛陀。

佛教與基督教、伊斯蘭教並稱為世界三大宗教。相傳佛教是在西元前 6 至 5 世紀時，由古印度迦毗羅衛國（今尼泊爾境內）王子悉達多‧喬答摩，即釋迦牟尼所創立。佛教自東漢明帝永平十年（西元67年）傳入中國，經三國兩晉到南北朝四五百年間，佛經的翻譯與研究日漸發達，到了隋唐遂產生天臺、華嚴、唯識、禪宗、淨土、密宗等具有中國特色的許多宗派。佛教思想對於我國哲學、文學、藝術和民間風俗都有一定影響。

④ 釋：中國佛教用做釋迦牟尼的簡稱。後來泛指佛教。

釋迦牟尼（Sakya－Muni，約前565－前486）：佛教創造者。姓喬答摩，名悉達多，釋迦族人，釋迦牟尼意即「釋迦族的聖人」。是古印度北部迦毗羅衛國（今尼泊爾境內）淨飯王的兒子。相傳他29歲時痛感人世生、老、病、死各種苦惱，又不滿當時婆羅門的神權統治及其梵天創世說教，捨棄王位生活，出家修道，遍訪名師，初無所

獲，經過 6 年苦行，在佛陀伽耶菩提樹下「成道」，悟到世間無常和緣起諸理，即在鹿野苑開始傳教。

其後45年間，在中印度各地遊行教化，獲得信眾很多，都尊他為佛陀（覺悟者）。80歲時，在拘屍那城附近的婆羅雙樹下入滅。他的弟子將他一生所說的教法記錄整理，幾次結集，成為經、律、論「三藏」。隨著佛教傳播範圍的擴大，逐漸形成世界性的宗教。

⑤ 班馬：也叫「馬班」。漢代史學家司馬遷和班固的並稱。司馬遷是《史記》的作者，班固是《漢書》的作者，兩人對歷史學都有重要貢獻，並且也是著名散文家。

班固（32—92）：東漢史學家、文學家。字孟堅，扶風安陵（今陝西咸陽東北）人。初續完成其父班彪所著《史記後傳》，被人告發私改國史，下獄。弟超上書力辯，得釋。後召為蘭台令史，轉遷為郎，典校秘書。奉詔完成其父所著書，歷20餘年，修成《漢書》，文辭淵雅，敘事詳贍；繼司馬遷之後，整齊了紀傳體史書的形式，並開創「包舉一代」的斷代史體例。

司馬遷（約前145或前135—？）：西漢史學家、文學家和思想家。字子長，夏陽（今陝西韓城南）人。司馬談之子。早年遊蹤遍及南北，到處考察風俗，採集傳說。初任郎中，元封三年（西元前108年）繼父職，任太史令，得讀史官所藏圖書。太初元年（前104年）與唐都、落下閎等共訂太初曆，對曆法進行改革。後因替投降匈奴的李陵辯解，得罪下獄，受腐刑。出獄後任中書令，發憤繼續完成所著史籍。人稱其書為《太史公書》，後稱《史

記》，是我國最早的通史。

⑥ 王羲之（321—379，一作303—361）：東晉書法家，字逸少，琅邪臨沂（今屬山東）人。出身貴族。官至右軍將軍、會稽內史，人稱「王右軍」。因與王述不和辭官，定居會稽山陰（今浙江紹興）。

工書法，早年從衛夫人（鑠）學，後改變初學，草書學張芝，正書學鍾繇，並博採眾長，精研體勢，推陳出新，一變漢魏以來質樸的書風，成為妍美流便的新體。其書備精諸體，尤擅正、行，字勢雄強多變化，為歷代學書者所崇尚，影響極大。

⑦ 鍾：《山水畫論》（1983年陝西人民美術出版社出版）記述，鍾即鍾繇，善草書，與王羲之並稱「鍾王」，與張芝並稱「鍾張」。

鍾繇（151—230）：三國魏大臣，書法家。字元常，潁川長社（今河南長葛東）人，東漢末為黃門侍郎。曹操執政時，命他為侍中守司隸校尉、持節督關中諸軍，經營關中，招集流散，使生產逐漸得到恢復。曹丕代漢後，任為廷尉。明帝即位，遷太傅。人稱「鍾太傅」。工書，師法曹喜、蔡邕、劉德升，博取眾長，兼善各體，尤精隸、楷。點劃之間，多有異趣，結體樸茂，出乎自然，形成了由隸入楷的新貌。

⑧ 張芝（？—約192）：東漢書法家。字伯英，敦煌酒泉（今屬甘肅）人。善章草，後脫去舊習，皆減章草點劃波磔，創為「今草」。唐張懷瓘《書斷》稱他「學崔（瑗）、杜（操）之法，因而變之，以成今草，轉精其

妙。字之體勢，一筆而成，偶有不連，而血脈不斷，及其連者，氣脈通於隔行」。三國魏韋誕稱他為「草聖」。晉王羲之對漢、魏書跡，唯推鍾（繇）、張（芝）兩家，認為其餘不足觀；而王氏父子（羲之、獻之）的草書，亦頗受其影響。

⑨　大李：《山水畫論》記述，李將軍父子，父李思訓，字建，官左武衛大將軍，人稱大李將軍，山水絕妙。明皇誇他說：「卿所畫掩障，夜聞水聲，神通之佳手也。」子昭道，世人言山水者稱小李將軍。

李思訓（651－716）：唐畫家。字建，一作建景，宗室。高宗時江都令；武后朝棄官潛匿；中宗朝出為宗正卿；玄宗開元初，官左（一作右）武衛大將軍，曾應詔畫大同殿壁和掩障，數月始畢。工書法，尤擅山水樹石，筆力遒勁。好寫湍瀨潺湲、雲霞縹緲之景，鳥獸草木，亦得其態，而金碧輝映，自成家法。論者謂其畫出於隋展子虔，後代繪著色山及青綠或金碧山水，多取以為法，明董其昌推為「北宗」之祖。子昭道，亦擅山水。

⑩　王維（701－761，一作698－759）：唐詩人，畫家。字摩詰，原籍祁（今山西祁縣）人。開元進士。後官至尚書右丞，故世稱王右丞。晚年居藍田輞川，過著亦官亦隱的優游生活。

前期寫過一些以邊塞為題材的詩篇。但其作品最主要的則為山水詩，透過田園山水的描繪，宣揚隱士生活和佛教禪理；藝術上極見功力，體物精細，狀寫傳神，具有獨特成就。兼通音樂，精繪畫。善寫破墨山水及鬆石，筆跡

雄壯，佈置重深，尤工平遠之景。曾繪《輞川圖》，山谷鬱鬱盤盤，雲水飛動，北宋蘇軾稱他「詩中有畫，畫中有詩」。明董其昌推為「南宗」之祖，並說「文人之畫，自王右丞始」。亦擅人物、肖像、叢竹等。

⑪ 黃鍾：十二律中的第一律。

⑫ 大呂：十二律中的第二律。

黃鍾、大呂：舊時形容音樂或文辭正大、莊嚴、高妙。

⑬ 倪：《山水畫論》記述，元代大畫家倪瓚，字元鎮，別號有五，「雲林」多用來題畫。

倪瓚（1306，一作1301—1374）：元畫家。初名挺，字元鎮，號雲林子、幻霞子、荊蠻民等，無錫（今屬江蘇）人。性好潔而迂僻，人稱「倪迂」。家豪富，有「清閟閣」以藏圖書，喜與名士往還。元末社會動盪，因賣去田廬，往來太湖、泖湖一帶，或寄居村舍、佛寺。初奉「全真教」，50歲後又信佛教，講求禪學。擅山水，多以水墨為之，初宗董源，後參荊浩、關仝法，創用「折帶皴」寫山石，樹木則兼師李成。

所作多取材於太湖一帶景山，好作疏林坡岸、淺水遙嶺之景，意境幽淡蕭瑟；畫墨竹，自謂「逸筆草草，不求形似」，「聊寫胸中逸氣」。他的簡中寓繁、似嫩實蒼的風格，給文人水墨山水畫以新的發展。與黃公望、吳鎮、王蒙合稱「元四家」。兼工書法，學《黃素黃庭》。善詩，有《倪雲林先生詩集》、《清閟閣集》。存世畫跡有《六君子》、《雨後空林》、《江岸望山》、《漁莊秋

霽》、《梧竹秀石》等圖。

⑭ 黃：《山水畫論》中記述，元代大畫家黃公望，
又名堅，字子久，號一峰，又號大癡道人。山水師董、
巨，晚年自成一家。

黃公望（1269—1354）：元畫家。本姓陸，名堅，平
江常熟（今屬江蘇）人；出繼永嘉（今屬浙江）黃氏為義
子，因改姓名，字子久，號一峰、大癡道人等。曾為中台
察院掾，曾被誣入獄；嗣人「全真教」，往來杭州、松江
等地賣卜。工書法，通音律，善散曲，最精山水，宗法董
源、巨然。常在虞山、三泖、富春等處，領略自然之勝，
遇好景隨筆模記。

其水墨畫運以草籕之法，蒼茫簡遠，而氣勢雄秀，有
「峰巒渾厚，草木華滋」之評。設色以「淺絳」居多。對
明清山水畫的影響甚大，後人把他與吳鎮、倪瓚、王蒙合
稱「元四家」。著有《寫山水訣》；存世畫跡有《富春山
居》、《天池石壁》、《九峰雪霽》等圖。

拳學總綱淺釋

于永年

一

拳本服膺，　推名大成，
平易近人，　理趣橫生。

注　釋

拳：(1) 拳頭，屈指向內而緊握的手。如：握拳，揮
拳。(2) 徒手的武術。如拳術。練習拳術對增強人體肌
肉、關節、韌帶、內臟器官和神經系統的功能都有良好
作用。(3) 勇力。拳勇，謂有勇力。語出《詩·小雅·巧
言》：「無拳無勇。」毛詩：「拳，力也。」《國語·齊
語》：「於子之鄉，有拳勇股肱之力。秀出於眾者？」韋
昭注：「大勇為拳。」白居易《博陵崔府君碑》：「拳勇
之旅，歸之如雲。」

「拳術」：拳術與拳學雖然相差一字，但其含義不
同。「拳術」一詞只能理解為從狹隘的意義出發，它只是
為了應付技擊的一種鍛鍊方法。因此，只能稱「術」而不
能稱為「學」。今從破除迷信，科學訓練，增強體質，改

造生理，防治疾病，預防早衰，養生健身，延年益壽，提高工作效率的角度，作為一門古老而新興的學科進行研究，「拳術」應稱之為「拳學」較為正確。

服膺：《辭海》：謹記在心；衷心信服。牢牢地記在心中。《中庸》：「得一善，則拳拳服膺而弗失之矣。」朱熹注：「服，猶著出；膺，胸也。奉持而著之心胸之間，言能守也。」《顏氏家訓・止足》：「吾終身服膺，以為名言也。」

大成：《辭海》：(1)大的成就。①指事功。《詩・小雅，車攻》：「允矣君子，展也大成。」②指學問。《禮記》：「九年知類通達，強立而不返，謂之大成。」③指道德。《孟子・萬章下》：「孔子之謂集大成；集大成也者，金聲而玉振之也。」趙岐注：「孔子集先聖之大道，以成己之聖德者也。」金聲玉振：金指鐘，玉指磬。比喻孔子的德行全備，正如奏樂，以鐘發聲，以磬收韻，集眾音之大成。後以比喻才學精妙。(2)完備。《老子》：「大成若缺，其用不弊。」(3)複姓。古代有大成執。見《新序・雜事五》。(4)北周宣帝年號（西元579年）。

在這裏是指「大成拳」。有關大成拳的溯源如下：

1. 清代中葉，山西祁縣戴龍邦先生稱本拳為「心意拳」。俗稱「心意把」。

2. 河北深縣李洛能先生向戴先生弟子郭維漢學拳12年。據傳可能因山西口音「心」字與「形」字發音相似，因此，李先生回故鄉後稱為「形意拳」。清末劉奇蘭、郭

雲深、車毅齋等拳術名家都出自李洛能先生門下。

3. 王薌齋先生（1886年，光緒十二年，農曆丙戌年，屬狗，10月29日出生於河北深縣，1963年7月12日逝世於天津。享年78歲），幼年體弱，患喘息病停學，向同村郭雲深先生學拳以強健身體。成年後致畢生精力，深究拳理，廢除拳套，主張站樁，強調意感，求「物」為主。20世紀20年代在上海教授拳術時，曾一度稱為「意拳」。20世紀40年代來北京後，改稱為「大成拳」。

4. 新中國成立初期，由於學拳者少，而年老體弱學習站樁治療各種慢性疾病者多，並取得良好效果，因此，從20世紀50年代至今多稱之為「站樁」或「站樁療法」。亦稱為「意拳」、「大成拳」。

理：道理，理論。在這裏指第二隨意運動學說。

趣：興趣，趣味。使人感到愉快。即站樁練功過程中身體內部所發生的變化。例如：酸、麻、脹、痛和舒適得力的感覺，以及「勁」、「拳勁」或「爆發力」的變化，等等。

橫生：意外的，不尋常的產生。開始時意想不到的。

今　譯

拳學一道，本來是要求把拳道中樞的一些原則、規矩、總綱、哲理，牢牢地記在心胸之中，終身習行而不要忘記的學問。好友們推舉一個名字叫做「大成拳」。這種拳平凡無奇，簡而易學，道理明確，奇趣橫生。它一不調整呼吸；二不意守丹田；三不需要入靜；四不搞周天循環；五不故弄玄虛；六不宣傳迷信，因此絕對不會發生任

何偏差，即無副作用。

　　大成拳的理論、趣味和效果，是按照一般傳統的套路、招法等常規武術訓練和通常的位置移動運動所想像不到的。在不經意間這種感覺會意外地、不尋常地產生出來。因為一般的體育運動和採用各種套路、招法訓練的武術動作都是只有工作肌的屈伸活動，即只有第一隨意運動。但是，大成拳的站樁除具有第一隨意運動的作用外，還具有一般位移運動所沒有的利用意念活動來訓練休息肌產生第二隨意運動的方法。

　　第二隨意運動是由休息肌訓練中樞神經系統建立新的運動體系的方法。它可以彌補位移運動、競技體育訓練之不足，除具有增強體力的作用外，還具有增長體育智力即活體力學知識的作用。它能為運動醫學、運動生理學、運動生物力學、運動生物化學、老年醫學、康復醫學、非藥物治療學等許多學科的研究工作提供與一般位置移動的體育運動不同的生理、生化變化。

二

　　　　站樁站樁，　　體認功能，
　　　　收視聽內，　　訓練神經。

注　釋

　　站：直立。如：站起來，引申為立定，不倒。如：站得住，站得穩。

　　樁：樁子，打入地中以加固基礎或維繫的木石。如：橋樁、拴馬樁。

　　站樁：是大成拳的基本訓練方法。國外類似站樁不動的運動稱為生物回授、生物回饋、資訊療法；又稱非藥物療法、體育療法、醫療體育、康復醫學等。印度則有瑜伽功。我國一般通稱為氣功，實際上站樁並不叫氣功。

　　所謂生物回授或生物回饋，就是用特定的電子儀器從人體引出特定的信號，並以適當的方式通知本人，要他根據回饋信號，有意識地修正偏差，而達到預定的目標。經過一定時期的訓練，人便能獲得自主地控制該生理過程的能力。

　　例如，用肌電圖幫助人控制骨骼肌的收縮或使之放鬆等。人類在飽嘗物質享受之後，越來越追求更豐富多彩的精神生活了。因此，近年來科學技術的新動向也從「物質科學」轉向「精神科學」方面，近年來研究人的精神狀態和使人快樂以及健康的生理學多起來了。

　　日本澤井健一稱站樁為「立禪」，稱大成拳為「太氣拳」。他在1976年出版的《實戰中國拳法──太氣拳》一書中詳述了30年前在北京與王薌齋先生比武失敗後，向王先生學習大成拳站樁之經過，回國後繼續研究並教授「立禪」之體會。現在不僅有眾多的日本人向他學習，而且還有歐美人士不遠千里前往學習。

　　今　譯

　　大成拳的基本訓練方法是站樁──站樁──再站樁；體認──體認──再體認。

　　利用站樁這個外形不動的姿勢來體認自己身體內部所發生的各項生理變化。主要是酸、麻、脹、痛和舒適得力

的感覺變化。為了體認這些生理變化的全部過程，站樁練功時，眼睛要向內看，耳朵要向內聽。

　　眼睛和耳朵本來是人體的外感覺器官，它的主要功能是反映外界環境的變化情況，由大腦皮層的分析與綜合活動而做出適當的反應。但是，站樁練功時，由於身體內部所產生的酸、麻、脹、痛和舒適得力的感覺逐步增強而佔據主要的統治地位時，大腦皮層的注意力就會集中到這些反應上來，這時對其他事物就形成了所謂的視而不見、聽而不聞的專一狀態，因此，便自然地形成了收視聽內的作用了。所謂收視聽內並不是真正地用眼睛去看或用耳朵去聽身體內部的變化情況，而是形容注意力高度集中的一種表現狀態。實際上這些反應都是通過關節、肌肉、肌腱等內感受器官的傳導作用而傳達到大腦皮層去的。

　　借此訓練神經系統建立一個良性刺激的條件反射弧，使大腦皮層迅速地達到抑制的目的。這是站樁練功醫治疾病、增強體質的初步要求。

三

力任自然，　　遍體輕靈，

鬆而不懈，　　緊而不僵。

注　釋

鬆：是指肌肉的放鬆，與緊相反。

懈：鬆懈、不緊、懈怠，無力狀態。

緊：密切合攏，與鬆相反，緊張不鬆弛。

僵：直挺挺，不靈活。

今 譯

大成拳站椿練功所要求的「力」是以各種姿勢的角度變化與意念活動為主自然形成的。這種自然形成的力，應用起來可使全身感到輕靈舒暢，隨心所欲。

站椿練功時，首先要使全身的肌肉不要用力，學會放鬆。但是放鬆不是懈怠狀態，放鬆與懈怠狀態是有所區別的。放鬆活動分為精神放鬆、表情放鬆、呼氣放鬆、微動放鬆，以及調整姿勢放鬆等方法。

進一步的鍛鍊要使肌肉產生「緊」即收縮的作用。這就要有意識地進行緊鬆活動的訓練。例如，上鬆下緊的緊鬆活動，根鬆梢緊的緊鬆活動，以及方向相同與方向相反的緊鬆活動等。緊鬆活動並不是直挺挺的僵硬死板、不靈活的狀態。產生這種現象的主要原因，是由於不瞭解肌肉的鬆緊部位而造成全身肌肉發生過度緊張所致。

站椿練功的緊鬆活動，就是要求透過這種訓練，使某一部位的肌肉發生「緊」即收縮的作用，而另一部位的肌肉卻要保持「鬆」的狀態。

這是一項難度較大的訓練，也是站椿練功所特有的與眾不同的一種訓練方法。它是產生第二隨意運動學說的理論基礎。由緊鬆活動的訓練，使肌肉學會區分「鬆與懈，緊與僵」的不同狀態，逐步達到「鬆而不懈」與「緊而不僵」的境地。這是站椿練功初級階段的要求。

四

形鬆意緊， 發揮潛能，

持環得樞，　　機變無形。

注　釋

形：是指身體的肌肉而言。

意：是指大腦皮層的思維活動，即意念活動而言。

形鬆：是要求不必要收縮的肌肉要放鬆。主要是指肩、胸、背部等處的肌肉要放鬆。

意緊：是要求意念要緊，注意力要集中，表現為休息肌的緊鬆活動。例如：連接活動、挎筋活動、牽掛活動等。

潛：隱藏；不暴露在表面。

能：能力，才幹，技能。

潛能：即潛伏在機體內部未被發現的技能。《辭海》曰：潛能和現實，為古希臘哲學家亞里斯多德用語。潛能即「可能性的存在」，這種可能性由運動變化得以實現，就是現實。如一塊大理石和一尊雕像的關係即是潛能和現實的關係。潛能轉化為現實的過程是質料加上形式成為具體事物的過程。

在拳學上潛能是指第二隨意運動。即經過系統的「站樁」訓練後所獲得的第二隨意運動，也就是休息肌的緊鬆內動運動，通常稱為「勁」或「拳勁」，也叫做「爆發力」。王薌齋先生稱之為「物」，即「東西」。它是由後天學習而得的，並不是先天遺傳下來的。手抄本原稿中稱之為「本能」或「良能」，也稱「良知良能」。查本能與良能的本義與拳學中的「勁」或「物」的實際情況並不相符，因此改為「潛能」較為恰當。

本能：動物在進化過程中形成而由遺傳固定下來的，對個體或種族生存有重要意義的行為。例如，雞孵蛋，鳥築巢，蜂釀蜜等。在相同物種中表現基本上相同。在這點上，本能同俄國生理學家巴甫洛夫所說的非條件反射一樣，但本能比非條件反射要複雜得多。在人類，因後天學習影響極大，除初生的嬰兒外，無純屬本能的行為。

良能：舊為孟子用語，指天賦的道德觀念。《孟子‧盡心上》：「人之所不學而能者，其良能也；所不慮而知者，其良知也。」認為仁、義、禮、智等道德觀念，是天賦給人的，並不是從外面學得來的。後來王守仁根據這種觀點，提出「致良知」說，作為道德的修養方法，目的是為了論證封建倫理是永恆合理的東西。

良知良能：我國古代唯心主義哲學家指人類不學而知的、不學而能的、先天具有的判斷是非善惡的本能。

持：拿著，握著。如持槍。

環：環子，中間空心很大，內外皆成圓形的東西。如門環、耳環、鐵環。

持環：這裏是指拿到形鬆意緊之「環」。

樞：在這裏是指得到潛能的樞紐、中心，起決定作用的部分，即指掌握第二隨意運動者。

今　譯

形鬆意緊，是站樁練功高級階段的要求，它要求肩、胸、背部等處肌肉保持放鬆的狀態下，用意念去支配休息肌進行連接活動、挎筋活動、牽掛活動等高級形式的形鬆意緊的意念活動。

　　只有經常不斷地進行這種訓練，才能逐步發揮出機體內部的潛能，即第二隨意運動的特有作用。這種潛能不經過專心致志、堅持不懈的努力學習是得不到的。

　　如果能夠拿到形鬆意緊之「環」，得到潛能的樞紐、中心，也就是掌握了第二隨意運動。他們在與人交手搏擊時機體內部的運動變化是奧妙無窮的，而且也是極細微的，對方從外形上是看不出來的。

五

提挈天地，　　把握陰陽，

獨立守神，　　肌肉若一。

注　釋

　　這是我國最早的一部醫學經典名著《黃帝內經》第一篇中「上古天真論」裏的一段記載。相傳這是「站樁」練功最早的文字記載。全文如下：

　　黃帝曰：余聞上古有真人者，提挈天地，把握陰陽，呼吸精氣，獨立守神，肌肉若一，故能壽蔽天地，無有終時，此其道生。

　　對上述原文有種種解釋，如果結合站樁練功的要求來解釋，這就是所謂的上古真人鍛鍊身體的具體操作方法。這裏所說的真人並不是成仙得道的真人，而是把養生鍛鍊到最高級的人叫做真人；其次的人叫做至人、聖人；再次的人叫做賢人。茲逐句解釋如下：

　　提挈天地：這並不是說真正有人能夠把天舉起來，把地提起來，而是形容鍛鍊達到最高水準者的偉大氣概與假

想活動，亦即站樁時的一種意念活動。現在的術語叫做「頂、抱、擔、提、胯、纏，懷抱嬰兒，手托天」（頂：頭頂。抱：懷抱。擔：肩擔。提：手提。胯：腿胯。纏：身纏）。它是一種誇張的描述，就是說在進行「獨立守神」的站樁練功時，精神要擴大，意思要假想，好像雙手能夠把天舉起來，把地提起來似的。

把握陰陽：這裏我們並不把它當做天地間陰陽五行的變化規律，而把它理解為能夠掌握人體活動力學上的矛盾規律，也就是技擊實戰中人體發力時的筋力學（勁）的陰陽虛實的規律。

呼吸精氣：可以理解為呼吸新鮮的空氣。這說明要在空氣新鮮的地方進行練功。

獨立守神：這是真人鍛鍊身體的具體操作方法。相傳站樁就是由獨立守神逐漸演變發展起來的。過去不論什麼拳種，幾乎練功都得先站樁。

肌肉若一：這是說經過長時期獨立守神鍛鍊之後，全身的肌肉在神經系統的支配作用下，進一步提高了相互之間的聯繫範圍，把人體鍛鍊成為一個更統一的完整體。人體全身上下雖然由大小639塊肌肉所組成，但是，動作時其協調統一的程度，卻好像是一塊肌肉在運動似的。站樁的術語叫做「整」。所謂真人與一般人不同的地方就在於此。這種具有偉大氣概的假想鍛鍊方法，在現代只有站樁功繼承了下來。

根據以上短短五句話，我們可以體會到古人在養生鍛鍊與拳學成就方面具有極高的理論水準與實踐經驗。

今　譯

根據以上逐句分析，結合大成拳站樁功的鍛鍊原則，將全文解釋如下：

黃帝說：我聽說在上古的時候，養生鍛鍊達到真人程度的人，是利用「獨立守神」的方法，在空氣新鮮的地方去進行身體鍛鍊。練功時精神要擴大，意思要假想力大無窮，就好像雙手能把天舉起來，把地提起來似的。久經這樣鍛鍊之後，全身上下的肌肉在神經系統的支配作用之下，進一步提高了相互之間的聯繫範圍，把人體鍛鍊成為一個更統一的有機體，動作起來上下左右協調一致，好像一塊肌肉在運動似的。由於他能夠掌握人體活動力學上的矛盾規律，也就是技擊實戰上人體發力時陰陽虛實的變化規律，所以他們的壽命是較長的。這主要是因為他經常不息地，而且是很恰當地運用了「獨立守神」的鍛鍊方法，所以才能取得這樣的效果。這就是真人根據「道」的原則而進行攝生鍛鍊的方法。叫做「道生」。

六

動似山飛，　　靜如海溢。
神猶霧豹，　　氣若騰蛟。

今　譯

這一段是形容站樁練功具有一定水準，達到化境時，動、靜、神、氣的各種不同狀態。

動似山飛：形容其動作沉實敦厚而有力，完整一體而靈活的樣子。

靜如海溢：形容不動時，由腳底向上挺拔撐抱如同海水漲溢的樣子。

神猶霧豹：形容其精神狀態，好像是在迷霧中捕捉食物的豹子那樣精神集中的神氣。亦稱神如怒虎。

氣若騰蛟：形容其剛柔虛實，動靜鬆緊，同時起相互錯綜作用的偉大氣概，如同飛騰奔馳在雲霧之中的蛟龍。亦稱氣若游龍。

七

鬆緊變質，　陶冶性情，

虛靈守默，　應感無窮。

注　釋

變質：恩格斯在《自然辯證法》中曾說過：「運動不僅僅是位置移動，在高於力學的領域中它也是質變。」還說：「一切運動都是和某種位置移動相聯繫的，運動形式愈高級，這種位置移動愈微小。」例如，鬆緊活動、連接活動、摶筋活動、牽掛活動等等都是質變的過程，而且一級比一級位置移動微小，形式高級。

陶：洗去雜質，淘汰，去壞的，留好的；去不合適的，留合適的。

性情：舊指本性，今同性格。人的性格是在長期生活實踐中逐漸形成的，但並非一成不變。

守默：默默地保持站樁練功姿勢。

今　譯

站樁練功的放鬆活動、鬆緊活動、連接活動、摶筋活

動、牽掛活動達到一定水準後，不但身體的素質會發生顯著的「質」的變化，而且也是修身養性、陶冶性情的良好方法。

只要你有恒心，能夠堅持不懈地去進行站樁練功，身體內部的反應與感覺變化是無窮無盡的。練一年有一年的變化，練十年有十年的收穫。即使鍛鍊達到最高級，還要返回頭來學初步。

每日堅持有規律的站樁練功者，給我們身體健康帶來的好處，首先是消化好，睡眠好，吃得香，睡得實。其次是能使鬆軟的肌肉變得結實有力，使關節靈活，走路方便，工作起來精力充沛不費勁，不易患感冒；還能有效地改善人體姿勢體態，對心臟、肺臟、肌肉都有很大好處。

站樁練功還具有改善神經系統，調節人體內分泌腺的能力，逐步增強自我控制能力。還能培養樂觀情緒，使人對生活充滿活力和信心。

這是使人健康長壽的有力保證，也是終身愉快幸福的源泉。它比求助於醫藥的效果更好。因此，可以說站樁運動就其作用來說可以代替任何藥物，但所有的藥物都不能代替站樁運動的作用。

特別是長期堅持站樁練功者，由於精神上有所寄託，因而可以改變人生觀和相對急躁的性格。思想開放，又可使人減少憂慮情緒，對不愉快的事情能夠想得開，放得下，遇事不急，不會生氣，並能使人承受得住突然性精神上的嚴重打擊，因而可以延年益壽。

八

拳本無法，　有法也空，
一法不立，　無法不容。

今　譯

　　中國的拳學本來是沒有方法，也沒有固定的套路。人造的方法和套路，都是只求外形美觀，舒展大方，但是在技擊實戰當中卻使用不上去。所謂「到廝打時忘了拳法」就是一個證明。

　　因為人造的方法和固定的套路缺乏內在聯繫，脫離實戰，是空虛無物的東西，是專為表演給人們觀看的花架子。只有一個或一套方法，不能稱其為拳學。拳學一道無論什麼方法都包括在其中。

　　因此，大成拳主張打破傳統的武術教授方法，廢除固定套路招法的練習，強調以基本功站樁為主，並由試力、試聲、發力、摩擦步、推手、實戰等訓練，逐步提高人體活動力學知識。

　　破除迷信，解放思想，科學訓練，增強體質，改造生理，延年益壽；由局部到整體，由初級到高級，由量變到質變，由體內向體外，以德智體全面發展為原則，以達養生、強身、益智、明理之目的。

九

離開己身，　無物可求；
執著己身，　永無是處。

注　釋

物：東西。凡有貌象聲色者皆物也。物是獨立存在於人們意識之外的客觀的東西。在統一完整的人體當中，包含著無限多樣的運動形態，這些形態有規律地緊密結合表現出來的一種高級的整體動作形象叫做「東西」，即「物」。一般叫做「勁」，或「拳勁」，或「爆發力」。中國拳術與一般體育運動不同點之一，就是各拳術的最高要求都是尋找所謂的這個「物」，即「東西」。所以說，拳學一道，不是一拳一腳謂之拳，也不是打三攜兩謂之拳，更不是一套一套謂之拳，乃是掌握了這個「物」才是真正的拳學。

所謂的「物」是機體高於力學的領域，使形（站樁姿勢）、意（意念活動）、力（力量與勁）、氣（呼吸運動）、神（精神狀態）達到完整統一高級境界的質變以後所表現出來的一種雄壯宏偉、氣宇軒昂、肌肉若一、動作非凡的神態。這種神態裝是裝不出來的，要描述它也很困難，但是只要你看上一眼，比較一下就會感受到。《老子》第二十一章對「物」亦有比較詳細的記載，對照原文今按大成拳試力法的原則逐句注解如下：

孔德之容，	大德者的動作神態，
唯道是從。	只從於道（拳學之道）。
道之為物，	道這個東西，
唯恍唯惚。	沒有固定的形體，是恍恍惚惚的。
惚兮恍兮，	它是那樣的惚恍啊，
其中有象；	惚恍之中卻有一定的形象；

恍兮惚兮，	它是那樣的恍惚啊，
其中有「物」。	恍惚之中卻有實際的「東西」。
窈兮冥兮，	它是那樣的深遠暗昧啊，
其中有精；	其中卻有極細微的精質；
其精甚真，	這精質是非常真實的，
其中有信。	唯有這樣精質的「物」在技擊實戰中才是可以信驗的。

那麼用什麼方法來檢驗「物」的戰鬥實用價值呢？在《老子》第五十章中也有明確的記載：「無死地。」對照原文今按大成拳實戰法的原則注解如下：

蓋聞善攝生者，	聽說研究拳道攝生學達到高級階段的人，
陵行不畏兕虎，	在山野走路時不懼怕兕牛和猛虎，
入軍不被甲兵。	在戰爭中也不會被殺傷。
兕無所投其角，	兕牛用不上它的角，
虎無所措其爪，	猛虎用不上它的爪，
兵無所容其刃。	兵器用不上它的刃。
夫何故？	這是什麼緣故？
以其無死地。	因為他掌握了精質的「物」，能戰勝對方而自己卻不會被對方置於死地。

執著：佛教名詞，佛教有大乘、二乘（即小乘）兩派。「大乘」以「無所得」為宗旨，故曰解脫；「二乘」以「成果」為目的，故曰執著。

白居易《傳法堂碑》：「凡夫無明，二乘執著。」後

亦用來泛指專注於某一事物而不能解脫。

今　譯

　　練習大成拳的「物」是指試力、發力的勁、拳勁或爆發力等等而言，通稱為「東西」。無論是站樁或試力、發力等動作都有一定的表現形態。根據其具體動作形態的表現不同，可分為「視之有物」與「空洞無物」。在所謂「有物」的形態當中，又可分為局部的、整體的、體內的、體外的等等。例如，力任自然，鬆而不懈，緊而不僵，形鬆意緊等這些形態都是向身體內部去尋求的東西。因此，說它是離開己身，無物可求。但是提挈天地，把握陰陽，動似山飛，靜如海溢等表現形態，雖屬抽象，但是當訓練達到一定水準後，也就是超過了力學的領域，達到更高級的質變程度時，確實能夠表現出來這種非凡的、雄壯偉大的澎湃氣概。這種偉大的氣概是向身體外部尋求的東西。它是高級的質變表現。

　　中國拳學所尋求的「物」由肉體到精神，由體內向體外逐步發展擴大，這是它由低級向高級，由量變到質變的發展規律。如果始終拘泥於身體內部，堅持不放，不能超脫，永遠也達不到神化妙用的一觸即爆發，全身無點不彈簧的高級境界。因此，說它是執著己身，永無是處。所謂的「物」或「東西」或「勁」的現代醫學的學名，我把它叫做第二隨意運動。

十

信義仁勇，　悉在其中，

拳拳服膺， 是謂之拳。

注　釋

信：誠實，不欺騙。

義：公正，正義，公益。公正合宜的道理或舉動。

仁：同情、友愛、互助的心情。

勇：有膽量，敢幹，英勇。不畏避，不推諉。

拳拳：亦作「倦倦」。牢握不捨之意，形容懇切。《中庸》：「得一善，則拳拳服膺而弗失之矣。」朱熹注：「拳拳，奉持之貌。」引申為懇切。司馬遷《報任少卿書》：「拳拳之忠，終不能自列。」

拳拳服膺：拳拳，牢牢抓住的樣子，引申為誠懇，深切；膺：胸；服膺：謹記在心。牢牢地謹記在心。語出紛《禮記‧中庸》。

今　譯

拳學之道不僅僅是為了鍛鍊肢體，增強體質，更重要的是武德的修養，就連信義仁勇這些為人處世良好的道德品質，也都包括在拳學之中。就傳統而言，首重德性，其應遵守的信條是尊親、敬長、重師、尚友、信義、仁愛等等皆是也。此外更須有俠骨佛心之熱誠，捨己從人之蓄志，渾厚深沉之氣概，堅韌果決之精神，敏捷英勇之資質，此為學者必備之根本條件。

要把以上這些總綱哲理，牢牢地謹記在心胸之中，終身習行而不忘記。得一善，則拳拳服膺而弗失之矣。這乃是拳學。

王薌齋生平大事記

王玉祥　　于永年

　　王薌齋先生於1886年（清光緒十二年，丙戌年）11月24日（農曆十月二十九日）出生於河北省深縣魏家林村。原名尼寶，又名宇僧，後啟用薌齋名。祖父在本縣一商肆中管賬。深縣民風強悍，民多習武，名家輩出。如河北省形意拳鼻祖李洛能先生，八卦掌名家程廷華兄弟，李洛能先生弟子劉奇蘭、郭雲深都是深縣人。郭雲深以半步崩拳馳名於世。郭氏為馬莊人，與魏家林村為鄰。王、郭兩家原有戚誼，薌齋先生封翁亦曾隨郭氏學形意拳，因王幼年瘦弱，又患喘病，家人恐其不壽，擬送其到郭處學拳。郭氏因年邁，又患足疾，原不擬收王氏為弟子，適郭氏獨子郭深墮馬死，經另一戚誼趙東亭先生極力說項，郭氏方破格允准，並留王氏居於家中。

　　時薌齋先生方14歲。王先生聰敏過人，鍛鍊刻苦，郭氏愛如己出，傾囊相授。郭老晚年習慣盤腿坐炕上搭手傳藝，王先生則立炕下站樁換勁。冬季郭老起床後，首先查看地面站樁腳印的濕潤程度，如不夠，則怒目視之，薌齋先生須再練習站樁，直至地面濕度充足方可休息。可見當

年郭老對薌齋先生要求之嚴。郭老於易簀之時，猶以絕藝
示之。從郭老學拳者多矣，但能克承其教者，不多。郭老
曾有非其人不能學，非其人不能傳之歎。郭太師母曾對薌
齋先生說過：「你們爺倆，真有緣分。」並諄諄相囑要勤
奮學習，勿負師望。

郭老對其他學員皆以常規之形意拳套路招法教之，獨
不教薌齋先生。先生遂從師兄處偷偷學習演練套路，郭老
發現後，叱之曰：「玉皇大帝在此，你不向他學習，反而
各處去找土地爺，跟他們能學會什麼？」是以郭氏門下深
入三摩地，得心意門之真髓者唯先生一人而已。

近代之談河北形意拳者，恒將形意拳分為三派：一是
劉奇蘭先生弟子李存義為代表的保守派；二是以李魁元先
生弟子孫福全為代表的綜合派；三是以郭雲深弟子王薌齋
為代表之心意派。蓋形意拳原出自少林鎮山拳法「心意
把」。

1903年，保定府一鏢局主持人，原從學於郭雲深，因
失鏢譽落，乃遣人厚禮請郭老出山代為挽回聲譽。郭氏以
年邁辭，在堅請下，郭老乃遣薌齋先生攜親筆書劄前往保
定。鏢局主持人以先生年幼頗為不滿。次日薌齋先生在
鏢局院內閑顧，見院內兩側武器架上陳列多種兵器，先生
順手拔出一白蠟杆子試手，鏢局夥計大驚，急報總鏢頭。
蓋昔日鏢行規矩，如有人動門前大槍及杆子等武器者，即
表示前來尋釁比武。鏢頭趕來，舉手拍先生手腕怒叱曰：
「小孩子不許亂動！」話未了，先生順手一抖，鏢頭已飛
出丈許跌倒在地，驚恐之餘，高呼：「好！好！這才是老

師教的真功夫！師弟，你可要把這一手留下來，教給我們。」經此一戰，鏢局方知先生身手不凡，改容相待，知郭師所遣得人。從此薌齋先生之名不脛而走。

先生回故鄉後將此事稟告郭師，郭老撫須點首笑曰：「他們沒有練過站樁，怎能發出這個勁兒。」先生晚年常告門人云：「從那時起我才明白摔人是怎麼個勁兒。」是年先生僅18歲。郭老亦於當年逝世。此後先生更刻苦鍛鍊，每日清晨攜乾糧、飲水到村外林中練功，日暮方歸，如是者數年，功力大增。

1905年，先生20歲。隨父往綏遠經商，歸途遇路劫者十數人，均持械，先生與父徒手將匪徒擊散，強人邊逃邊呼：「這小孩子真厲害！」先生每憶及此事即說：「你打倒幾個，其餘的不打就跑了，並不費勁。」

1907年，先生22歲，與外祖家戚誼邱蘭坡相善，染賭習，遭母親重責。先生與邱相約私逃入京謀生。途經某地，饑甚，入一包子鋪飽餐，因無錢付肆主而訴實情，肆主慷慨資助，介紹到京投軍效力。先生投軍後先作伙夫，伺擔水劈柴等雜役。

先生因清秀英俊為諸士卒所喜愛，常與嬉戲。一日先生擔水前行，一卒從後以足鉤先生腳，擬使人倒水灑，供以取笑，孰知先生仍快步前行，桶水未灑而此卒竟跌倒地上，群卒驚異。適軍中一將軍過此，即召見先生，先生以自幼從郭先生學拳相告，將軍甚喜，以其女吳素貞相許。此將官即吳三桂後裔武狀元吳封君。

先生婚後折節讀書，工書法，習詩詞，這就是先生幼

年雖未讀書，而後又善文之由來。吳夫人亦喜武，擅形意拳。郭老夫人曾說：「素貞跟尼寶學拳很好，你們老師的徒弟裏，就是他的動作最像你老師了。」先生長女玉珍、次女玉芳、長子道莊皆吳夫人出。

1913年，先生28歲，武藝輒聲京都。

山東臨清名武師周子岩，原是臨清州大戶，由於窮文富武，把家產都花在練武了。慕薌齋先生大名，特到北京與先生較量，一試輒北，敗後即走；次年仍敗；到了第三次心悅誠服，拜先生門下學習。誠如他自己所說：「我是想來當先生的，孰知卻當了學生了。」這就是當時拳術界盛傳之「周子岩三敗入王門」故事的由來。

1918年，先生33歲。先生負笈南遊，欲訪各家名師，以武會友，探討武術真諦，以充實自己，使我國拳術發揚光大。首登河南嵩山訪少林寺方丈恒林和尚。恒林乃號稱鎮山之寶「心意把」的傳人。在少林小住數月，終日切磋交換心得。

繼而入湖南拜見心意派巨匠衡陽解鐵夫先生。解氏時年已半百，行多怪誕，絕少與人談拳技，人多以解瘋子呼之。薌齋先生與之作徒手交，竟十戰十北，復請可否以器械會，解笑允曰：「兵器不過是手臂的延長，你手不成，器械也不能勝。」先生取其較擅長之白蠟杆子進，仍十負。先生顏赭欲去。解說：「是不是三年後再來耶？我看你不如在我這兒多住些日子，共同研究，你不要不好意思，我老矣，畢生所遇好手多了，還未曾見過像你這樣好的，留下來吧，咱們做個忘年之交。」

　　先生折節下拜，欣然留住約年餘，從此先生拳藝大進，為日後創立意拳奠定了基礎。離湘時解老對先生說：「以你的技藝在大江以南我不敢說，大江以北恐怕你無敵手了。」將先生送到湘鄂交界處，方灑淚而別。

　　1940年前後，曾有一中年人到北平尋找王先生，首先問哪兒有練站樁功的人，從而找到姚宗勛處，自稱是解鐵夫嫡姪，遵叔遺命專程到北平尋找薌齋先生，並詢王先生有傳人否，說解老畢生頗以未得傳人為憾云云。先生當即令姚表演樁法、試力及發力等動作，解姪當時說：「姚先生比我好，家叔當慰於九泉矣。」

　　1923年，先生38歲。隨徐樹錚往福建，曾訪方怡莊先生。方乃福建少林寺心意派嫡傳弟子，善鶴拳，體格魁偉，與先生相交甚歡，曾交談試藝，先生四勝六負。方氏云：「我雖六勝，但勝得勉強，拖泥帶水。你摔我則摔得乾淨俐落。我不承認是勝，你也不能承認是輸。」

　　同年又得識鶴拳名手金紹峰先生，相交甚歡，切磋拳藝，探討拳理，對先生日後在學術成就上均大有裨益。先生當時在閩軍周蔭人部任武術教官。

　　1925年，先生40歲。因政局變動，先生離閩北歸，路經淮南遇拳術名家黃慕樵先生，從學「健舞」。先生曾作詩歌記之：「身動揮浪舞，意力水面行，游龍白鶴戲，迂回似蛇驚。」讀此乃知黃氏身手非凡，亦是心意門巨匠也。薌齋先生所做健舞起似龍蛟挾浪，落似霧裏伏豹，蛇驚貓行，柔若無骨，靜若處女，炸似驚雷。乃知先生數載南遊，不僅對拳學真諦更深入有得，在動作上更上一層

樓。先生弟子中善此舞者非多，僅知韓樵。每遇先生與友
朋談拳興酣，輒喚韓氏作健舞，以資助興。是年先生歸故
里後，掃郭雲深先生墓，為之建碑紀念。

當年居北京時，接天津張占魁師兄信，云在津某校任
武術教練，工資菲薄，賴零星教授學生糊口，自天津武術
館成立後，從學者鮮，津武術界均為之側目云云。先生詢
知武術館教務由師祖李洛能先生嫡孫李振邦先生弟子薛顛
主持，館長乃河北省督辦李景林自兼，以輩分論乃屬張、
王二先生侄輩。先生立即束裝去津，徑赴武術館。

薛氏與先生雖相知而未謀面，薛頗傲，問先生：「你
要學什麼拳來了？」先生答：「久聞薛老師以龍形名震津
門，願請賜教。」薛未加思索即貿然起座伸手，先生舉手
相接間，薛已跌出，摔倒在地。

薛亦非弱者，默念此人身材瘦小，風度安閒文靜而
身手如此敏脆，捨先生莫屬，未及起立即高呼：「王師
叔！」並對圍觀之弟子們說：「這就是我經常對你們提的
王薌齋師爺，快都過來磕頭。」後經薛顛介紹與李景林相
識，留津小住，傳授拳藝。薛氏以武術館每月工資之半奉
張占魁師叔，在天津武林傳為佳話。

1929年，先生44歲。應李景林、張之江二人之請伴張
占魁先生赴杭州第三次全國運動會任大會武術比賽裁判
後，應師兄錢硯堂先生之約赴上海相見。王氏到滬後，
錢氏設宴為先生接風，極願見先生身手，請與先生「聽
勁」，先生以師兄年事已高，遜稱不敢。錢氏堅請試力。
先生曰：「如師兄願看弟之學業，弟請師兄坐到身後中間

之沙發上。」錢氏雖不信，但笑允之，即以崩拳直取先生，王先生以掌輕輕接迎錢氏來拳，僅於迎送瞬間，錢氏已飛起穩坐於指定的沙發上。

錢氏起立握先生手，泫然淚落曰：「沒有想到幾十年後又能重見老師風采，先師的武技有人能傳下去了。真使我既喜又想念老師。」即請先生下榻家中，並宴請當時在滬諸名拳師作陪。

時張長信先生亦在座，對先生武技欽慕萬分，即請錢硯堂先生做介紹人拜入師門學習意拳。錢氏曾寫詩載滬報端，詩中有句云：「夫子之牆高千仞，君既入室且登堂。」也就是這時先生認識了鐵嶺吳翼輝先生。吳氏乃六合心意名家，與先生相交甚契。先生曾說：「我在國內參學萬餘里，拜見拳家逾千人，堪稱通家者僅有兩個半人，即湖南解鐵夫，福建方怡莊與上海吳翼輝耳。」先生在上海傳藝期間，登門試藝者無數，先生不曾一負。

錢氏父錫彩清末任順天府南路同知、正定知府。郭雲深先生時任深州捕快，並曾任清宗室載純、載廉武術教師，因事至正定府。聞當地有土豪竇某者，精武術且備有「洋槍」，奪人田地，搶佔民女，無惡不作。郭激於義憤，攜刃尋之。竇某知郭氏威名，自知不敵，急摸「洋槍」擊郭，郭老未俟槍發即以利刃將其人由頭至臀劈為兩片。蓋郭雲深除精形意拳外，又富臂力，曾手握奔馬之尾，馬兩前蹄高舉直立而不能行。

某年曾在一鞋店買鞋時開玩笑說：「這鞋不結實。」店主說：「此鞋內外三層皆用新布料製成，非常結實。」

郭老說：「這鞋一撐就破。」店主說：「您能撐破，不取分文。」郭老將鞋穿在腳上，猛一用勁，新鞋立即被撐破裂。店主大驚，傳為佳話。由此可見郭老腳部筋肉爆發力量之強大程度。

另一次晚間，郭老在屋內向眾徒講授發力試驗。郭老將一條白蠟杆子一端頂在自己腹部，另一端令三個徒弟用手緊緊握住用力向前猛推。郭老利用腹肌的緊鬆彈力，猝然發力，三個徒弟應聲跌倒在地。爬起後要求再試，又被摔倒。第三次再試時，三人趁屋內燈光不亮，郭老看不清楚之機，暗將白蠟杆子末端頂在大衣櫃板面之上，以身體作掩護佯作握緊狀，引誘郭老發力。這次郭老發力時，三人竟未倒下，郭老甚表詫異，又一次猛然加重發力，只聽喀嚓一聲巨響，大衣櫃之木板已被捅破一個大窟窿，白蠟杆子已插進櫃內，眾人大驚。

又有慕名前來試手者，郭老表示關心問：「你吃過飯了嗎？」來人說：「已經吃過了。」又問「你吃的是什麼飯？」答曰：「吃的是麵條。」及至試手時，郭老伺機用雙手在來人腰腹部前後猛然用力一擠，只聽來人大吼一聲，立即張口將胃中所吃食物全部嘔吐出來。

郭老不慌不忙，倒背雙手，走向前去，彎腰低頭，仔細觀看地面上吐出之食物殘渣，然後含首點頭笑曰：「你小子沒說假話，果然吃的是麵條。」又與人比手時，將人打起而後落在草垛後面，郭老則說：「你的武藝真不錯，還會飛呢！」

根據薌齋先生回憶：郭老練功經常將雙腳置於門檻下

部空隙中，臀下坐，身後靠，鍛鍊腿部肌肉。因此，門檻下部木質被腳背磨成兩個光亮的凹窩。屋內牆壁上橫吊一個雞毛撣子，郭老站椿時兩手輕輕撫摸柔軟的雞毛，誘導肩部肌肉放鬆。

郭老晚年，雖患腿疾，仍能坐太師椅上，使人雙手緊緊握住單腕，將人發出，撞開屋門，摔出門外。曾有僧人自魯來尋釁，郭氏躍至院中以崩拳將來人擊起落於籬外，然後需人扶行還至室內。

郭老將寶某殺死後，手持寶某一條大腿親赴縣衙投案自首，衙役認為殺人有罪，便將鐵製腳鐐掛在郭老雙腳腕部，郭老怒氣未消，站穩兩腳，用力一撑，腳鐐驟然斷裂。衙役說：「一個不行，給他掛兩個。」又被郭老撐斷。衙役說：「兩個不行，再加一個。看你有多大本領。」郭老怒發，又把三個腳鐐撐斷。旁觀者說他既來自首投案，絕無逃意，否則早就跑了，何必給他掛腳鐐。

正定知府錢錫彩極愛其威武豪邁，為民除害，極力設法為其脫罪，僅判徒刑三年，留居於府衙教其子硯堂先生拳術。相傳正定府衙影壁牆上留有掌印頗深，即郭氏練掌時之手痕云云。

當年，世界羽量級拳擊冠軍匈牙利籍拳擊家英格，正在上海青年會任拳擊教練，揚言中國拳術無實戰價值，拳師均不堪一擊。薌齋先生奮往與之交手，僅在相互接觸之一瞬間，英格已被擊出丈許仰臥地上。英格後在英國倫敦《泰晤士報》上發表《我所認識的中國拳術》一文，詳細介紹了他是如何敗在薌齋先生手下，文中有句云：「我如

同被電擊了一樣。」表示極為驚詫不解。

留德皮科名醫師尤彭熙先生此時經上海聞人江一平介紹拜入王氏門牆。尤氏以後將意拳發展為「空勁」一支，號稱「神拳尤彭熙」，晚年渡美在加州授徒，頗享威名。1983年病逝於美。

1930年，先生45歲，在上海。高振東、趙道新、張恩桐、韓樵、韓恒及全國拳擊和摔跤雙冠軍之卜恩富等人均於此時投先生門下。韓氏兄弟由於其父韓友之先生為王先生師兄單刀李存義弟子，故先生令其分別拜尤彭熙、趙道新為師，但由先生親自傳藝。當時韓樵、趙道新、張長信、高振東等人號稱王先生門下「四大金剛」。

張長信曾以拳擊奪上海市拳擊公開賽冠軍，趙道新則是第三屆全國運動會武術散手賽冠軍。他在上海稅務專科學校擔任武術教練時，曾足穿拖鞋，輕取宋子文保鏢挪威籍拳擊家安德森，使其如斷線風箏摔出丈外。安氏高呼：「魔術，魔術。」

斯時上海某銀行家知王先生拳藝冠絕，所向披靡，以重金聘先生組織一武術隊周遊世界，宣傳中國拳術，以掃「東亞病夫」之恥。後因政局變動，「九・一八」事變等原因未能如願。

1935年，先生50歲。先生攜卜恩富、張恩桐、韓樵三人束裝北歸，在天津小住後返深縣故里訓練弟子，研究拳學。根據張恩桐回憶，在深縣學習期間，由於先生要求嚴格，站樁練功後全身疼痛難忍，當時曾想不辭而別。夏季午睡後每人抱一隻公雞，到村外大樹下坐觀鬥雞展翅姿

勢，訓練摩擦步時只穿拖鞋行走。

　　張恩桐1950年在天津與全國摔跤重量級冠軍張奎元試手。張奎元身高體壯，臂力過人，手大腳也大，張恩桐身材矮小。二人試手後，張奎元心悅誠服，深表欽佩，始知大成拳的勁確實與眾不同，專程到北京拜見王先生。他進門見到薌齋先生便跪倒在地叩頭，然後說明原因，拜在先生門下。

　　1937年，先生52歲。應北平張壁（字玉衡）及齊振林二位先生之邀，到北平定居，任教於四存學會體育班，傳授意拳，並從事著書寫作。

　　李存義先生嫡傳弟子尚雲祥與先生相交最深，尚氏年稍長，雖以師叔稱呼先生，但先生與尚常嬉戲如兄弟。時尚居東城火神廟內，先生時往探視，在廟正殿研習拳技。有一次先生在尚身上一按一捋間，尚身體突然飛起，頭肩直插入頂棚，落地後，二人均驚詫瞪目相視。尚說：「師叔再來一次。」先生說：「再有意來，恐怕就不成了。這就是郭老（雲深）所說：『有形有意都是假，技到無心方見奇。』再來就是有意了，把你弄不上去了。」事後先生對其學生說：「尚雲祥比你們強萬倍，他那個球的氣比你們足得多。」先生還說過：「尚雲祥的那片竹林（勁）粗的有水缸那麼粗，細的又只有小手指那麼細。我的那片竹林，都只有飯碗那麼粗而已。」

　　此時，有名拳師洪連順，乃張兆東先生之弟的弟子，在京設場授徒。洪氏身高體壯，臂力過人，能單掌將大城磚擊為粉碎。聞先生名，趨前拜謁，以願試師叔身手為

請，先生笑允之。洪氏以劈掌猛擊先生，先生舉手相應間略發力，便將洪摔倒在沙發上，洪躺在沙發上兩眼發愣，不知怎麼被摔出去的。

先生說：「這次不算你輸，起來吧！我們再試一次，我還叫你躺在這裏。」洪內心不信，左躲右閃，不肯靠近沙發。洪氏後來對弟子們說：「當時我想寧願倒在別處，也絕不倒在沙發上。」而薌齋先生舉手左晃右晃，緊步相逼，找準時機，突然發力，洪又坐到沙發上。由於這次發力過猛，沙發下邊的橫樑粗木皆被砸斷。薌齋先生指定哪裏，就能將人打倒在哪裏，這種先定位、後打人的絕技如同射擊之中環，而槍支與打靶都是死物，可任人瞄準調整，隨人意願，它與打活人，而且是不肯合作的敵方不同，此可謂拳術之出神入化耶。

王薌齋先生常對弟子們說：大成拳打人的原則是：不管中不中，要先問己身正不正。大成拳打人時，要使被打倒者產生一種舒服的感覺，認為從來沒有挨過這樣的打，而且還會主動要求請您再打我一次，讓我再嘗嘗這個滋味。

誰能相信挨打還有舒服感？哪有這種傻人，主動請求挨打？這就是薌齋先生在拳術上達到了爐火純青地步的表現。他能精確地掌握發力方向與力量的分寸：重力能將人一拳擊斃，輕力不但不痛而且使人莫名其妙。

洪氏當即拜倒在地，堅請收留，從頭學起。並將其弟子全部帶到王先生前叩頭拜師，學習大成拳站樁功。後傳先生衣缽的姚宗勳，以一拳擊敗北京軍閥富雙英鏢師高閣

王的竇世明及在京折服義大利拳擊家詹姆斯的李永宗等人，均於此時拜在王氏門下。

王薌齋先生常說：「誰想打我最好不要告訴我，在我身後突然襲擊，看我如何反應。」某日，身強力壯，體重100公斤，身高1.8公尺，練習過多年太極拳又來學習站樁功，功力頗深的李伯規趁先生彎腰掃地之機，在先生背後突然擬將先生摟腰抱住，看看先生如何反應。

豈知他的手剛剛接觸到先生的腰部時，說時遲，那時快，只見先生本能地一回頭，一伸手，一抬腳，全身抖擻一下，轉成180度掉過身體，穩穩地站在那裏，形成技擊樁姿勢。而李伯規卻已被先生彈了出去，仰面朝天，已經躺在床上了。旁觀眾人大驚，莫不慶倖能親眼目睹這一千載難逢，毫無虛假，正如薌齋先生所說「不假思索，不期然而然，莫知其為而為，潛能觸覺之活力，一觸即發」之精彩表演。

1939年，先生54歲。北京東城金胡同那家花園之四存學會技擊班因學員過多，遷到東單大羊宜賓胡同，後又遷到東四弓弦胡同。先生為了發揚中國拳學真諦，在當時的《實報》上發表公開聲明，歡迎武術界人士駕臨弓弦胡同賜教，以武會友，共同研討今後如何發展我國武術。各派名家登門來訪者頗多。由周子炎、洪連順、韓樵、姚宗勳四位弟子任招待職，如有願試藝者，可由4人中任何一人先招待過手，惜無一人下場，莫不稱服而退。

即在此時，意拳以一個嶄新的拳種出現在北京。張玉衡先生請以「大成拳」名之，意以集我國拳術之大成也。

當時先生以盛意難卻，未堅拒之，「大成拳」之名乃留傳下來，實非先生之原意。他曾對弟子們說過：「拳學本無止境，哪有大成之理。」他在《大成拳論》初稿自志一節中寫道：「欲卻之而無從也。」在《拳道中樞》開頭的拳學總綱第一句話就是「拳本服膺，推名大成。」這就是「意拳」又稱「大成拳」的由來。

《大成拳論》一書初稿是在1929年間所著《意拳正軌》（1983年由香港麒麟圖書公司出版。李英昂校注）的基礎上，破除迷信，解放思想，為了闡述中國拳學真諦，公開講授武術界秘而不傳的站樁功，列舉了拳道喪失之原因，詳論了拳套與方法之為害，極力主張廢除拳套招法之訓練，解除封建傳統之師徒制度。由於語言偏激，當時未能鉛印成書，僅有手抄及油印本在同學間流傳。

1940年，先生55歲。日本東京舉辦大東亞武術競賽大會，邀請我國參加，並透過偽新民會顧問武田熙特請薌齋先生出席，南京偽政府汪精衛組織以馬良為首代表團前往。薌齋先生說：「這是兒皇帝的政府代表團。」以病堅辭謝絕。並告武田熙歡迎日本武術家前來中國見面，交流經驗。馬良代表團到日本後，日方人士說：「王薌齋未來參加，不能承認是中國代表團。」此後日本柔道、劍道名家澤井健一、渡邊、八田、宇作美、日野等人曾先後到中國與先生比武，莫不失敗而歸。

澤井健一來見先生時，先生適居中南海萬字廊，當時先生正執掃帚，清掃庭院，澤井進院問王薌齋先生在家嗎？先生以王先生不在家謝絕，澤井要求稍等，先生無奈

只好請他進屋。澤井問：「你的會拳術嗎？」先生答曰：
「會一點兒。」澤井說：「可以試試嗎？」先生答：「可
以。」澤井即以雙手前進擬以柔道技術抓先生雙臂摔之，
先生舉手相接間，已將他輕輕按倒跪在地上。澤井驚奇，
見先生神采奕奕，目光炯炯，身手不凡，即問：「你的就
是王先生吧！」先生含笑點頭，澤井起立深鞠一躬說：
「再試一次可以嗎？」先生說：「可以。」

　　澤井在其1976年出版的《中國實戰拳法太氣拳》一書
中寫道：「當時我是柔道五段、劍道四段，年輕力壯，很
有自信。我抓住王先生的手腕擬摔倒他，但卻被他取勝。
我又抓住先生的左袖和右襟擬用寢技取勝，先生問我抓
好了嗎？我說抓好了，就在這說話的一瞬間，我的手完全
失控而被摔了出去，我不知是怎樣被摔出去的。我請求反
覆試驗數次，結果每次都是同樣失敗。我感覺到每次都在
我的心臟部位輕輕地拍了一下，當然是輕打，但是我感到
就像觸電一樣的刺痛。好像心臟被雷擊而動搖的樣子，有
一種奇特的向所未遇的威猛震擊，撼動心魄的恐懼感覺，
至今仍記憶猶新。雖然如此，我並不甘心認輸。我請求試
劍，擬用劍術取勝。我手持竹劍，先生用一短棒，我用竹
劍猛劈狠刺，使盡絕招，卻無一勝。事後先生教我說：
「劍、棒都是手的延長。」

　　日野是日本當時駐京1420部隊柔道六段教官。他與王
薌齋先生約定在北京西城區辟才胡同西口跨車胡同14號院
姚宗勳家。比武時，他剛一接觸王薌齋先生手腕即被摔在
當院一棵大棗樹杈上，掉下來後便休克了。日野醒後高

呼：「魔術，魔術。」日野走後在場看熱鬧的我國名畫家
齊白石老人當場賦詩一首。白石老人當時家住跨車胡同13
號，經常到14號院觀看練武。詩曰：

原說日落天已黃，　　　九州仍有北斗明，
庭院周旋只一剎，　　　布衣群中堪玲瓏。
假虎假威非真烈，　　　黃尼包中一庸顯，
亡魂幽靈應猶在，　　　萬里彩雲觀長虹。

　　1945年，「八一五」光復後，先生每日清晨到太廟散
步。知情者相聚跟先生習站樁，人員逐漸增多，遂於1947
年由王少蘭、秦重三、胡耀貞、陳海亭、孫文青、李健
羽、于永年等人發起呈請設立「中國拳學研究會」於太廟
（現北京市勞動人民文化宮）東南角小亭中，薌齋先生任
會長，宣導以意念誘導與精神假借為主要手段之大成拳站
樁功。

　　每日清晨在該處練功者達百餘人之多。最初不相信站
樁練功能治病強身者說：「這些人（指站樁練功者）都是
吃飽撐的。」還有人說：「王薌齋會定身術，把這些人給
迷住了。」也有人看到參加站樁練功者日多就想其中定有
道理，不會都是傻子，又經受益者現身說法，參加練功者
更多了，對一些醫藥無效的慢性病患者收到良好效果。它
給以後開展站樁療法打下了牢固的基礎。在北京以站樁治
病的歷史是從這裏開始的。

　　1949年，先生64歲。新中國成立後，太廟的中國拳學

研究會因故停辦，改為冬季在中山公園唐花塢前，夏季在西北角後河邊樹林中教授養身站椿功。從學者仍眾，多以治病健身為主，較少教授拳法。

先生晚年主要研究站椿功治療慢性病，在醫療保健、延年益壽方面獨有心得。從先生學練站椿功者雖多，但從未發生過任何偏差或不良的副作用。這與先生之教學方法及指導思想原則有關。先生主張「內虛靈，外挺拔，舒適得力為基本不動的原則。更以剛柔虛實、動靜緊鬆同時參互錯綜作用為方針」。

1955年，先生70歲。王薌齋先生住和平門外琉璃廠東北園21號時期，在沈其悟教授和于永年醫師協助下整理出站椿功姿勢二十四式，分為輔助功姿勢、基本功姿勢和四肢功姿勢三類。編錄在1982年于永年著《健身良法——站椿》一書中。此外，還開始研討修改《大成拳論》初稿，整理出《拳道中樞》初稿及《習拳一得》初稿。為紀念王薌齋先生誕辰100周年，以上兩稿由于永年試行校注，1986年由大同市大成拳研究會付印刊行。

1958年，先生73歲。先生應北京中醫研究院之邀在北京廣安門醫院開展以站椿為主治療各種慢性疾病，為解除患者痛苦，恢復人民健康作出了貢獻。從此站椿功養生椿之名大彰，乃是先生多年辛勤教授、熱心指導之結果。但因先生堅持叫「站椿」而不叫「氣功」，因此，較少與氣功界人士往來。

1961年，先生75歲。河北省衛生廳段惠軒廳長聞先生名，聘先生到保定中醫醫院工作，教授養生椿治療各種慢

性疾病。1962年在保定召開的河北省氣功學術會議上，王薌齋先生曾表演「健舞」、「勒馬聽風舞」，並表演發力動作，會議室地板為之顫動，與會者為之咋舌，驚詢先生從何而來，段廳長說：「這是我從北京『垃圾堆』裏撿來的。」先生則笑而不答。

1963年7月12日，王薌齋先生病逝於天津。享年78年。

王薌齋先生一生最大的貢獻是把中國武術技擊、氣功醫療、養生保健、延年益壽、開發人體潛能、增長活體力學知識等等融為一體，強調以簡而精的「站樁」為主要手段，以求「物」為目的；廢除傳統套路招法之訓練，以形、意、力、氣、神為訓練核心，逐步提高，充分發揮了「靜止是運動的特殊情形」這一辯證唯物主義的運動原理。他認為：「拳學一道，除鍛鍊肢體，增強體質之外，更適於腦神經之訓練，可因而益智，並促進人體力學知識之發展，可使潛能之力亦隨之而漸長，實現一觸即爆發之功能，誠養生與技擊並存之學，不專重技擊一端也。」

他不僅是我國近代武術界的鉅子，而且他還是一位拳學革命家、拳學改革家、拳學理論家。他為將中國拳學走向正規，揚名世界，鞠躬盡瘁，奮鬥終身。他在晚年又為創立我國民族形式、古為今用的醫療體育開闢了新的道路，奠定了牢固的基礎。

在他精心細緻的指導下，有許多疑難病症，中西醫藥無效的病症，經過練習站樁，自力更生，重新恢復勞動能力，在各自的工作崗位上作出了貢獻。他的學生遍佈世界

各地，都在為繼承宣揚他的不動的運動——站樁——這一特殊學說努力，開拓21世紀具有中國特色的東方古老哲學思想的醫療體育——氣功、站樁和中國拳學的新天地。

王薌齋先生在20世紀20年代所著《意拳正軌》一書中還沒有脫離金木水火土、陰陽五行論等中國古老傳統理論。但是，在他的足跡踏遍大江南北，拳學造詣與日俱增後的20世紀40年代所著《大成拳論》中，敢說別人不敢說的話，敢揭別人不敢揭的中國武術流傳至今的弊端。語言雖偏激，著意卻誠懇，充分表現了愛護拳道之誠，「知我罪我，笑罵由人」之大無畏的精神。

他是一位愛國者，在敵人面前他不為金錢勢力所誘惑，不畏強權，威武不屈，保持了民族尊嚴，不愧為中華民族的拳學大師。

薌齋先生認為：「拳學一道，不是一拳一腳謂之拳，也不是打三攜兩謂之拳，更不是一套一套謂之拳，乃是拳拳服膺謂之拳也。」

薌齋先生曾提出：「大動不如小動，小動不如不動，不動之動乃是生生不已之動。」這與恩格斯所說「一切運動都是和某種位置移動相聯繫的，運動形式愈高級，這種位置移動就愈微小」的意思是一致的。

根據這一學說，他主張「欲知拳真髓，首由站樁起。從不動中求速動，從無力中求有力，從拙笨中求靈巧，從平常中求非常」。

薌齋先生認為：「拳本無法，有法也空，一法不立，無法不容。」因此他主張廢除人造的拳套、招法的鍛鍊，

以求「物」為主。他說：「離開己身，無物可求；執著己身，永無是處。」先生為了振興中國拳學事業，進行了革命性的改革。

薌齋先生對中國拳學理論上的研究集中表現在他晚年所著《拳道中樞》一書中。他在20世紀40年代初期就提出「超速運動」這一名詞來形容大成拳動作之迅速狀態。他說其威力之大猶如「雷霆之鼓舞鱗甲，霜雪之肅殺草木，其發動之神速，無物可以喻之。是以餘對此種『神速』運動，命名之曰：『超速運動』，言其速度之快也。」

薌齋先生認為，習拳的主要目的首先是健身，其次是為尋求理趣，再次為自衛。他認為拳學一道若從跡象比，「老莊與佛釋，班馬古文章，右軍鍾張字，大李王維畫，玄妙頗相似。」他的這種「但求神意足，不求形骸似」的拳學思想可謂達至大成了。

大成拳論

王薌齋（1944年）

序
——歷史的見證

　　1944年，經羅耀西大夫介紹，我向王薌齋先生學習大成拳站樁功。當時王先生住在中南海萬字廊。不久王先生親自交給我一本線裝紅格舊式商業賬簿，用毛筆寫得整整齊齊的《拳道中樞》原稿，囑我回去好好抄寫下來作為學習資料。我抄寫的這份寶貴原稿雖經「十年浩劫」，卻一直完整地保存到今天，已有50個春秋了。當時，由於條件關係，此稿未能鉛印出版，只在同學之間互相轉抄，被當做唯一的經典著作學習。

　　1960年，楊德茂、姚宗勳二位師兄把這份原稿改稱《大成拳論》，刻成蠟版油印百餘冊，分發給同學們傳閱、學習。這樣，原來的《拳道中樞》便被改稱《大成拳論》，在同學之間廣為流傳。

　　由於這份原稿言語偏激，對其他拳種有所評論，不利團結，當時我與沈其悟教授曾向王先生建議刪除其中過激言論，另外改寫一份《拳道中樞》。王先生採納了我們的建議，囑我負責修改。

　　我經過多年反覆思考、修改，定稿後在1986年為紀念王薌齋先生百年誕辰作為大同市大成拳研究會內部讀物付印刊行，書名為《拳道中樞站樁功》。1989年編入拙著《站樁養生法》公開發行。因此，目前流傳的版本中有

過激言詞的原文者稱為《大成拳論》。刪除其中過激言論，重新編排改寫者稱為《拳道中樞》。以上兩種版本的王薌齋先生遺著可供同學們對照研究。

姚宗勳著《意拳》一書附錄中的《拳道中樞》實際上是《大成拳論》的原文。但是其中缺少「拳學總綱」一節。上述兩種版本總綱的第一句話都是「拳本服膺，推名大成。」可能是因為書名為《意拳》而寫「推名大成」不相符合的緣故吧，故此刪去。但在《自志》中仍有「……另成一種特殊拳學，而友人多試之甜蜜，習之愉快，因僉以『大成』二字為吾拳。」在《習拳述要》一節中有「本拳在20年前，曾一度有『意拳』之名」之句。關於「意拳」、「大成拳」名稱之由來，這是歷史，無法否認。

王選傑編著的《王薌齋與大成拳》一書中的《大成拳論》是原文。但是，以上二書原稿由於過去抄寫上的遺漏與錯誤甚多，我以我所抄寫的原稿與以上二書進行逐字逐句詳細校對，重新整理出這份《大成拳論》底稿，相信是比較正確的。

1985年王玉芳二姐派其長子金盛華與其弟子馬興堂到我家來借去這本《大成拳論》，複印了一份留作學習資料。後經龐桂林之手把原稿送還給我保存至今。這也是歷史事實，不容歪曲。

在那個時代，王薌齋就對離經叛道、封建迷信、妖言瞽說、不正之風做了深刻尖銳的批評和揭露，言語雖偏激，著意卻誠懇。今天為挖掘歷史資料，研究先生當年中國拳學改革思想的真面目，這份《大成拳論》有一定的歷

史價值與學術價值，可供研究中國拳學歷史以及王薌齋拳
學思想和學習大成拳站樁功夫者參考。王薌齋先生不愧是
當代中國拳學革命家、改革家與理論家。

于永年

1994年4月

一、自　志

　　拳道之大，實為民族精神之需要，學術之國本，人生哲學之基礎，社會教育之命脈。其使命要在修正人心，抒發感情，改造生理，發揮潛能，使學者神明體健，利國利群方面發揮其作用，固不專重技擊一端也。若能完成其使命，則可謂之拳，否則是異端耳。習異拳如飲鴆毒，其害不可勝言也。

　　余素以己立立人為懷，觸目痛心，不忍坐視，本四十餘年習拳經驗，探其真義之所在，參以學理，證以體認，祛其弊，發其秘，捨短取長，去偽存真，融會貫通，以發揚而光大之，另成一種特殊拳學。而友人多試之甜蜜，習之愉快，因僉以「大成」二字名吾拳，欲卻之而無從也，隨聽之而已。

　　今夫本拳之所重者，在精神，在意感，在自然力之修煉，統而言之，使人體與大氣相接合；分而言之，以宇宙之原則原理以為體，養成神圓力方，形曲意直，虛實無定，練成觸覺活力之本能。以言其體，則無力不具；以言其用，則有感即應。以視彼一般拳家，尚形式，重方法，講蠻力者，固不可相提並論也。誠以一般拳家，多因注重形式與方法，而演成各種繁冗、奇形怪狀之拳套，更因講求蠻力之增進而操各項激烈運動，誤傳誤受，自尚以為得意者，殊不知儘是戕生運動，其神經、肢體、器官、筋肉，已受其摧殘而致頹廢，焉能望其完成拳道之使命乎？余雖不敢謂本拳為無上之學，若以現代及過去而論，信他

所無而我獨有也。學術理應代高一代，否則錯誤，當無存在之必要矣。

余深信拳學適於神經肢體之鍛鍊，可因而益智，尤適於筋肉溫養，血液之滋榮，更使呼吸舒暢，肺活量加強，而本能之力亦隨之而漸長，以實現一觸即爆發之功能。至於致力之要，用功之法，統於篇內述之，茲不贅述。但此篇原為同志習拳較易而設，非問世之文者比也。蓋因余年已老，大家追求，只得以留驚鴻爪影於雪泥中尋之。僅將平日所學拉雜記載留作參考。將來人手一篇，領會較易。

但余素以求知為職志，果有海內賢達將本拳予以指正，或進而教之，則尤感焉。以一得之愚，得藉他山之石而日有進益。日後望徒學諸生，虛心博訪，一方面儘量問難，一方面盡力發揮。倘有心得，希隨時共同研究，以求博得精奧，而期福利人群，提高國民體育水準，實為盼甚，否則毫無價值也。如此提高而不果，是吾輩精神之不篤，或智力未符故耳。

夫學術本為人類所共有，余亦何人而敢自秘，所以不揣淺陋，努力而成是篇。余不文，對本拳之精微之處，難以闡發淨盡，所寫者，僅不過目錄而已，實難形容其底蘊，以詳吾胸中之拳道事。一隅三反，是在學者，余因愛道之誠，情緒之熱，遂不免言論之激，失之狂放，知我罪我，笑罵由人。

　　　　　　　　博陵薌齋王尼寶志於太液萬字廊

二、習拳述要

近世之操拳者，多以暴露筋肉之堅硬誇示人前，以為運動家之表現。殊不知此種畸形發達之現象，純係病態，既礙衛生，更無他用，最為生理學家所禁忌，毫無養生之價值也。

近年以來，余於報端曾一再指摘其非，雖有一般明理之士，咸表同情，而大都仍是庸俗愚昧，忍心害理，尤其信口詆人，此真不齒。故終不免有諸多銜怨者。大凡從來獨抱絕學，為人類謀福利者，與極忠誠之士和聰明絕頂者，社會從來鮮有諒解。水準之低，概可想見。余為拳道之永久計，實不敢顧其私，希海內賢達共諒鑒之。

拳道之由來，原係採禽獸搏鬥之長，像其形，會其意，逐漸演進，合精神假借一切法則，始匯成斯技。奈近代拳家，形都不似，更何有益於精神與意感乎。然亦有云，用力則滯，用意則靈之說。詢其所以，則又噭然莫辨。用力則筋肉滯而百骸不靈，且不衛生，此固然矣。

然在技擊方面言之，用力則力窮，用法則術罄，凡用法，便是局部，便是後天之人造，非本能之學也。且精神便不能統一，用力亦不篤，更不能假以宇宙力之呼應，其神經已受範圍之所限，動作似裹足而不前矣，且用力乃是抵抗之變象，抵抗是由畏敵擊出而起，如此豈非接受對方之擊，則又安得不為人擊中乎？用力之害，誠大矣哉！

要知用力用意乃同出於一氣之源，互根為之，用意即是用力，意即力也。然非筋肉凝緊僵硬之力謂之力，若非

用意支配全體之筋肉鬆和，永不能得伸縮自如，適放致用之活力也。既不能有自然之活力，其養生與應用，吾不知其由何可以得。

要知意自神生，力隨意轉，意為力之帥，力為意之軍。所謂意緊力鬆，筋肉空靈，毛髮飛漲，力生鋒棱，非此不能得意中力之自然天趣。

本拳在20年前曾一度稱「意拳」。舉一「意」字以概精神，蓋即本拳重意感與精神之義也。原期喚醒同人，使之顧名思義，覺悟其非而正鵠是趨，孰知一般拳家，各懷私見，積重難返，多不肯平心靜氣，捨短取長，研討是非之所在，情甘抱殘守缺，奈何！奈何！遂致余願無由得償，籲可慨也。余之智力所及，絕不甘隨波逐流，使我拳道真義，永墜沉淪。且猶不時大聲疾呼，冀以振其麻痺，而發猛醒，此又區區之誠，不能自己者也。

三、論信條與規守

拳學一道，不僅鍛鍊身體，尚有重要深意存焉。就傳統而言，首重德性，其應遵守之信條，如尊親、敬長、重師、尚友、信義、仁愛等，皆是也。此外，更須有俠骨佛心之熱誠，捨己從人之蓄志，苟不具備，則不得謂拳家之上選。至於渾厚深沉之氣概，堅忍果決之精神，抒發人類之情感，敏捷英勇之資質，尤為學者所必備之根本條件，否則恐難得其傳。即傳之，亦難得其精髓。

故先輩每於傳人之際，必再三審慎行之者，蓋因人才難得，不肯輕錄門牆。至其傳授之程式，率皆先以四容五

要為本。如頭直、目正、身莊、聲靜，再以恭、慎、意、切、和五字訣示之。

茲將五字訣歌詳列於後以釋其意。習拳即入門，首先尊師親，尚友須重義，武德更謹遵。動則如龍虎，靜猶古佛心，舉止宜恭慎，如同會大賓，恭則神不散，慎如深淵臨，假借無窮意，精滿混元身，虛無求實切，不失中和均，力感如透電，所學與日深，運聲由內轉，音韻似龍吟，恭慎意切和，五字秘訣兮，見性明理後，反向身外尋，莫被法理拘，更勿終學人。

四、論單雙重與不著象

以拳道之原則原理論，勿論平時練習，亦在技擊之中，須保持全身之均整，使之毫不偏倚。凡有些微不平衡，即為形著象、力亦破體也。蓋神、形、意、力皆不許著象，一著象便是片面，既不衛生，且易為人所乘。學者宜謹記之。

夫均衡，非呆板也，稍板，則易犯雙重之病。然尤不許過靈，過靈則易趨於華而不實也。須要身體舒放，屈折含蓄，如發力時，亦不許斷續，所謂力不亡者是也。蓋雙重，非專指兩足步位而言，頭、手、身、足、肩、肘、胯、膝，以及大小關節，即一點細微之力，都有單雙鬆緊，虛實輕重之別。

今之拳家，大都由片面之單重，走入絕對之雙重，更由絕對雙重，而趨於死板之途。甚矣！單雙重之學愈久而愈湮也。就以今之各家拳譜論，亦都根本失當，況其作者

儘是露形犯規而大破其體，所有姿勢誠荒天下之唐，麻世人之肉矣！愈習之則去拳道之門徑愈遠。

不著象而成死板，一著象則散亂無章，縱然身遇單重之妙，因無能領略，此亦無異於雙重也。非弄到不舒適不自然，百骸失正而後止。是以不得不走入刻板方法之途徑，永無隨機而動，變化無方，更無發揮良能之日矣。噫！此誠可憐之甚也。

至於神與意不著象，乃非應用觸覺良能之活力，不足以證明之。譬如雙方決鬥，厲害當前，間不容髮，已接未觸之時，尚不知應用者為何！解決之後，復不知邇間所用者為何，所謂不期然而然，莫知至而至，又謂極中致和，本能力之自動良能者也。

五、抽象虛實有無體認

習拳入手之法，非只一端，而其結晶之妙，則全在於神、形、意、力之運用，互為一致。此種運用，都視之無形，聽之無聲，無體亦無象。

就以有形而論，其勢如空中之旗，飄擺無定，唯風力是應，即所謂與大氣之應合。又如浪中之魚，起伏無方，縱橫往還，以聽其觸。只有一片相機而動，應感而發和虛靈守默之含蓄精神。要以虛無而度其有，亦以有處而揣其無，誠與老莊佛釋，無為而有為，萬法皆空，即為實象，一切學理多稱謹似。又如倪黃作畫，各以峭逸之筆，孤行天壞，堪稱並論也。

其機其趣，完全在於無形神似之間，度其意向以求

之，所以習拳時有對鏡操作之戒者，恐一求形似，則內虛神敗矣。

習時須假定一米以外，二三米以內，四面八方如有大刀闊斧之巨敵，與毒蛇猛獸，蜿蜒而來，其共爭生存之情景，須當以大無畏之精神而應付之，以求虛中之實也。如一旦大敵林立，在我如入無人之境以周旋之，以求實中之虛，要在乎日操存體認，含蓄修養。總之都是由抽象中得來，所謂神意足，不求形骸似，更不許存有對象，而解脫一切者是也。

切記，習時要慢，而神宜速，手不空出，意不空回，即些微、細、小之點力動作，亦須具體無微而不應。內外相連，虛實相依，而為一貫。須要無時無處，都含有應付技擊之本能，倘一求速，則一切經過之路徑，滑然而過，再由何而得其體認之作用乎？是故初學時，須要以站樁為基礎，漸漸體會而後行之。

總之，須要神、形、意、力成為一貫，亦須六心（頂心、本心、手心、足心）相合，神經統一，一動無不動，亦更無微而不合，四肢百骸，悉在其中，不執著，不停斷，再與大氣之呼應，點力之鬆緊，互以為用，庶乎可矣。離開己身，無物可求；執著己身，永無是處，旨哉斯言，細心體會，自不難窺拳道之堂奧也矣！

六、總　綱

拳本服膺，推名大成。平易近人，理趣叢生。一法不立，無法不容。拳本無法，有法也空。存理變質，陶冶性

靈，信義仁勇，悉在其中。力任自然，矯健猶龍。吐納靈源，體會功能，不即不離，禮讓謙恭。力含宇宙，發揮良能，持環得樞，機變無形。收視聽內，鍛鍊神經，動如怒虎，靜似蟄龍。神猶霧豹，力若犀行。蓄靈守默，應感無窮。

七、歌　訣

古人多以歌訣之法為教授工具，謹師此意，略加變更，編此拳歌訣列後，以餉學者。

拳道極微細，勿以小道視，開闢首重武，學術始於此。
當代多失傳，荒唐無邊際，本拳基服膺，無長不匯集。
切志倡拳學，欲復古元始，銘心究理性，技擊乃其次。
要知拳真髓，首由站樁起，意在宇宙間，體認學試力。
百骸撐均衡，曲折有面積，彷彿起雲端，呼吸靜長細。
舒適更悠揚，形象若瘋癲，絕緣屏雜念，斂神聽微雨。
滿身空靈意，不容粘毫羽，有形似流水，無形如大氣。
神綿猶如醉，悠然水中浴，默對向天空，虛靈須定意。
烘爐大冶身，陶熔物不計，神機自內變，調息聽靜虛。
守靜如處女，動似蟄龍迷，力鬆意要緊，毛髮勢如戟。
筋肉道欲放，支點力滾絲，螺旋力無形，遍體彈簧似。
關節若機輪，揣摩意中力，肌肉似驚蛇，步履風捲席。
縱橫起巨波，若鯨游旋勢，頂上力空靈，身如繩吊繫。
兩目神凝斂，聽內耳外閉，小腹應常圓，胸窩微含蓄。
指端力透電，骨節鋒棱起，神活逾猿捷，足踏貓踟躕。
一觸即暴發，炸力無斷續，學者莫好奇，平易生天趣。

神動如山飛，運力如海溢，反嬰尋天籟，軀柔似童浴。
勿忘勿助長，升堂漸入室，如若論應敵，拳道微末技。
首先力均整，樞紐不偏倚，動靜互為根，精神多暗示。
路線踏重心，鬆緊不滑滯，旋轉緊穩準，鉤銼互用宜。
利純智或愚，切審對方意，隨曲忽就伸，虛實自轉移。
蓄力如弓滿，著敵似電急，鷹瞻虎視威，足腕如兜泥。
鶻落似龍潛，渾身盡爭力，蓄意肯忍狠，膽大心要細。
劈纏鑽裹橫，接觸揣時機，習之若恒久，不期自然至。
變化形無形，周旋意無意，叱咤走風雲，包羅小天地。
若從跡象比，老莊與佛釋，班馬古文章，右軍鍾張字。
大李王維畫，玄妙頗相似，造詣何能爾，善養吾浩氣。
總之盡抽象，精神須切實。

八、練習步驟

　　本拳之基礎練習，即為站樁，其效用在於能夠鍛鍊神經，調整呼吸，通暢血液，溫養筋肉，改造生理，增長智力，誠養生益智之學也。亦為優生運動。其次為試力、試聲、假想、體認各法則。再次為自衛，與大氣之呼應和氣浪之鬆緊，良能之覺察，虛實互根為用之切要。

　　茲將各階段逐述於後。

（一）站　樁

　　站樁即立穩平均之站立也。初習為基本樁。習時須首先將全身之間架配備安排妥當，內清虛，而外脫換，鬆和自然，頭直、目正、身端、項豎、神莊、力均，氣靜息平，意思遠望，發挺腰鬆，周身關節似有微曲之意，掃除

萬慮，默對長空，內念不外遊，外緣不內侵，以神光朗照頂巔，虛靈獨存，渾身毛髮有長伸直豎之勢，周身內外，激蕩迴旋，覺如雲端寶樹，上有繩吊繫，下有木支撐，其悠揚相依之神情，喻曰空氣游泳殊近似也。然後再體會全身肌肉細胞，動盪之情態，鍛鍊有得，自知為正常運動。夫所謂正常者，在運動中能使心臟之搏動增加而呼吸卻不失常態，即不憋氣、不缺氧之謂也。

然在精神方面，須視此身如大冶烘爐，無物不在陶熔中，同時須覺察各項細胞均在同時工作，不得有絲毫勉強，更不許有幻象。

如依上述原則去鍛鍊，則筋肉不練而自練，神不養而自養，周身舒暢，氣質亦隨之而逐漸變化，本能自然之力由內而外，自不難漸漸發達。

然切記心身不可用力，否則稍有注血便失鬆和，不鬆則氣滯而力板，意停而神斷，全體皆非矣。總之，不論站樁試力或技擊，只要呼吸一失常態，或橫膈膜略一發緊，便是錯誤。願學者宜慎行之，萬勿忽視。

（二）試　力

以上的基本練習，有相當基礎後，則一切良能之發展，當日益增強，則應繼續學試力功夫，體認各項力量及神情，以期真實效用。此項練習，為拳中最重要、最困難之一部分工作。

蓋試力為得力之由，力由試而得知，更由知始能得其所以用。習時須使全身均整，筋肉空靈，思周身毛孔，無一不有穿堂風往還之感，然骨骼毛髮，都要支撐遒放，爭

斂互為，動愈微而神愈全。慢優於快，緩勝於急，欲行而
又止，欲止而又行，更有行乎不得不止，止乎不得不行之
意，以體認全體之意力圓滿否？其意力能否隨時隨地應感
而出否？全身之精神力量能否與宇宙力發生呼應否？假借
之力，果能成為事實否？

　　欲與宇宙力起應合，須先與大氣發生感覺。感覺之後
漸漸呼應，再試氣波之鬆緊與地心爭力之作用。習時須體
會空氣之阻力何似，我即用與其阻力相等力量與之應合，
於是所用之力自然無過，亦無不及。

　　初試以手行之，逐漸以全體行之。能體會此中之力，
良能才能漸發，操之有恆，自有不可思議之妙，而各項力
量，亦不難入手而得。

　　至於意不使斷、靈不使散，渾噩一致，動微處牽全
身，上下、左右、前後，不忘不失，非達到舒適得力，奇
趣橫生之境地，不足曰得拳之妙也。

　　所試各力之名稱甚繁：如蓄力、彈力、驚力、開合
力，以及重速、定中、纏綿、撐抱、惰性、三角、螺旋、
槓桿、輪軸、滑車、斜面等各種力量，亦自然由試而得
之，蓋全身關節，無微不含屈勢，同時亦無節不含放縱與
開展，所謂道放互為，故無節不成鈍形三角，且無平面
積，亦無固定之三角形。不過與機械之名同而法異，蓋拳
中之力都是精神方面體認而得之，形則微矣。

　　表面觀之，形似不動，而三角之螺旋，實自輪轉不
定，錯綜不已。要知有形則力散，無形則神聚，非自身領
略之後不能知也。蓋螺旋力，以余之體認，非由三角力不

得產生，而所有一切力量，都是筋肉動盪與精神假想參互而為，皆有密切連帶關係，若分而言之，則又走入方法之門，成為片面耳。

所以非口傳心授未易有得，更非毫端所能形容，故不必詳述也。

總之，一切力量，都是精神之集結緊密，內外含蓄，緊密結合一致而為用。若單獨而論，則又成為有形破體機械之拳，非精神意義之拳也。

余據40餘年體會操存之經驗，而感各項力量都由混元闊大、空洞無我產生而來，然混元空洞亦都由細微之棱角形成，漸漸體會方能有得。是以吾又感天地間之一切學術，無一不感矛盾，同時亦感無一不是圓融，然而須得打破圓融，統一矛盾，始能融會貫通，方可利用其分工合作，否則不易明理。至於用力之法，渾噩之要，絕不在形式之好壞，尤不在姿勢之繁簡，要在神經支配之大意，和意念之領導與全體內外之工作如何。

動作時，形式方面不論單出雙回，齊出獨進，橫走豎撞，正斜互爭，渾身之節、點、面、線一切法則，無微不有先後、輕重、鬆緊之別。但須形不外露，力不出尖亦無斷續，更不許有輕重方向之感，不論試力或發力，須保持身體鬆和，發力含蓄而有聽力，以待其觸，神宜內斂，骨宜藏棱，要在身外三尺以內，似有一層羅網包護之感，而包羅之內，盡如刀叉鉤錯，並蓄有萬弓待發之勢，然都有毛髮筋肉伸縮拔轉，全身內外無微不有滾珠起棱之感。

他如虛無假借種種無窮之力，言之太繁，姑不具論，

學者神而明之。

以上各力，果身得之後，切莫以為習拳之道已畢，此不過僅得些資本而已，始有習拳之可能性。若動則既用「鬆緊緊鬆勿過正，實虛虛實得中平」之樞中訣要，然非久經大敵之實作通家，不易得也。然則需要絕頂天資，過人氣度，尤須功力篤純，方可逐漸不假思索，不煩擬意，不期然而然，莫知為而為，達本能觸覺之活力也。總之，具體細微之點力，亦須切忌無的放矢之動作。然而又非做到全體無的放矢而不可，否則難能得其妙。

（三）試　聲

試聲，為輔助試力細微之所不及，其效力在運用聲波鼓動全體之細胞工作。其原意不在威嚇，而聞之者則起猝然驚恐之感，實因其聲力併發，與徒作喊聲，意在威嚇者不同。試聲時口內之氣不得外吐，乃運用聲由內轉工夫。

初試求有聲，漸從有聲變無聲，蓋人之聲各異，唯試聲之聲世人皆同，其聲與幽谷撞鐘之聲相似，故老輩云：「試聲如黃鍾大呂之本，非筆墨毫端所能形容。須使學者，觀其神、度其理、聞其聲、揣其意，然後以試其聲力之情態，方能有得。」

（四）自　衛

自衛，即技擊之謂也，須知大動不如小動，小動不如蠕動，不動之動才是生生不已之動。譬如機械之輪，或兒童之捻轉，快到極處，形似不動，如觀之已動，則將不動，是無力之表現矣。

所謂不動之動，速於動，極速之動猶不動，一動一靜

互根為用。其運用之妙,多在精神支配,意念領導與呼吸之彈力,樞紐之穩固,路線之轉移,重心之變換。以上諸法,若能用之適當,則技擊之基礎備矣。

亦須平日養成,隨時隨地,一舉手一抬足,皆含有應機而發之準備,要在虛靈含蓄中,意感無窮,方是貴也。然在學者求於打法一道,雖無足深究,亦似有此必經過程。如對方呆板緊滯,且時刻表現其重心、路線部位之所在,則無足論,倘動作迅速,身無定位,活若猿猱,更不必曰各項力之具備者。就以其運動之速則亦非一般所能應付,故平日對於打法,亦應加以研究。

習時首先鍛鍊下腹充實,臀部力穩,頭、手、肩、肘、胯、膝、足各有打法。至於提打、鉤打、按打、掛打、鋸打、鑽打、裏打、踐打、截打、堵打、摧打、撥打、拂打、疊打、錯打、滾打、支打、滑力打、粘力打、圈步打、引步打、進步打、退步打、順步打、橫步打、整步打、半步打、斜面正打、正面斜打,具體之片面打、局部之整體打、上下捲打、左右領打、內外領打、前後旋打,力斷意不斷,意斷神又連,動靜已發未發之時機和一切暗示打法,雖係局部,若非實地練習,亦不易得,然終為下乘功夫。如聰明智慧者,則無須單獨習此。

(五)技擊樁法

技擊樁與基本樁,神形稍異,然仍依原則為本。步為八字形,亦名丁八步,又稱半丁半八之弓箭步也。兩足重量,前三後七,兩臂撐抱之力,內七外三,何時發力,力始平均,平衡之後,仍須復原,如槍炮內之彈簧伸縮不斷

之意也。兩手足應變之距離，長不過尺，短不逾寸。前後左右，互換無窮，操之愈熟，愈感其妙。

至於鬆緊沉實之利用，剛柔靜驚之揣摩，路徑之遠近，間架之配備，發力之虛實，宇宙之力波，以及利用時間之機會，都須逐步研討。此乃拳學之整個問題也。

在平時，須假定虎豹當前，蓄勢對搏，力爭生存之境況，此技擊入手之初，不二法門，亦為最初之法則。茲再敘述神意力三者之運用如下。

1. 神意之運用

技擊之站樁，要身體空靈均整，精神飽滿，神如霧豹，意若靈犀，具有烈馬奔放，神龍嘶噬之勢。頭頂項豎，頂心暗縮，周身鼓舞，四外牽連，足蹠踏地，雙膝撐拔，力向上提，足跟微起，有如颶風捲樹，拔地欲飛，擰擺橫搖之勢。而身體則有撐裹豎漲，毛髮如戟之力，上下樞紐，曲折百繞，垂線自乘，其抽拔之力，要與天地相爭。肩撐肘橫，裹捲回環，拔旋無已，上兜下墜，推抱互為，永不失平衡均整之力。指端斜插，左右鉤擰，外翻內裹，有推動山嶽之感。筋肉含力，骨節生棱，具體收斂，躍躍欲動，含蓄吞吐，運力縱橫，兩肩開合，擰裹直前，有橫滾推錯兜捲之力。毛髮森立，背豎腰直，小腹常圓，胸部微收，動則如怒虎出林搜山欲崩之狀。全身若靈蛇驚變之態，亦猶似熾火燒身之急，更有螫龍振電直起欲飛之勢。尤感筋肉之激蕩，力如火藥，拳如彈，神機微動雀難飛，頗有神助之勇焉。

故凡遇之物，神意一交，如地網天羅，無物能逃。如

雷霆之鼓舞鱗甲，雪霜之肅殺草木，且其發動之神速，更無物可以喻之，是以余對此種神意運動，命名之曰「超速運動」，言其速度之快，超出一切速度之上也。

以上所言多係抽象，而精神方面須切實為之，以免流入虛幻。

2. 力之運用

神意之外，力之運用更為切要。但係良能之力，非片面力也，唯大部分，須於試力上求之。習時須先由節段、面積之偏倚而求力量之均整，繼由點力之均整揣摩虛實之偏倚，復由偏倚之鬆緊以試發力之適當，更由適當之發力利用神光離合之旋繞與波浪彈力之鋒棱，再以渾身毛髮，有出詢問路之狀而期實現一觸即發之功能。且時時準備技擊之攻守，亦時刻運用和大敵之周旋，尤須注意發力所擊之要點。

萬不可無的放矢，見虛不擊擊實處，要知實處正是虛。虛實轉移樞紐處，若非久歷永不知。混擊蠻打亦有益，須看對手他是誰。正面微轉即斜面，斜面迎擊正可摧，勤習勿懈力搜求，敬、謹、意、切、靜揣思。

技擊在性命相搏一方面言之，則為決鬥，決鬥則無道義。更需要抱定肯、忍、狠、謹、穩、準之六字訣要。且與對方抱有同死之決心。若擊之不中，自不能擊，動則便能致其死，方可擊之。其決心如此，自無不勝。此指勢均力敵者而言。如技能稍遜，不妨讓之。

若在同道相訪較試身手方面而言，則為較量。較量為友誼研討性質，與決鬥不同，須首重道義，尤須觀察對方

能力如何，倘相去甚遠，則須完全讓之，使其畏威懷德為
切要。較量之先，須以禮讓當前，言詞應和藹，舉止要
有禮度，萬不可驕橫狂躁，有傷和雅，夫而後武道可以漸
復，古道可以長存，實我拳道無上光榮，則余有後望焉。

九、論拳套與方法

拳之深邃本無窮盡，縱學者穎悟絕世，更具有篤信力
行之精神，終身習行，亦難究其極，而拳套與方法，所謂
人造之拳架子也。自清王朝300年來，為一般門外漢當差
表演而用，即拳渾子謀生之工具。果欲研拳者，則又何暇
而習此。非但毫無用處，且於神經肢體與腦力諸多妨礙，
戕害身體一切良能。故習此者，鮮有智識，而於應用尤不
適合，且害處極多，筆難盡罄。

對於拳之使命，衛生原則相距更遠，根本不談。對於
較技，設不用方法拳套而蠻幹混擊，或不致敗，倘或用
之，則必敗無疑。至謂五行生剋之論，則尤妄甚。在決鬥
勝負之一瞬間，何暇思考？若以目之所見，一再思察，然
後出手以應敵，鮮有不敗者。生剋之論，吾恐三尺幼童，
亦難盡信。夫誰信之，可詢之於決賽過者，自知吾言非謬
也。見《漢書》洪範五行志，乃指人民需要開發金、木、
水、火、土應用而言，後一般不學無識之輩，濫加採用，
妄為偽造，致演為拳術中所謂五行生剋之論，此不過為江
湖之流，信口云云而已，豈學者亦可以讀此乎。

蓋拳套一項，大都係人偽造，然招勢方法，又何嘗不
是人作偽，皆非拳之原則，非發揮本能之學也。縱有純篤

之功夫，信專之堅忍，恒心毅力而為，然亦終歸是捨精華而就糟粕者也。要知拳學本無法，亦可云無微不法，一有方法，精神便不一致，力亦不篤，動作散漫不果速，一切不能統一，更有背於良能。

所謂法者，乃原理原則之法，非枝節片面之刻板方法而為法。習枝節之法，猶之乎庸醫也，所學者，都是具備藥方以待患者，而患者須合方患病，否則無所施其技矣。凡以拳套方法而為拳，是不啻似蛇神牛鬼之說而亂大道，皆拳道之罪人也。歎今之學者，縱有精研之志，苦無入徑之門，故余不顧一切，誓必道破其非。

夫拳套方法既毫無用處且有害，何以傳者習者尚不乏人耶？概因此中人，大都知識淺薄，好奇喜異，即告之以真，彼亦難悟，悟亦難行。蓋習之者，咸假拳套方法，藉以眩人而誇世，傳之者，更以拳套方法能欺人，且能借此以消磨時日而便於謀生，況根本不識拳為何物，故相率以已誤貽誤永無止境，誠可憐可笑，亦復可氣也。

噫！豈僅拳學一道？吾感一切學術，大都是畸形發展，思之好不令人痛哉。余實不忍目睹同好走入迷途浩劫而不救，故不惜本人多年體認及實地之經驗，所得所知，反覆申論，以正其妄，而期喚醒同胞，勿復執迷不悟也。大凡天地間之高深學術，皆形簡意繁，而形式繁雜者，絕少精義，固不僅拳道然也，願同志三思之。

十、論拳與器械之關係

古云：「拳成兵器就，莫專習刀槍。」若能獲得拳中

之真理，各項力之功能，節段面積之屈折，長短斜正之虛實，三段九節之功用，路線高低之方向，接觸時間之火候，果能意領神會，則勿論刀槍劍棍種種兵器稍加指點俱無不精。即偶遇從無見聞之兵器，且執於使用該兵器專家之手，彼亦不敵。何則，譬如工程師比小爐匠，醫博士比護士，根本無比例之可擬也。

十一、論點穴

點穴之說，世人皆以為奇。有云點穴道者，有云時間者，其種種之紛論不已，聞之令人生厭欲嘔，所論皆非也。蓋雙方較技，勢均力敵，且不必曰固定之穴道不易擊中，即不論何處亦難擊中。如謹以某穴可點，再加以時間之校對，則早為對方擊破矣！

總之，若無拳術之根本能力，縱使其任意戳點，亦無所施其技，即幸而擊中亦無效果。果若已得拳中之真實功力，則不論兩肋前胸之某一部位，一被擊中，立能致死，非有意點穴，而所至之處，則無不是穴位。若僅學某處是穴，某時可點，其道不愈疏遠乎！

十二、天賦與學術之別

世人常云，某甲身高八尺，力逾千斤，其勇不可當。要知身高八尺，力逾千斤，只可謂得天獨厚，不得用以代表拳學也。又云，某一拳擊斷巨磨石，單掌劈碎八塊磚，前縱一丈，後躍八尺，果能如此，僅不過愚人局部工夫耳，終必將走入廢人途徑。此且不談，然都不得以拳道而

目之。

如上所談，世人都以為特殊奇士，若與通家論，則毫無能為。至於飛簷走壁，劍俠之說，皆小說家夢想假造，只可付之一笑。如開石頭過刀槍，乃江湖中所謂「吃托」之流，此下而又下，不值一道。

十三、解除神秘

每有天資低而學識淺者，其為人忠誠，然已承師教，且有深造獨專，絕大純篤之工夫，雖係局部，但人多不能及，聽其言論之玄妙，觀其效用之功能，識別淺者，即以為人莫能此，便以神秘視之。

殊不知神秘之說，根本荒謬。蓋由智識淺薄，鑒別力低及體認未精而起。即或偶爾僥倖得到拳中真義，奈無能領略而漠然放過，所以每於理趣較深厚者，輒起一種神秘思想，若夫習之深，見聞廣，理應有所遇，自能豁然洞悉，而不疑有它，凡事皆然，豈獨拳學哉。

十四、知行解釋

學術一道，要在知而能行，行亦能知。否則終不免自欺欺人，妄語叢叢，言之多無邊際。知行二字，名雖簡易，實則繁難。世有謂知難行易者，亦有謂知易行難者，更有所謂知雖難而行尤不易與知行合一，及事之本無難易者。以上所談各具其理，然究屬籠統，且多片面，不能使人徹底明瞭。

余以為凡對一門學問有深刻之功力，已有相當效果，

而因智識所限，不能道其所以然者，皆可云「知難行易」。如識鑒富，功力深，知雖易而行亦不難。若有識別而無功力，則可云「知易行難」。倘無功力又乏智識，則知行二字皆不可能。學術本無止境，共有若干知，或有若干行，行到如何地步，知到怎樣程度方為真知、真行，則余實不敢妄加定論。然應以能知者即能行，能行者亦能知，始可謂知行一致。非由真知，永無真行之一日，亦非由真行不克有真知之時也。誠以相輔而相成，不二真理，學術皆然，武道尤甚。蓋因此道中，須時刻兌現，雙方相遇，無暇思考，更不容老生常談。

　　夫學術一道，首要明理，更須切實用功，若不首先明理，不知用功切要之所在，易於走入歧途。功夫愈深戕害愈烈。不論讀書寫字任何藝術，往往在幼時多以為可造。豈知年長功深，名滿天下者，反而不堪造就也。如此者比比皆是，蓋因師法不良，用功不細心追求真理，人學我學，人云我云，所謂盲從者是也。若習而不果，則亦無體認之可言，茫茫一生毫無實際。且易起神秘思想，終不得望見門牆。由是而罄其所學，以至終無體認也。

　　哀哉！巧者不過習者之門。故曰：子孫雖愚，讀書皆不可免。亦要明理，更要實踐，表裏內外，互相佐之，否則終難入於正軌。

十五、拳道喪失之原因

　　習拳之要，有三原則：一健身，一自衛，一利群，利群為吾人天職，亦其基本要項。然一切之一切，則須完全

由於身心健康中得來。不健康絕無充足之精神；精神不足，永無可歌可泣之壯烈事蹟。且不必曰殺身成仁，捨生取義，吾恐其人見人溺水或自縊，亦將畏縮而不前也，況路見不平拔刀相助哉。不但如此，凡身之弱者，多氣量小而情緒惡。是容物怡情，亦非身體健康不可也。

健身為人生之本，習拳為健身之基。一切事業悉利賴之，其關係即如是之大，豈能任其以偽亂真，欺天下萬世而不辨乎？拳道之起初最簡，而後始趨繁雜。夫拳道為改善生理之工具，發揮良能之要訣，由簡入繁，則似可也，由繁而違背生理之原理、原則則不可。

形意拳當初只有三拳，且三拳為一動作，所謂踐、鑽、裹，若馬奔連環一氣演為三種力之合一作用也。至五行十二形亦包括在內。蓋五行原為五種力之代名詞。十二形乃十二種禽獸之特長，應博採之，非單獨有十二形，及各種雜類之拳套也。

八卦拳亦如是，初只有單、雙換掌。後因識淺者流，未悉此中真義，竟妄為偽造，至演有六十四掌及七十二腿等偽式，非徒無益，而猶有害。

太極拳，流弊尤深，唯其害不烈，於生理方面，尚不十分背謬。但一切姿勢，亦毫不可取。如以該拳譜論，文字較雅，惜精義少而泛泛多，且大都有籠統之病。

總之，近代所有拳術根本談不到養生與技擊之當否，亦無一法能合乎生理原則之需要也。余40年足跡遍大江南北，所遇拳家無數，從未見有一拳式而能得其均衡者，況精奧乎？夫拳本形簡意繁，且有終身習行而不能明其要義

者，至達於至善之境地，則尤屬鳳毛麟角，又況於此道根本不是者。此非拳道之原理難明，實因一般人缺乏平易思想與堅強意志，降及今世，門戶迭出，招式方法多至不可名狀。詢其所以，曰博美觀以備表演耳。習拳若以取悅於人為目的，何如捨習拳而演戲劇乎！且戲劇中尚有不少有本之處，較之一般拳家誠高一籌也。

每聞今之習拳者，常語人曰：能會若干套與幾多手，而自鳴得意，殊不知識者早已竊笑於傍，更為之嘆惜不止矣！然則拳道之喪失，豈非拳套方法階之為歷哉？300年來相習成風，積重難返，下焉者流推波助瀾，致演為四象五行之說，九宮八卦之論，以及河洛之學。凡荒唐玄奇之詞，儘量採用而附會，使習者不明真相，惑於瞽說，而趨之若鶩，拳道之原理，焉得不日就澌滅哉！

此外尚有學得幾套刀槍拳棍，欲借此以謀生，幸而機遇巧合，其計獲售，於是謀生不遂者認為有機可乘，爭相效法，佈滿社會。此等行徑不唯拳道之真義背棄無餘，而尚義俠骨之風亦相與隨之而俱廢。然其間或有明理之士，能窺拳中之奧蘊者，惜又為積習成見所圍，不肯將所得精華以示人，豈知汪洋之水，何患人掏，是何因所見之不廣其小之若是耶？

夫學術本為人類所共有，苟有所得，理應公諸社會，焉可以私授密付，使之湮沒不彰乎？近來更聞有依傍佛門，說神說鬼，妄言如何修道，如何遇仙。其荒誕不經，又為邪怪亂道之尤甚者，良可慨也。夫今為科學昌明之時代，竟敢作此野狐之謬說，傳人之口，布諸報端，此種庸

愚昏瞶之徒，真不知人間尚有羞恥之事矣！佛如有靈，不知對此流傳謬種之類，作何相思歟？世間求名謀生之道不只一端，何必利用社會弱點，自欺欺人！余言及此，不禁為拳道悲，而更為世道人心歎也。

拳道之陵替，固應罪康、雍二帝，以其時倡之不以其道也。然亦歸咎於同志智識不足，悟性較差，以致為其所愚。迄今以誤傳誤，而於此道卻莫能識辨。即或間有覺悟者，又因保守門戶之成見，而是已非人，遂愈趨而愈下也。拳之一道，學之得當有益身心，更可補助一切事業之不足；學之不當能使品德、神經、肢體、性情都失常，且影響生命，因而誤及終身。謂余不信，請看過去拳術名家，多因筋肉失和而罹癱瘓下痿者，比比皆是。習拳原為養生，反而戕生，結果殊可憫也。

世人多呼拳道為國粹，如此國粹，豈非製造廢人之工具乎？中華民國十五年後，各地設有國術館，以示其他各術皆不配稱當一國字也。然則此丟人喪氣毫無價值之國術，亦謹我國可見，但未悉個中尚有如此高明之奇士，能賜其偉大之命名，余不知其大膽，若輩又作何想也。至於提倡運動的一般大人先生們，終日振臂高呼為天下倡，豈知凡是運動不當者，都是提前死亡之領導者。

噫！何以盲從之若是耶！唯願世人靜夜沉思，須明辨之。人生最寶貴者莫過於身體，豈能任一般妄人之支配，信意而摧殘乎？甚矣！投師學技不可不慎也。

余之學拳，只知有是非之分，不知有門戶之派別。為使拳術昌明，願將平生所得所知，交代後任，更願社會群

眾，無不知之，故有來則教，向視人類如骨肉，從不想有師徒之稱，以期逐漸掃除門派之觀念，則拳道或可光大乎！是所願也。

十六、解除師徒制之榷商

師徒之制譽為美德，然往往極美滿之事，行之於我國，則流弊叢生，醜態百出，拳界尤甚焉，故社會多以為不齒。學之者，若不拜師難得其密；教之者，亦以不拜師不足以表其親，更不肯授之以要訣，尤而效之，習為固然。噫！誠陋矣哉。姑不論膚淺者流，根本無技之可秘，即或有之，則彼秘此秘，始秘終秘，勢必將拳道真義，秘之於烏何有之鄉矣。甚至門牆之內亦有其秘而不傳者，余實不解其故，此真下而極下者也。拳道之不彰有故矣！夫降至今日，異拳聾說遍天下，作俑階厲可勝歎哉。

蓋拳道之真義，可云與人生大道同其凡常，亦可云與天地精微同樣深奧。不明其道而習之，終身求之而不得；果以其道而習之，終身習行不能盡；又有何暇而秘之乎？凡屬人類，都應以「胞與」為懷，饑溺自視，果肯如此，則天下定。否則縱使世界人類死光，只餘你一家存在，可謂自私之望已極，則又將如之何？吾恐人類之幸福永絕矣。國民積弱，事事多不如人，病亦在此矣。

而況學術為千古人類之所共有之物，根本不應有界域之分，更不必曰一國之內，同族之中，不當有異視；即於他國別族，亦須旨抱大同，而學術更不當為國界所限也。熙熙然皆生於光天化日之下，何秘之有？其作風卑鄙，真

不值一文也。

是以余授拳之事，從本來者不拒之旨，凡屬同好，有來則教，教必盡力；有問則告，告必盡義；惶惶然唯恐人之不能得，或無以使人得也。故每於傳授之際，有聽而不悟，或悟而不能行者，輒起憾然自恨；唯一見其知而能行，行而有得者，則又欣欣然自喜。區區此心，一以慰人為慰，固未嘗以師自居也。

蓋以人之相與，尚精神，重感情，不在形式之稱謂，果有真實學術以授人，我雖不以師居，而獲其益者誰不懷德附義而師事之，是師之名亡而實存，又何損焉？若以異拳瞽說以欺世，縱令拜門稱弟，而明達者一旦覺其妄，且將痛惡之不置，此又何師之有？師名雖存而實亡也，又何取焉？不但此也，師徒名分一定，而尊卑之觀念以起，徒對師說既覺有不當，常恐有犯師之尊嚴而不敢背，即背之，而師為自保尊嚴計，亦必痛加駁斥而不自反。此尚有何學術道義之可言，師徒制之無補拳道，可概見矣。又何況門派之爭，常以師徒制之流行而愈烈。

入主出奴，入附出汙，紛紜擾攘由師承而成門戶，由門戶而成派別，更由派別之分歧，而致學理之龐雜。如此則拳學之道永無昌明之日矣。其患不亦更甚乎？且學之有得始乃有師，若叩頭三千、呼師八萬，而於學術根本茫然，是究不知其師之所在也。要知學術才是宇宙神聖公有之師尊。此吾所以力主師徒制之解除也。雖然此為余個人之見，而師徒制在拳界積習已久，如一時不能遽除，為慎重計，則亦須雙方學識品德互有真切認識而後行之，藉免

盲從捍格之弊，似較為妥善也。

十七、結　論

　　習拳不盡在年限之遠近與輩分之高低，或功力之深淺及身體之強弱，年齡長幼與方法之多寡，動作之快慢等等，要在於學術原則、原理之通與不通，尤須在天賦之精神有無真實力量，再度其才之何如，始定其造詣之深淺，將來之成就至何境地也。

　　習拳最貴明理和精神力量之篤實。換言之，即有無獸性之篤力也。果能如是之力篤，再加之以修養，鍛鍊成清逸大勇之氣魄，自不難深入法海，博得要道，至通家而超神入化矣。夫所謂通家者，不僅精於一門，而於諸般學術，聞其言，即知其程度如何，是否正軌，有無實際；觀其做法，一望而知其底蘊，或具體，或局部，或具體而微，或用何法補救，自能一語道破。

　　所謂「得其環中以應無窮」。夫為教授者，能語人以規矩，不能示人巧，更不能替人代作功夫，是在學者精心模仿，體會操存，然後觀察其功夫與精神合作之巧妙如何耳。

　　以上所談的拳道，乃拳拳服膺之謂拳，亦即心領神會，體認操存之義，非世之所見方法、招式、套路，以及各種局部功夫之拳法也。

導引養生功

全系列為彩色圖解附教學光碟

張廣德養生著作 每冊定價350元

 疏筋壯骨功 定價350元

 導引保健功 定價350元

 頤身九段錦 定價350元

 九九還童功 定價350元

 舒心平血功 定價350元

 益氣養肺功 定價350元

 養生太極扇 定價350元

 養生太極棒 定價350元

 導引養生形體詩韻 定價350元

 四十九式經絡動功 定價350元

輕鬆學武術

 二十四式太極拳 定價250元

 四十二式太極拳 定價250元

 八式十六式太極拳 定價250元

 三十二式太極劍 定價250元

 四十二式太極劍 定價250元

 二十八式木蘭拳 定價250元

 二十八式木蘭扇 定價250元

 四十八式太極劍 定價250元

 簡化太極拳 分解教學二十四式 定價280元

 楊式太極拳 競賽套路分解教學四十式 定價330元

太極跤

 太極防身術 定價300元

 擒拿術 定價280元

 中國式摔角 定價350元

彩色圖解太極武術

定價220元

定價220元

定價220元

定價220元

定價350元

定價350元

定價350元

定價350元

定價350元

定價350元

定價350元

定價350元

定價350元

定價220元

定價220元

定價220元

定價350元

定價220元

定價350元

定價350元

定價220元

定價220元

定價220元

太極武術教學光碟

太極功夫扇
五十二式太極扇
演示：李德印 等
(2VCD)中國

夕陽美太極功夫扇
五十六式太極扇
演示：李德印 等
(2VCD)中國

陳氏太極拳及其技擊法
演示：馬虹(10VCD)中國
陳氏太極拳勁道釋秘
拆拳講勁
演示：馬虹(8DVD)中國
推手技巧及功力訓練
演示：馬虹(4VCD)中國

陳氏太極拳新架一路
演示：陳正雷(1DVD)中國
陳氏太極拳新架二路
演示：陳正雷(1DVD)中國
陳氏太極拳老架一路
演示：陳正雷(1DVD)中國

陳氏太極拳老架二路
演示：陳正雷(1DVD)中國
陳氏太極推手
演示：陳正雷(1DVD)中國
陳氏太極單刀・雙刀
演示：陳正雷(1DVD)中國

楊氏太極拳
演示：楊振鐸
(6VCD)中國

本公司還有其他武術光碟
歡迎來電詢問或至網站查詢
電話：02-28236031
網址：www.dah-jaan.com.tw

原版教學光碟

歡迎至本公司購買書籍

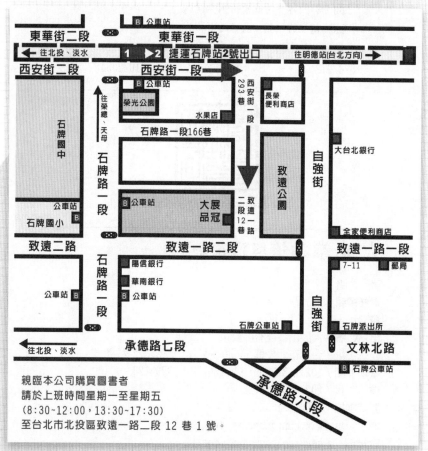

親臨本公司購買圖書者
請於上班時間星期一至星期五
（8:30~12:00，13:30~17:30）
至台北市北投區致遠一路二段 12 巷 1 號。

建議路線
1.搭乘捷運、公車
　　淡水線石牌站下車，由石牌捷運站2號出口出站（出站後靠右邊），沿著捷運高架往台北方向走（往明德站方向），其街名為西安街，約走100公尺（勿超過紅綠燈），由西安街一段293巷進來（巷口有一公車站牌，站名為自強街口），本公司位於致遠公園對面。搭公車者請於石牌站（石牌派出所）下車，走進自強街，遇致遠路口左轉，右手邊第一條巷子即為本社位置。

2.自行開車或騎車
　　由承德路接石牌路，看到陽信銀行右轉，此條即為致遠一路二段，在遇到自強街（紅綠燈）前的巷子（致遠公園）左轉，即可看到本公司招牌。

國家圖書館出版品預行編目資料

大成拳站樁與道德經／于永年　著
－初版－臺北市，大展，2013〔民102.01〕
面；21公分－（武術特輯；141）
ISBN 978-957-468-921-7（平裝）
1.拳術　2.中國
528.972　　　　　　　　　　101022954

大成拳站樁與道德經

著　　者／于　永　年
責任編輯／王　躍　平
發 行 人／蔡　森　明
出 版 者／大展出版社有限公司
社　　址／台北市北投區（石牌）致遠一路2段12巷1號
電　　話／(02) 28236031・28236033・28233123
傳　　真／(02) 28272069
郵政劃撥／01669551
網　　址／www.dah-jaan.com.tw
E-mail／service@dah-jaan.com.tw
登 記 證／局版臺業字第2171號
承 印 者／傳興印刷有限公司
裝　　訂／建鑫裝訂有限公司
排 版 者／千兵企業有限公司
授 權 者／山西科學技術出版社
初版1刷／2013年（民102年）1月

定　價／420元

大展好書　好書大展
品嘗好書　冠群可期

大展好書　好書大展

品嘗好書．冠群可期

12010\N. 2425